. . . Y todo el mundo puede y *debe* convertirse en un **DEFENSOR DE LA CULTURA.**

La cultura es un sistema. Los sistemas empoderan o les dan derechos a las personas.

HAZ LO QUE PUEDAS DONDE ESTÉS AHORA.

Un Defensor de la Cultura alinea más sus acciones con la misión, las prioridades y el plan de la organización cada día.

Comprometido.

Entrenable.

Consciente.

CREA

COMUNICA

EJECUTA

Lo *hermoso* de establecer una cultura del coaching es que estás desatando el

EL PODER

creíble del espíritu humano de *maneras inimaginables.*

LA CULTURA es el **ALMA** de una organización.

Una Guía Práctica Para
Construir Una Cultura Dinámica

la solución
de la cultura

Para Que La Gente Vaya
a Trabajar y Logre
Grandes Cosas Juntos

Matthew Kelly

BLUE SPARROW
North Palm Beach, Florida

la solución
de la cultura

Diseño de Ashley Wirfel

ISBN: 978-1-63582-155-0 (de tapa dura)
ISBN: 978-1-63582-154-3 (libro electronico)

10 9 8 7 6 5 4 3 2 1

Impreso en los Estados Unidos de América

PRIMERA EDICIÓN

tabla de
contenido

1

todo el mundo quiere una cultura dinámica

Todo Comienza Con Una Historia

En 1163, un hombre estaba caminando a lo largo del río Sena en París cuando notó una obra nueva y enorme. Se acercó al lugar y vio a varios hombres colocando ladrillos. Era tarde, y los trabajadores estaban cansados y sudando.

—¿Qué estás construyendo? —le preguntó a un trabajador.

—Solo estoy poniendo ladrillos —respondió el hombre.

—¿Qué estás construyendo? —le preguntó a otro trabajador.

El hombre se burló y le dijo:

—¿Estás ciego? Estoy construyendo un muro.

El hombre se sintió frustrado y comenzó a alejarse, pero al darse vuelta tropezó con otro albañil, que también estaba pegando ladrillos.

—¿Qué estás construyendo? —le preguntó.

El albañil le hizo señas al hombre, indicándole que estaba haciendo lo mismo. Luego, mirando hacia el cielo, dijo:

—Estamos construyendo una catedral.

—Las catedrales son hermosas —comentó el observador.

—Nunca has visto una catedral tan hermosa —respondió el albañil—. Será la mejor catedral que el mundo haya visto jamás. Se alzará sobre la ciudad, los hombres y mujeres se maravillarán con ella, y la gente vendrá de todo el mundo solo para verla.

Tomó 182 años terminar esa catedral. Los que empezaron a construirla nunca la vieron terminada. Tiene 420 pies de largo, 157 pies de ancho y 300 pies de alto, y con toda la rica historia de Francia, sus vistas increíbles y su arte fenomenal, sigue siendo la atracción más visitada de Francia cada año. Recibe trece millones de visitantes anuales, lo que es casi el doble de la torre Eiffel y cuatro millones más que el Louvre.

Es la Catedral de Notre-Dame. Hombres y mujeres de todos los credos y sin estos van a visitar Notre-Dame de París y se maravillan con ella.

¿Te gusta ir a trabajar? ¿Sientes que estás logrando cosas maravillosas con las personas que trabajas? ¿Tu cultura proporciona el contexto para hacer estas cosas posibles?

La cultura de tu organización debería ser algo de lo cual maravillarte. La gente debería querer visitarla simplemente para observarla. Cuando sepan que trabajas allí, deberían tener preguntas sobre cómo creaste la cultura para que ellos puedan emularla. Lo cierto es —y es bastante simple, en realidad— que todo el mundo quiere pertenecer a una Cultura Dinámica. Es por eso que hoy, más que nunca, las organizaciones están buscando una solución cultural.

Aunque todo el mundo quiere pertenecer a una Cultura Dinámica, lo que la mayoría de las personas no perciben es que todos somos responsables de crear una. Tienes un papel que desempeñar. Todos tenemos un papel que desempeñar. Una Cultura Dinámica se construye de ladrillo en ladrillo, como una catedral. No aparece por arte de magia. Así que no hay tiempo que perder, empecemos hoy y hagamos de la cultura de tu organización no solo algo para maravillarse, sino un lugar donde a la gente le encante ir a trabajar para lograr grandes cosas juntos.

Ahora, estas pueden ser palabras inspiradoras para algunas personas, pero no todo el mundo se conmueve por las mismas cosas. Podrías estar leyendo esto y pensar que todo este asunto de la cultura pertenece a una faceta secundaria en las ideas de negocios y que realmente no es muy importante. Algunas personas se inclinan en esa dirección cuando se trata de cultura, y eso está bien. Es un error fácil de cometer, pero es un error. Si eres ese tipo de persona, déjame mostrarte cuánto importa la cultura en otro idioma.

Harvard llevó a cabo un estudio de más de doscientas organizaciones y descubrió que una cultura fuerte aumentaba los beneficios en un 756 por ciento durante un período de once años. La cultura importa. ¿Cuánto? Es difícil de decir, pero sospecho que si se hace una lista de las cosas que podrían aumentar los beneficios en más de un 750 por ciento en la próxima década, la lista sería muy corta.

La Filosofía De FLOYD

En FLOYD Consulting, nos apasiona hacer crecer a la gente y a las organizaciones. Creemos que ambas están unidas inseparablemente. Si no haces crecer a tu gente, no podrás generar ni un crecimiento sostenible a largo plazo, ni el éxito para tu organización. Al mismo tiempo, no puedes centrarte únicamente en el crecimiento de tu gente mientras ignoras lo que tienes que hacer hoy para mantener a tu organización en funcionamiento.

Asociarnos con organizaciones como la tuya para sacar lo mejor de todos y de todo a fin de maximizar las personas, los procesos y los beneficios (o el impacto en el caso de una organización sin fines de lucro) es nuestra misión y pasión. Cuando entras a nuestras oficinas, hay un letrero de metal cepillado que dice: «Hacemos crecer a la gente». Ayudar a la gente a crecer es algo increíble. Si tienes hijos, un hermano o hermana menor, o sobrinos y sobrinas, lo sabes de primera mano. Ayudar a la gente a crecer y a desarrollar su potencial es tremendamente satisfactorio.

Cuando eras niño, tus padres no querían que salieras con ciertos amiguitos. Te decían que eran una mala influencia para ti. Probablemente también había algunas cosas que tus padres no querían que hicieras. Tal vez te quejaste y preguntaste por qué, y tu pregunta fue respondida con una respuesta vaga que no te satisfizo.

Los padres tienen sueños para sus hijos, en particular uno. Y tienen instintos especiales que los alertan cuando ese sueño está en peligro. ¿Cuál es el sueño? Tus padres quieren que te conviertas en la mejor versión de ti. Puede que no hayan sido capaces de expresarlo con esas palabras, pero es por eso que no querían que salieras con esos niños, y que no hicieras ciertas cosas o te pusieras en situaciones particulares. Sabían que esas personas, lugares, cosas y situaciones representaban una amenaza a su sueño de convertirte en la mejor versión de ti. Este es el sueño paternal universal. No es solo el sueño de tus padres para ti; es el sueño de todos los padres. Si tienes hijos, puede que no hayas usado estas palabras en particular, pero en tu corazón, quieres que tus hijos exploren su potencial y se conviertan en una mejor versión de sí mismos cada día.

Nuestra filosofía en FLOYD Consulting es: *Tu organización solo puede convertirse en la mejor versión de sí misma en la medida en que la gente que lidera tu organización se esté convirtiendo en mejores versiones de sí mismos.*

Desde que acuñé por primera vez la frase «la mejor versión de ti» hace veinticinco años, me ha sorprendido su universalidad. Se aplica a todo, en todas partes, y todo el tiempo. No hay ningún aspecto de la vida, de una organización, o de la sociedad, que este concepto no toque y anime.

La comida sana te ayuda a *convertirte en la mejor versión de ti.*

Un buen amigo te ayuda a *convertirte en la mejor versión de ti.*

Leer libros extraordinarios te ayuda a *convertirte en la mejor versión de ti.*

Viajar te ayuda a *convertirte en la mejor versión de ti.*

Un buen líder te ayuda a *convertirte en la mejor versión de ti.*

El ejercicio te ayuda a *convertirte en la mejor versión de ti.*

El trabajo arduo te ayuda a *convertirte en la mejor versión de ti.*

Ser paciente con tu hijo, cónyuge, cliente o colega te ayuda a *convertirte en la mejor versión de ti.*

Todo lo que hacemos cada día nos ayuda a ser una mejor o peor versión de nosotros mismos. Algunos pueden decir que es imposible ser la mejor versión de uno mismo todo el tiempo. Estoy de acuerdo. Pero probablemente puedas recordar el día de ayer e identificar un momento en el que tuviste tu mejor momento. Eras la mejor versión de ti.

Cada persona de tu organización es capaz de ser la mejor versión de sí misma por lo menos un momento hoy. Ese momento es como un simple ladrillo en esa gran catedral de París. Y si podemos hacerlo por un momento hoy, podremos hacerlo por dos momentos mañana, y diez momentos el próximo jueves. Es así como se hacen los grandes campeones, y como se construyen las grandes culturas. Las Culturas Dinámicas ayudan a la gente a reconocer los momentos del día en que fueron la mejor versión de sí mismos, y enseñan a multiplicar esos momentos en los días, semanas, meses y años venideros.

Las Culturas Dinámicas aumentan la cooperación, la colaboración, la confianza y la motivación, y se construyen un momento a la vez. Los constructores de cultura hacen algo cada día para convertirse en una mejor versión de sí mismos, y hacen algo cada día para ayudar a que la cultura de la organización se convierta en una mejor versión de sí misma.

Todo el mundo puede hacer eso. Nadie puede decir: «Eso es demasiado difícil», «Eso es demasiado intelectual», «Eso es abrumador» o «Ese no es mi trabajo». Todos estamos juntos en esto; la construcción de la cultura es responsabilidad de todos. Cada persona puede ser un constructor de cultura por lo menos un momento cada día, y así es como se transforma una cultura.

¿Algunas personas se resistirán a la idea? Sí. ¿Habrá personas que saboteen el esfuerzo de construir una Cultura Dinámica por miedo, comodidad o pereza? Por supuesto. ¿Dejarías que esas personas capacitaran a las estrellas en ascenso de tu organización? No lo creo. Si alguien estuviera envenenando el agua potable de tu hijo, ¿por cuánto tiempo lo tolerarías? Si descubrieras hoy que tienes cáncer, ¿cuánto tiempo tardarías en buscar el tratamiento adecuado? No puedes permitir que personalidades perturbadoras secuestren la cultura de tu organización. Elimina el cáncer. Los constructores de cultura en posiciones de liderazgo actúan con decisión y coraje para proteger la misión y dar a la organización su mejor oportunidad de convertirse en la mejor versión de sí misma.

Cada organización, comunidad y nación se organiza en torno a un principio. La universalidad de este concepto de esforzarse por convertirse en la mejor versión de sí mismas transforma a las personas, los matrimonios, las familias y las comunidades, y tiene el poder de transformar la cultura de tu organización. Lo hará de mil maneras, pero hablemos brevemente de tres.

1. **Decisión.** Este principio único hace que las organizaciones sean dinámicas. ¿Lo que estamos considerando ayudará a esta organización a cumplir su misión y a convertirse en la mejor versión de sí misma? Esta pregunta proporciona una claridad asombrosa. Las culturas malsanas son indecisas; las culturas dinámicas son decisivas.

2. **Conflicto y unidad.** El principio de la mejor versión de uno mismo crea unidad al proporcionar un propósito común e inalterable, y un contexto para un conflicto saludable. Actualmente podemos argumentar *a favor de algo* en lugar de discutir *unos con otros*. Esto no es poca cosa. La forma en que las organizaciones tratan los conflictos es una de las señales reveladoras de la salud de su cultura. Si tu misión es tu constitución, este principio es tu declaración de dependencia.

3. **Claridad.** El principio de la mejor versión de uno mismo proporciona una claridad duradera de que la Misión es el Rey. La mayoría de los empleados tienen una falta asombrosa de claridad sobre la misión de su organización y cuál es su papel específico en el cumplimiento de esa misión.

«Tu organización solo puede convertirse en la mejor versión de sí

misma en la medida en que las personas que la dirigen se conviertan en mejores versiones de sí mismas».

Basamos toda nuestra consultoría, coaching y asesoría en este principio: la filosofía FLOYD. Y te la ofrecemos ahora como un principio para organizar tu Cultura Dinámica en torno a ella. Cualquiera que sea tu misión, cualquiera que sea aquello que tú organización está tratando de lograr... ¡haz crecer a tu gente! Es la esencia de construir, crecer y sostener una cultura organizacional dinámica.

La cultura se come a la estrategia para el desayuno, el almuerzo y la cena

«La cultura se come a la estrategia para el desayuno». Esta cita ha sido atribuida al gran consultor administrativo Peter Drucker, aunque nadie ha sido capaz de proporcionar una cita. Ciertamente suena como él. Tenía una docena de máximas similares:

- *«La gestión es hacer las cosas bien; el liderazgo es hacer lo correcto».*
- *«Lo más importante en la comunicación es escuchar lo que no se dice».*
- *«No hay nada tan inútil como hacer eficientemente lo que no se debe hacer en absoluto».*
- *«Las reuniones son por definición una concesión a una organización deficiente. Una persona se reúne o trabaja. Pero no puede hacer las dos cosas a la vez».*
- *«Mucho de lo que llamamos gestión consiste en dificultar el trabajo de la gente».*
- *«Lo que se mide se mejora».*

¿Peter Drucker dijo eso? Nadie lo sabe. No importa quién lo dijo, la cultura es más importante que la estrategia. Puede que tengas un producto y un plan asombroso, pero nada limitará el éxito de tu organización como una cultura malsana o disfuncional. Y si lo que vendes es un servicio, te sugiero que te obsesiones tanto con la cultura que la gente empiece a preguntarse si te has enamorado o has tenido una experiencia religiosa.

La cultura se come a la estrategia para el desayuno. No es solo una hermosa variación de la frase; también es absolutamente cierta. Simplemente no puedes crear un éxito escalable y sostenible sin una Cultura Dinámica. Ocasionalmente una organización con una cultura masivamente disfuncional *parecerá* desafiar esta verdad, pero la realidad no expresada es la siguiente: están renunciando a una enorme cantidad de ventajas como resultado de su cultura disfuncional; sus empleados están pagando un precio miserable por el éxito de la organización; y el liderazgo de la organización está, en el mejor de los casos, hipotecando su futuro y, en el peor, violándolo. En el proceso, roban a sus empleados la alegría de un trabajo significativo y la oportunidad de la recompensa y el reconocimiento que merecen ampliamente. Estas organizaciones pueden *parecer* exitosas, pero con una Cultura Dinámica, su éxito sería asombrosamente mayor.

Para una gran cantidad de líderes, la cultura no es importante hasta que se hace urgente, y entonces, ya es demasiado tarde. Una mala cultura puede esconderse detrás de un gran producto o innovación por un tiempo, pero no para siempre. Las culturas enfermas pueden avanzar con dificultades, e incluso crecer moderadamente en una industria en expansión, pero al poco tiempo los empleados se sentirán miserables y se desentenderán, y cualquiera con verdadero talento se marchará. Las mejores personas son las primeras en irse, así como los mejores nadadores son los primeros en abandonar un barco que se hunde.

Las culturas enfermas pierden su capacidad de atraer a los mejores talentos, lo que significa que tarde o temprano se quedan con empleados mediocres y de segunda categoría que están allí para esconder su mediocridad o pereza. Es común que la cultura se descuide en aras de la estrategia, especialmente a corto plazo. Esto es comprensible en las organizaciones pequeñas y nuevas. Cualquiera que haya iniciado una organización puede contar historias épicas sobre lo duro que trabajaron para ponerla en marcha. Pero aunque esto puede ser necesario a corto plazo, no es sostenible a largo plazo. La cultura también es descuidada con frecuencia en favor de las ganancias a corto plazo. La verdadera enfermedad se establece cuando la cultura es ignorada, dejada de lado o descuidada solo por el beneficio, las bonificaciones o el precio de las acciones. A largo plazo, cada organización paga el precio por este tipo de miopía. La cultura es la mejor amiga de toda la vida de tu organización.

Lo mejor de las Culturas Dinámicas es que son fértiles. Procrean, y los hijos de las grandes culturas son: compromiso de los empleados, confianza, innovación, creatividad, lealtad de los clientes y empleados, trabajo extraordinario en equipo, diversión, espíritu empresarial, adaptabilidad, y mucho más. La cultura, y no la estrategia, la tecnología, las finanzas, el conocimiento de la industria o el *marketing*, es la última ventaja competitiva de nuestra época. Serán las organizaciones con las mejores culturas las que dominarán su competición en el siglo 21.

Así que, ¿quién vigila la cultura en tu organización? ¿Quién es responsable de desarrollar intencionalmente una Cultura Dinámica en tu organización? ¿Cuándo fue la última vez que tuviste una conversación proactiva sobre la cultura (no confundir con una conversación reactiva sobre la cultura que surgió porque algo salió mal o alguien se quejó)? ¿Tiene la cultura una partida en tu presupuesto?

La triste, trágica y miserable verdad es que la mayoría de las organizaciones son muy pasivas con respecto a la cultura, pero las Culturas Dinámicas no solo suceden; se crean *intencionalmente*. Una Cultura Dinámica es esencial para el éxito a largo plazo de cualquier organización, ¿no es hora de que empieces a ser más intencional sobre la tuya?

La Promesa De Este Libro

Cada libro hace una promesa. Los grandes libros mantienen esa promesa. Al final de este libro, espero haberte convencido de que la cultura debe ser una prioridad para ti y tu organización, ya sea que se trate de una pequeña empresa, una compañía de Fortune 500, una organización sin fines de lucro, una escuela, una iglesia o comunidad religiosa, una asociación industrial, un equipo deportivo profesional, o un club de cualquier tipo. Mi intención es demostrar exactamente cómo construir una Cultura Dinámica que sorprenda y deleite a tus empleados y clientes.

Sea cual sea el papel que tengas en tu organización, te enseñaré cómo transformarte en un Defensor de la Cultura. De hecho, solo con enfocarte intencionalmente en ayudar a tu organización a convertirse en una mejor versión de sí misma y hacer una cosa cada día para mejorar la cultura, estarás muy lejos en el camino.

Este libro no debería abrumarte. Dondequiera que tú y tu organización estén en tu viaje cultural, este libro trata de dar el siguiente pequeño paso hacia el establecimiento de una Cultura Dinámica. Sección tras sección, capítulo tras capítulo, y un principio a la vez, deberías encontrarte asintiendo con la cabeza y diciéndote a ti mismo: «Puedo hacer eso» o «Podríamos hacer eso en nuestra organización». *Si en algún momento te sientes abrumado, has malinterpretado el mensaje o estás tratando de forzar una línea de tiempo que no es razonable.* Construir una Cultura Dinámica toma un tiempo.

Estas son las promesas que espero cumplir al escribir este libro para ti. También espero hacer que cada página sea interesante, educativa e inspiradora, para que las ideas de estas páginas lleguen a lo más profundo de tu vida, tanto personal como profesionalmente, porque las ideas que nos impactan a nivel personal y profesional cambian nuestras vidas para siempre.

La Idea Más Aterradora De Los Negocios En La Actualidad

Cualquiera que sea tu misión, tendrás que capacitar a tu gente para cumplirla. Tal vez no haya un área de la vida corporativa que necesite transformarse de manera más radical en los próximos veinte años si las organizaciones quieren tener éxito.

Es también en el ámbito de la capacitación donde las organizaciones tienen una enorme oportunidad de influir en la relación positiva-negativa (de la que hablaremos en la próxima sección) de maneras que son literalmente un cambio de vida para los empleados y una transformación para una organización. Esto no es una retórica de aspiraciones. He visto esto con mis propios ojos miles de veces mientras las organizaciones aplicaban los principios de mi libro *El gerente de sueños* en sus organizaciones.

Hace quinientos años, los negocios solo pensaban en entrenar a la gente para hacer su trabajo. La idea de enseñarles algo que pudiera mejorarlos como personas o mejorar sus vidas se habría recibido con miradas de reojo.

En 1943 el psicólogo Abraham Maslow publicó su obra, *Una teoría de la motivación humana*, que presentaba su teoría del desarrollo humano. Maslow creía que las personas tienen necesidades comunes organizadas en una jerarquía, y a medida que cada una de estas necesidades se satisface, las personas crecen y se desarrollan. Maslow presentó esta jerarquía de necesidades en forma de pirámide con cinco categorías. De abajo a arriba, son:

- **Fisiológicas.** Estas necesidades se requieren simplemente para sobrevivir: aire, agua, comida, refugio y ropa.
- **Seguridad**. Estas necesidades incluyen, pero no se limitan a: seguridad física, seguridad económica (principalmente seguridad de empleo), y protección contra criminales y tiranos.
- **Amor y pertenencia.** Una vez que las necesidades de una persona para la supervivencia básica y la seguridad han sido razonablemente satisfechas, nos volvemos hacia afuera, convencidos de que nuestra supervivencia no está siendo amenazada inmediatamente. Aquí descubrimos la necesidad de amistad, comunidad, intimidad y de familia, y la necesidad de amar y ser amado. Y de gran importancia, descubrimos nuestra necesidad de aceptación y pertenencia.
- **Estima.** En esta cuarta categoría está la necesidad de respeto. Esto incluye tanto el respeto a los demás como el respeto a uno mismo. Este último es a menudo más difícil de conseguir que el primero, y el respeto de todas las demás personas del planeta no necesariamente establecería la autoestima o el respeto a sí mismo. De hecho, el propio Maslow se refirió a la estima de los demás como «más baja» y a la autoestima como «más alta». La gente hará esfuerzos extraordinarios para obtener fama, reconocimiento, estatus y atención. Estos esfuerzos son

a menudo impulsados por la necesidad o la falta de autoestima.

- **Autorrealización.** Maslow creía que la cúspide de las necesidades de la humanidad, su quinta categoría, es que una persona alcance su pleno potencial. Quizás su cita más famosa es: «Lo que un hombre puede ser, debe serlo». Estimó que solo el 1 por ciento de la humanidad alcanza la autorrealización.

La razón por la que menciono a Maslow y su jerarquía de necesidades es porque él cambió y arraigó ciertas ideas sobre «el trabajador» en las mentes de los dueños de negocios, líderes, industrias enteras y la vida organizacional en general. Algunos de estos cambios de actitud y creencia fueron positivos, y otros fueron negativos.

La teoría de Maslow buscaba explicar lo que motiva a la gente, pero ese no es nuestro principal interés aquí. Lo que es esencial entender es que, en algún momento, debido al menos en parte a la obra de Maslow, las organizaciones comenzaron a darse cuenta de que ayudar a los trabajadores a desarrollarse como seres humanos, más allá de lo que directamente los hacía mejores en el desempeño de sus roles específicos, era bueno para sus negocios. Tal vez nadie lo habría articulado con tanta claridad, pero la idea comenzó a existir al menos en un sentido vago. Sin embargo, incluso en el sentido más vago, representaba un cambio enorme en la relación entre una organización y sus trabajadores.

En los últimos setenta y cinco años, hemos visto tanto la progresión como la regresión de esta idea. Pero para que las empresas modernas prosperen y las naciones avanzadas aumenten su nivel de vida, es esencial que las organizaciones vuelvan a tomarse esta idea muy en serio; de hecho, más en serio que nunca antes, por estas dos razones tácitas e incómodas: (1) el sistema educativo no está preparando a nuestros jóvenes para la vida y el trabajo; y (2) todo lo que hacen las personas que trabajan para tu organización le ayuda a convertirse en la mejor versión de sí misma o en una versión inferior de sí misma.

1. En términos de educación, no estoy hablando de un sistema escolar público en bancarrota y destartalado en uno de los sectores marginales en las ciudades de Norteamérica. Me refiero al sistema educativo desde el preescolar hasta la escuela de posgrado, en todo el país y en todos los niveles, independientemente de las oportunidades, ventajas o desventajas socioeconómicas.

Los Estados Unidos están perdiendo su lugar en la economía mundial porque no estamos preparando o involucrando suficientemente a nuestros jóvenes durante los primeros veintidós años de sus vidas. El sitio web Ranking América coloca a los Estados Unidos en el número 14 en educación, 24 en alfabetización, 11 en matemáticas de cuarto grado, 23 en el puntaje de ciencias del PISA (este es realmente importante mientras miramos hacia el futuro), 15 en las tasas de graduación de la educación terciaria, 18 en lectura, 2 en ignorancia (no estoy seguro de cómo la miden), 26 en las tasas de crecimiento del empleo, y 16 cuando se trata del mejor lugar para nacer (Australia, que fue mi hogar durante mis primeros veintiún años, es el número 2).

Es interesante, pero seamos realistas. Hablemos de dinero, las cosas que usamos todos los días para pagar todo lo que necesitamos en el primer nivel de necesidades de Maslow. Dos de cada tres adultos estadounidenses «carecen de conocimientos financieros», según la Fundación de Educación del Inversor FINRA, y solo el 37 por ciento aprobaría un examen de conocimientos financieros básicos si en caso de tomarlo.

Pero apenas estamos comenzando. El 18 por ciento de los

encuestados gastan más de lo que ganan; el 21 por ciento tiene cuentas médicas atrasadas; el 26 por ciento ha utilizado préstamos no bancarios (como préstamos de alto interés del día de pago o préstamos de casas de empeño); el 32 por ciento solo paga el mínimo adeudado en sus tarjetas de crédito; y el 9 por ciento sufre una devaluación en las hipotecas de sus casas.

Se trata de personas adultas. El joven promedio de veintiún años no sabría cómo elaborar un presupuesto personal si su vida dependiera de ello, pero probablemente ya tiene tres o cuatro tarjetas de crédito, y más del 40 por ciento de ellos tienen una enorme deuda estudiantil que no soportan ni saben cómo van a pagarla. Y no estoy convencido de que el cuarentón promedio sepa mucho más.

Así que no les enseñamos sobre el dinero. Tampoco les enseñamos sobre las relaciones. ¿Cuántos veinteañeros crees que saben cómo resolver un conflicto de forma racional y madura? ¿A qué porcentaje crees que se les ha enseñado un proceso sencillo para la resolución de conflictos, considerando que el conflicto es inevitable en toda relación tanto personal como profesional? No sé la respuesta; el número es tan pequeño que ningún investigador ha considerado que valga la pena hacer el trabajo y averiguarlo.

Les estamos fallando a nuestros jóvenes. Como estás concluyendo probablemente, yo podría escribir un libro entero sobre esto, pero el punto es que nuestro sistema educativo no necesita un ajuste, sino una revisión completa. Y es la América corporativa la que debería levantarse (con su ejército de cabilderos) y exigirlo. ¿Por qué? Simple: porque ellos están pagando las cuentas. ¿Cuál es la causa número uno de estrés en un matrimonio o relación? El dinero. ¿Cuál es la causa número uno de los accidentes laborales? El estrés. Estas son solo dos de las mil conexiones entre las habilidades para la vida y la productividad en el trabajo.

Sería otro libro en sí mismo, pero también tenemos que preguntarnos: ¿Dónde están los padres en todo esto? Un padre que no ha recibido enseñanzas sobre finanzas personales no puede enseñarles finanzas personales a sus hijos, y así el ciclo se perpetúa. Entonces, ¿qué nos enseña todo esto? Dos cosas: Primero, nuestro sistema educativo necesita revisarse por completo. Tú y yo sabemos que esto no sucederá, así que será mejor que empecemos a buscar un plan B. Segundo, la forma en que abordamos y educamos a los empleados necesita un cambio masivo para compensar estas insuficiencias.

2. Puede parecer una afirmación bastante simple y razonable decir que todo lo que hacen tus empleados ayuda a tu organización a convertirse en la mejor versión de sí misma o en una peor versión de sí misma, pero la mayoría de las personas aún no han considerado todas las implicaciones de lo que esto significa para su organización. Veamos entonces un ejemplo.

Robert tiene un papel de nivel medio en Industrias ABC. Una noche vuelve a casa del trabajo y, después de un largo día, decide que necesita relajarse un poco. Así que se sienta en su enorme sillón reclinable, frente a su caja idiota de 127 pulgadas, con un paquete de seis cervezas y una bolsa de papas fritas de trescientas onzas. Una hora más tarde decide que es hora de cenar, así que agarra el teléfono y pide dos pizzas extragrandes, con carne y queso extra, dos botellas de Coca-Cola de cien onzas (una de dieta, por supuesto), dos tarros de helado, y unas alitas de pollo. Pasa el resto de la noche festejando como un rey moderno, pero ¿cuál es el resultado?

Primero, se convertirá en una peor versión de sí mismo. Quiero decir, se convertirá en una versión más grande de sí mismo, pero en todos los aspectos que realmente importan se convertirá en una peor versión de sí mismo. Y en ese momento Industrias ABC se convierte en una peor versión de sí misma.

¡Alto! Espera un minuto. El universo acaba de cambiar. Nuestra cultura moderna, secular y relativista se opone, diciendo: «No. Lo que hizo Robert fue un acto personal. Tuvo lugar en la privacidad y la comodidad de su propia sala. Era la única persona allí, y por lo tanto es la única persona afectada por sus acciones». No es así. Peor que estar equivocado, es una locura. Pero volveremos a eso.

Ángela, compañera de trabajo de Robert, también ha tenido un día duro en sus labores. Cuando llega a casa, todo lo que quiere es acostarse frente al televisor y relajarse, pero no lo hace. Se cambia de ropa, se pone las zapatillas y sale a correr.

Mientras Ángela sale a correr se está convirtiendo en una mejor versión de sí misma. Se está convirtiendo en una mejor amiga, una mejor hermana, una mejor hija, y créanlo o no, en una mejor empleada de Industrias ABC. Y mientras Ángela sale a correr, Industrias ABC se convierte en una mejor versión de sí misma.

Nuestra cultura se opondrá una vez más, afirmando que lo que Ángela hizo fue un acto personal. Pero nada podría estar más lejos de la realidad. No existe tal cosa como un acto personal. Todo lo que hacemos, cada día, afecta a todos en todas partes y afecta más a aquellos que son más cercanos a nosotros. Por ejemplo, la forma en que Robert pasó la noche afecta a la cantidad de dinero que Ángela ganará el próximo año. Lo sé, es una locura, pero es verdad. Es la idea más aterradora en los negocios modernos.

Durante seiscientos años hemos tratado de separar lo personal de lo profesional. No podemos hacerlo. Es imposible. Un granjero perezoso se morirá de hambre. Hay una conexión directa entre su trabajo y el fruto de su trabajo, o la falta del mismo. Ya sea que reúnas a cincuenta, cien o incluso a diez mil personas en una oficina y llames a eso una organización, el principio sigue siendo el mismo. Nuestras acciones personales afectan nuestros resultados profesionales, no solo individualmente sino también comunitariamente.

Esperamos que estés empezando a entender el punto, porque ha llegado el momento de realmente dejar volar tu mente. ¿Quién es la persona más loca de tu equipo o de tu organización? A continuación, ¿quién es la persona en tu organización que parece bastante normal pero que por alguna razón está haciendo algo escandalosamente estúpido en su vida? Todo lo que esta gente hace y todo lo que tú haces cada día, personal y profesionalmente, afecta tu salario y tu paquete de beneficios el próximo año. Todo. Y ni siquiera hemos echado un vistazo a algunas de las cosas perezosas y autosaboteadoras que haces, y yo también tengo mis propias cosas.

Siempre habrá alguien que diga: «Pero Hemingway escribía mejor cuando estaba borracho». Primero, eso no es cierto. A pesar del mito popular, nunca bebía mientras trabajaba, sino que se recompensaba con alcohol después de terminar su trabajo del día. Segundo, probablemente no seas el próximo Hemingway. Finalmente, este escritor luchó contra la miseria y la depresión casi todos los días de su vida antes de suicidarse a los 61 años. Así que probablemente no sea el mejor ejemplo.

Entonces, ¿cuál es el impacto de esta idea? Es enorme. Podrías reunir un equipo de investigadores de primera clase y les llevaría más de un año calcular el impacto financiero. Así que, usemos un ejemplo sencillo:

Imagina que empiezas a trabajar en una cultura agradable a la edad de 25 años y trabajas allí toda tu carrera, hasta los 65 años. Y asumamos que tu aumento de sueldo anual durante ese tiempo fue del 3 por ciento cada año después de comenzar con 40.000 dólares. A los 65 años ganarás 130.481,51 dólares en una organización razonablemente saludable. Supongamos ahora que trabajas en una organización dinámica con

*una cultura muy saludable, recordando que hay una conexión directa
entre la salud de una cultura y sus ganancias. En lugar de un aumento
anual del 3 por ciento, obtienes un 1,5 por ciento más en promedio, o un
aumento anual del 4,5 por ciento. A la edad de 65 años estarás ganando
$232,654.58. Eso supone una diferencia del 78 por ciento.*

Esta simple ilustración es solo un pequeño ejemplo del impacto personal que la Cultura Dinámica tiene en la vida real de las personas. Si el comportamiento personal tiene el mismo impacto que la cultura, duplica entonces todos los números anteriores y ahora tenemos una diferencia del 156 por ciento solo en la compensación. Pero tú y yo sabemos que hay una docena de otras cosas que pueden ser medidas, y docenas más que no pueden ser medidas, y que impactan la calidad de nuestras vidas personales y profesionales. Pero el resultado final es que, independientemente de nuestro papel en la organización, nos debemos mutuamente el hecho de construir una cultura fenomenal.

*Advertencia: Lo que estoy a punto de compartir podría ser la idea
más aterradora en los negocios de hoy en día.*

*Un empleado con una vida personal altamente funcional es un
mejor activo para tu organización que un empleado con una vida
masivamente disfuncional.*

Ahora, antes de que alguien se ponga a la defensiva, es importante señalar que todos tenemos una disfunción en nuestra vida personal. Algunas veces esto asume la forma de una disfunción constante de bajo nivel, pero también puede presentarse inesperadamente como un problema devorador a nivel personal. Esto último suele tener una fecha de finalización, y lo primero suele ser manejable y raramente es una gran distracción para el trabajo de una persona.

Pero la incidencia y el nivel de disfunción en la vida de las personas está aumentando. ¿Te has dado cuenta de lo rápido que ha cambiado el mundo en los últimos veinte años? ¿Hay algún signo de que el cambio se esté haciendo más lento? ¿Todo cambio es bueno? No. Así que no seamos ingenuos pensando que el cambio se estará haciendo más lento pronto, o que el cambio no seguirá haciendo que la vida de la gente sea más disfuncional.

Los miembros del equipo no pueden registrar su vida personal en la puerta como si se tratara de un abrigo cuando van al trabajo. Su trabajo se ve afectado por su vida personal. Es por eso que los empleados con vidas personales altamente funcionales son un mejor activo para la organización que aquellos con vidas personales masivamente disfuncionales. También es por eso que las organizaciones deben invertir en ayudar a su gente a desarrollar las habilidades necesarias para prosperar en su vida personal. Eso puede significar que la organización dé cursos sobre relaciones, seminarios sobre finanzas personales o cursos sobre salud y bienestar.

Lo contrario también es cierto. Los miembros del equipo no pueden registrar su trabajo en la puerta cuando entran a sus casas. Por lo tanto, tenemos la capacidad de fomentar un entorno saludable haciendo que su trabajo sea lo más satisfactorio posible, pero aún más, tratando a las personas como tales y haciendo todo lo posible para asegurar que cada nueva persona sea una adición positiva al equipo y a la cultura.

El resultado final es que las personas que son felices en sus vidas personales tienden a ser más felices en el trabajo y, en consecuencia, tienden a estar más enfocadas, a tener más energía, a trabajar más y a ser más productivas. Las personas que son infelices en su vida personal (ya sea por un día, un mes o una década) tienden a operar en modo de supervivencia, haciendo solo aquello que es absolutamente necesario. No deberíamos sorprendernos. Todos experimentamos este modo de supervivencia cuando nos enfermamos. Incluso un resfriado común nos priva de nuestra concentración, energía y capacidad de trabajar arduamente, y produce una caída masiva de nuestra productividad.

Ahora, déjame hacerte una pregunta: ¿la vida de una persona promedio se está volviendo más disfuncional, o menos? Más, ¿verdad? Da miedo. Sé que puede no ser muy políticamente correcto al decir esto, pero resulta ser la verdad. Un empleado altamente funcional con una vida personal altamente funcional se está convirtiendo en una especie en peligro de extinción. Si estás tratando de lograr algo, reunir a un grupo de personas saludables y felices con su vida personal aumenta tus posibilidades de éxito diez veces, o tal vez más.

Sin embargo, los abogados de tu empresa y el departamento de recursos humanos están empezando a ponerse muy nerviosos con esta idea, y con sus implicaciones. Porque, seamos honestos, no puedes sentarte con los empleados proactivos y decir: «Háblame de todas las cosas disfuncionales que están pasando en tu vida personal en este momento».

También es esencial recordar que todos tenemos alguna disfunción en nuestras vidas. Puede cambiar de año en año, o de década en década, pero está ahí. El punto no es que algunas personas tengan vidas disfuncionales y otras no. Todos tenemos disfunciones en nuestras vidas, pero algunas personas tienen muchas más que otras.

Para ser claro, no estoy diciendo que no debamos contratar a esas personas. Lo que estoy diciendo es que tenemos que aceptar que el sistema educativo y la sociedad en general no han ayudado a la persona promedio a establecer una vida personal altamente funcional. Como resultado, si queremos tener éxito, cada organización necesita repensar sus programas de incorporación y capacitación. Estos programas necesitan ofrecer mucho más contenido que ayude a la gente a desarrollar habilidades para la vida. Podemos pensar que la gente debería hacer estas cosas por su cuenta, pero esto es una excusa anticuada y claramente no va a suceder.

Algunos protestarán que estas cosas no son responsabilidad de una corporación. Otros me han dicho: «Esto suena como una forma de trabajo social corporativo». Otros añadirán: «¿Dónde está la responsabilidad personal en todo esto?». No estoy en desacuerdo, pero la sociedad es lo que es y la fuerza laboral es lo que es, y así, para que nuestras organizaciones tengan éxito, necesitamos enfrentar estas realidades y mejorarlas, en lugar de ignorarlas.

Estamos entrando en una nueva era de capacitación corporativa. Necesitamos hacerlo.

La Relación Positiva y Negativa

La gente a menudo me pregunta: «¿Cómo puedes hablar con un grupo de CEO de Fortune 500, un cuerpo estudiantil de secundaria, una comunidad de iglesia, una clase de segundo grado, un grupo de políticos y líderes comunitarios, y un equipo de la NFL en la misma semana y cautivar a cada grupo de diferentes maneras?». La respuesta es muy simple. Soy un observador de la gente. La mitad de las cosas sobre las que escribo son cosas en las que ya has pensado. El mensaje resuena porque tengo el don de articular lo que la gente ya sabe que es verdad, y demostrar cómo esas ideas pueden ser puestas en práctica. Durante toda mi vida, me he estado observando a mí mismo y a los demás. Conozco a la gente. Describe una situación y probablemente pueda decirte cómo responderá el 90 por ciento de la gente. Mi oficio es conocer a la gente. Mi visión del mundo y mi filosofía están predominantemente influenciadas por la observación. Mi forma de hablar y escribir son solo las formas de expresar ese arte.

Y las personas son personas son personas. Claro, algunas son educadas y otras no; algunas son ricas y otras pobres; algunas vienen de familias amorosas y otras no; algunas son impulsadas y motivadas y otras son perezosas y desorientadas; y todos tienen diferentes esperanzas, sueños y visiones para sus vidas. Al mismo tiempo, somos notablemente similares en muchos aspectos. Esa es la paradoja humana: somos maravillosamente únicos y asombrosamente similares a la vez.

Los psicólogos John y Julie Gottman son expertos en el campo del matrimonio y las relaciones. Pueden predecir dentro de quince minutos y con un 94 por ciento de exactitud si una pareja permanecerá casada o se divorciará. John creó lo que se ha denominado el Love Lab, un laboratorio de parejas instalado como un apartamento, con cámaras que permiten a los investigadores observar a la pareja. Esta suele pasar veinticuatro horas en el Love Lab, y en esas veinticuatro horas se puede aprender mucho, pero la predicción se hace quince minutos después.

Quedé absolutamente fascinado cuando escuché por primera vez acerca de esto. Y, por supuesto, como alguien muy interesado en observar el comportamiento humano, me pregunté cómo eran capaces de hacerlo. ¿Qué es lo que observan? ¿En qué criterios basan sus predicciones? ¿Con qué frecuencia están en desacuerdo entre ellos, y quién tiene el voto de desempate?

Pero resulta que se basan en un solo indicador, en una medida: la relación entre las interacciones positivas y negativas. Lo llaman la proporción mágica, que es la proporción positiva-negativa (PPN). Las parejas con una relación positiva-negativa de 5:1 en una interacción de quince minutos es probable que permanezcan juntas. Así es, cinco interacciones positivas por una negativa. La mayoría de la gente vive en un espacio mental que cree que una acción positiva equilibra una negativa. Aún más tonto, a veces nos permitimos creer que una acción positiva *anula* una negativa. No es así. Ni siquiera de cerca. De hecho, nada podría estar más lejos de la verdad. Se necesitan cinco acciones positivas o interacciones para tener incluso la oportunidad de compensar un evento negativo.

¿Qué tiene que ver esto con la cultura corporativa? La PPN impacta en todo. Ponlo en el contexto de tu negocio. Digamos que estás en el negocio de los restaurantes. Un cliente tiene una mala experiencia. Envías a la gerente a disculparse y ella ofrece al cliente descontento un postre gratis para endulzar el trato (literalmente). Es un buen comienzo, pero ese cliente necesita tener cuatro experiencias positivas más en su restaurante para compensar esa mala experiencia. Y si era el vigesimoquinto aniversario de bodas del cliente o la fiesta del decimosexto cumpleaños de su hija, ese número se acaba de multiplicar.

Piensa en lo importante que es la PPN cuando se trata de la marca. Una marca es una promesa, y las grandes marcas mantienen su promesa. ¿Cuántas veces tiene que mentirte una persona antes de que la caracterices como mentirosa? Si alguien tiene un encuentro negativo con tu marca, puede llevar años recuperarla; de hecho, es más probable que nunca la recuperes.

Cuando se trata de los aspectos comerciales de nuestras organizaciones, somos muy claros en estas cosas. Entonces, ¿por qué tenemos tantas dificultades cuando se trata de aplicar estos mismos principios al crecimiento y a la gestión de nuestra gente?

Tu organización es una comunidad, que tiene una cultura que se compone de muchas relaciones. ¿Cuántas relaciones tienes en tu organización? La mayoría de las personas tienen muchas más de las que se dan cuenta cuando realmente las examinan. Para establecer una relación positiva con un colega, se necesita una relación positiva-negativa de al menos 3:1. Si haces algo para molestar realmente a un colega, necesitas hacer cinco cosas positivas para incluso tener una oportunidad de redimir tu marca personal con esa persona. Si eres el CEO y creas una experiencia negativa para tu equipo de liderazgo, podrás ver las implicaciones; si haces algo que es recibido negativamente en toda la organización... bueno, ya sabes a lo que quiero llegar. La PPN es algo que todos debemos tener en cuenta cuando estamos interactuando con otros, y todo lo que se necesita es un poco de intencionalidad para asegurar una interacción positiva.

Una organización se compone de docenas, cientos o incluso miles de relaciones, y tu cultura es una colección de todas esas relaciones. Toda relación es positiva o negativa. Todo encuentro con otra persona suele ser positivo o negativo. Algunos pueden argumentar que las interacciones también pueden ser neutrales. Pero sé honesto, ¿tienes una segunda cita con una persona si la primera solo fue neutral? Probablemente no. ¿Y quieres que tus clientes tengan una experiencia neutral con tus productos, servicios y marca?

La multiplicación de la proporción positiva-negativa en una organización lleva muy rápidamente a determinar si una cultura es positiva o negativa, saludable o no, altamente funcional o masivamente disfuncional. La PPN actúa como una prueba de fuego en muchos aspectos de nuestras vidas que involucran una relación. Es una manera rápida y fácil para los líderes de tomar la temperatura de sus relaciones con sus informes directos, tanto individual como colectivamente. Por lo tanto, el concepto tiene aplicaciones poderosas tanto personal como profesionalmente. Tal vez no sería una mala idea enseñar a los estudiantes de secundaria que si estás saliendo con alguien y tu proporción positiva a negativa apesta, probablemente no sea una buena señal. Todos podemos aplicar la PPN a nuestras relaciones personales, con nuestro cónyuge o pareja, con nuestros hijos, amigos y vecinos.

Las Culturas Dinámicas tienen una alta proporción positiva-negativa, y los Defensores de la Cultura tratan intencionadamente de crear una experiencia positiva en cada interacción con un cliente o colega.

La Cultura Está Determinada Por Los Valores

Todas las organizaciones comienzan por una razón, para servir a una necesidad particular, y para cumplir con una visión específica. Pueden hacerse más complejas y explorar otras oportunidades con el tiempo, pero normalmente la visión original vivirá siempre en la cultura. Esta es la razón por la que cuando realmente empiezas a explorar una cultura, normalmente tienes unos cuantos encuentros con la personalidad del fundador (o su fantasma, si ya no está con nosotros).

Durante su vida, el fundador sigue siendo el guardián de la visión y el encargado del sueño. Pero una vez que esa persona (o personas) ya no está involucrada en el día a día, los valores y la visión originales pueden perderse rápidamente. Sin embargo, las huellas del fundador seguirán estando en toda la cultura, y esto suele ser tanto algo bueno como algo malo. La misión de una organización se deriva de los valores y la visión del fundador. Exploraremos el papel de la misión en profundidad en el capítulo tres. Por ahora, baste con señalar que tener una misión y una visión claras es esencial para la salud de la organización y la Cultura Dinámica.

Nada influirá más en la PPN que los valores. Misión, visión y valores son los cimientos sobre los que construimos una organización exitosa y una Cultura Dinámica. Los valores son lo que anima la cultura todos los días. Esa palabra, *animar*, es realmente importante para nuestra conversación. Viene de la palabra latina *anima*, que significa «aliento», «alma», o más literalmente, «dar vida». Los valores dan vida a una organización; le dan un alma. Sin valores, una organización se vuelve sin alma, sin vida. Una cultura sin valores no es malsana; en realidad está muerta. Cada situación, cada decisión, cada proyecto plantea preguntas. Si una organización ha establecido claramente su misión y sus valores y los ha comunicado explícita y repetidamente a sus empleados —lo que significa que son bien comprendidos en todos los niveles de la organización—, estas preguntas tienden a ser relativamente fáciles de responder, y muchas de ellas pueden ser respondidas en todos los niveles de una organización. Pero muy pocas organizaciones tienen este tipo de claridad; yo diría que menos del 1 por ciento.

Una de las formas más sencillas de diferenciar una organización de un gran funcionamiento de otra que funciona mal es observar su proceso de toma de decisiones. En las organizaciones más insalubres, la respuesta a cada pregunta es: «Déjame preguntarle a mi jefe». Le explicas tu situación a tu jefe y ella dice: «Déjame preguntarle a mi jefe», y así sucesivamente. Todos hemos experimentado esta frustración con algunas de las peores organizaciones del mundo. En una Cultura Dinámica, la mayoría de las decisiones que surgen cada día pueden tomarse rápidamente y de la manera más eficiente y expedita posible, lo que significa que personas en niveles relativamente bajos de la organización pueden tomar esas decisiones. En una cultura realmente saludable, personas ajenas a los jefes pueden responder a las preguntas y tomar decisiones.

La mayoría de las veces los valores corporativos son una broma. Son decididos por nadie sabe quién y en una sala nadie sabe dónde, y no tienen nada que ver con la realidad de las actividades diarias de la organización real. Son aspiraciones en el mejor de los casos. Se pegan en una pared de la oficina central y se imprimen en los folletos corporativos, pero los empleados se ríen de ellos; consideran los valores como una broma porque no reflejan la forma en que se ha tratado a las personas como miembros de un equipo y no reflejan la forma en que ven que la organización trata a los clientes cada día. Cuando tus valores se consideran una broma, tienes una cultura muy enferma.

Si quieres construir una verdadera Cultura Dinámica, ten muy claros tus valores, empieza a vivirlos rigurosamente, y aprovecha cada oportunidad para hablar brevemente de ellos a los miembros del equipo y a los clientes. No se inculcan valores en una organización poniéndolos en un cartel. Se inculcan valores capacitando a tu gente para vivirlos, aunque la mejor opción es contratar a personas que ya compartan tus valores.

Las organizaciones que establecen y practican sus valores tienen una gran ventaja sobre sus competidores. Una de las formas más prácticas en que los valores corporativos benefician a una empresa se encuentra en el área de la toma de decisiones. La rapidez con que se toman las decisiones dentro de una organización es un indicador destacado de la salud cultural. La claridad con respecto a nuestros valores acelera enormemente el proceso de toma de decisiones, y repetirme a mí mismo debido a que así lo garantiza, mientras más abajo en la estructura organizacional se pueda tomar una decisión, más sana es una organización; este es un indicador primordial.

Pero menos del 1 por ciento de las organizaciones tienen claridad de valores. Mis socios y yo en FLOYD Consulting hemos trabajado con más de cincuenta organizaciones de Fortune 500 y cientos de pequeñas y medianas empresas y organizaciones. Cuando se trata de claridad de valores, lo mejor que he visto es una organización con sede en Texas llamada Dwyer Group.

El siguiente es el Código de Valores del Grupo Dwyer, sobre el cual puedes leer más en *Values, Inc*, un libro de Dina Dwyer-Owens. A medida que los leas, ten en cuenta que cada reunión del Grupo Dwyer comienza con la recitación del Código de Valores, ya sea que esa reunión consista en dos personas o en toda la organización. He estado en reuniones en las que quien las dirige comienza por enumerar el primer valor y luego cada valor es recitado por otro miembro del equipo en la reunión. No están leyendo de las tarjetas de notas, se lo saben de memoria.

El Código de Valores del Grupo Dwyer
Vivimos nuestro Código de Valores por...

Respeto

...tratando a los demás como nos gustaría que nos trataran a nosotros.

...escuchando con la intención de entender lo que se dice y reconocer que lo que se dice es importante para el orador.

...respondiendo de manera oportuna.

...hablando con calma y respeto, sin blasfemias ni sarcasmos.

...reconociendo a todos desde su propia perspectiva...

Integridad

...haciendo solo acuerdos que estamos dispuestos, somos capaces y tenemos la intención de cumplir.

...comunicando cualquier acuerdo potencialmente roto en la primera oportunidad apropiada para todas las partes interesadas.

...mirando al sistema en busca de correcciones y proponiendo todas las soluciones posibles si algo no funciona.

...operando de manera responsable, «por encima de la línea...»

...comunicando honestamente y con un propósito.

... haciendo preguntas aclaratorias si no estamos de acuerdo o no entendemos.

...nunca decir nada sobre nadie que no le diríamos a esa persona.

Enfoque en el cliente

...esforzándonos continuamente por maximizar la lealtad de los clientes internos y externos.

...haciendo nuestros mejores esfuerzos para entender y apreciar las necesidades del cliente en cada situación.

¡Diviértete en el proceso!

¿Cómo está tu organización con respecto al Código de Valores del Grupo Dwyer? ¿Cómo sería diferente tu cultura si estos fueran tus valores organizacionales?

Para conocer más sobre Dina y el Grupo Dwyer, visita DinaDwyerOwens.com y DwyerGroup.com.

Los valores son la base de una gran cultura. Identifícalos... y no seas ambiguo. Especifica cómo se viven en las diferentes situaciones cotidianas a las que te enfrentas en el trabajo. La gente cada vez más quiere más que simple dinero a cambio de su trabajo. Quieren trabajar para una organización que tenga valores sólidos y una gran cultura. La cultura es una expresión externa de una realidad interna. Los valores son esa realidad interna.

No inculcas valores imprimiendo carteles y colocándolos en toda la organización. Inculcas valores capacitando a tu gente para que los vivan. Pero la mejor manera, como pronto descubriremos, es contratar a gente que ya tiene y respeta tus valores.

Los seres humanos sienten un poderoso deseo de pertenecer.
Pero más que simplemente pertenecer, queremos pertenecer a
algo de lo que podamos estar orgullosos y alegrarnos, y cuando
lo hacemos, se lo decimos a todos los que conocemos. ¿Tu
gente siente que pertenece a tu organización? ¿Sienten que su
contribución es valorada? ¿Se alegran de contarle a los demás
en dónde trabajan?

Esta es la causa de por qué todo el mundo quiere pertenecer
a una Cultura Dinámica en el trabajo. Hemos empezado a explorar los retos, problemas y oportunidades de construir una
Cultura Dinámica. Aventurémonos ahora en la solución de la
cultura.

por qué la cultura importa

Sorpresa y Deleite

Todas las grandes marcas y productos sorprenden y encantan. A los profesionales del marketing les encantan las campañas de sorpresa y deleite. Una estrategia de marketing que se centra en la sorpresa y el deleite suele implicar la selección aleatoria de algún cliente para que reciba un producto o experiencia gratis. Pero hay una cosa por la que los profesionales del marketing salivan aún más que por las campañas de sorpresa y deleite: por los productos que realmente sorprenden y deleitan.

No hace mucho, me reuní con un amigo que hablaba de su auto cada vez que nos veíamos. Hace unos dos años compró su primer vehículo de lujo, y desde entonces, ha estado evangelizando a todo el mundo que lo escuche sobre las características, confort y rendimiento de este auto. Es claramente un producto de sorpresa y deleite.

Bromeé con su asistente mientras me iba: «¿No te cansas de

oír hablar de ese auto?». Sonrió de una manera que me dijo que tenía un pensamiento secreto. Le pregunté qué estaba pensando, y me dijo: «Bueno, tengo que decir que me gustaría tener un auto como ese. El otro día lo llevé al concesionario para el servicio de rigor y el cambio de aceite. Son increíbles. Ni siquiera es mi auto, pero me trataron como a una princesa. Café, revistas, comida y aperitivos; me ofrecieron un lugar tranquilo para trabajar; la atención personal no terminaba nunca». «¡Vaya!», me alejé pensando, «hay una marca que ha combinado un producto de sorpresa y deleite con un servicio de sorpresa y deleite».

Pero no caigas en la trampa de pensar que un producto de sorpresa y deleite tiene que ser caro. No tiene nada que ver con el precio. Pregúntale a la gente por su pollo frito favorito y verás la mirada de sorpresa y deleite en sus ojos cuando te digan por qué ninguna otra marca de pollo frito se compara con su favorita. Pregúntales a las madres de niños pequeños por sus cosas favoritas para el bebé y cada una de ellas se animará al hablarte de alguna cosa fabulosa que hace sus vidas mucho más fáciles. Tienen una cantidad desproporcionada de apreciación por el objeto, sea cual sea. Ahí está otra vez: la sorpresa y el deleite.

El factor sorpresa y deleite es esencial para todo gran producto y servicio. Piensa en Amazon Prime: la gente se sorprende y se deleita con él. Comenzó simplemente como un envío gratuito de dos días en todos sus pedidos (aunque simplemente no parece ser la palabra correcta). Pero hoy en día incluye cien beneficios, incluyendo el acceso a música, películas, programas de televisión y libros electrónicos gratuitos. Diferentes personas aman Amazon Prime por diferentes razones, pero la sorpresa y el deleite son la base de su éxito. Este es un ejemplo fabuloso, y algo que la mayoría de las organizaciones no podrían replicar, pero no dejes que eso te distraiga. Sea lo que sea que hagas, sea cual sea el producto o servicio que ofrezcas, puedes sorprender y deleitar a tus clientes.

El tipo de la tienda de coches se deleita con la llave inglesa que hace su trabajo sea un poco más fácil y mucho más agradable. La madre se deleita con el pañal que le facilita cambiar el pañal de su bebé con una mano atada a la espalda (en sentido figurado, por supuesto). Los amantes del chocolate se deleitan con ese rocío de sal marina sobre el caramelo que cambia completamente la experiencia.

¿Qué productos o servicios siguen sorprendiéndote y deleitándote una y otra vez? Todos tenemos favoritos, y si profundizas en el porqué de tu disfrute, descubrirás que te sorprenden y deleitan.

Una Cultura Dinámica sorprende y deleita de manera similar. Al principio la gente se deleita en experimentar tal cultura, y con el tiempo se deleitan en contarles a otros sobre ella. Todos se jactan de estar asociados a una organización que tiene una gran cultura. Y si les pides que te hablen de la organización, no hablan de los productos y servicios. No hablan de la penetración en el mercado y la huella geográfica. Hablarán de la gente y la cultura de esa organización.

¿Cuál Es Tu Producto o Servicio Más Importante?

Cada día tienes la oportunidad de sorprender y deleitar a tus clientes con tus productos y servicios. La noticia extraordinaria es que ellos no se guardarán la sorpresa y el deleite para sí mismos. Se deleitarán contándoselo a los demás.

Por supuesto, te preguntarás qué tiene que ver todo esto con la cultura. Echemos un vistazo, pero primero, una pregunta más: ¿cuál es el producto o servicio más importante de tu organización?

Cuando hago esta pregunta, normalmente recibo respuestas como estas: «Es difícil de decir. Tal vez los pañales Pampers... quiero decir, si fuera su propia organización, estaría en la lista de Fortune 500 por sus propios medios. Pero tal vez sea Tide, que creo que fue nuestra primera marca de mil millones de dólares».

«El iPhone. No hay duda. Estamos abriendo nuevas organizaciones multimillonarias aquí y allá, pero la gente solo bosteza. Sospecho que todo girará en torno al iPhone durante mucho tiempo».

«Coca-Cola clásica. Ha sido el refresco más vendido durante, vaya, no sé ni cuántos años. Pero puedo ver un futuro en el que nuestro producto más importante sea el agua Dasani».

«Los seguros de vida. Todo el mundo los necesita. Todo el mundo los va a necesitar siempre».

Sin embargo, me gustaría proponer que el producto o servicio más importante de tu organización sea tu cultura. Sé que cuando los banqueros de inversión miran el portafolio de productos de una organización, no consideran su cultura. Pero deberían hacerlo.

Tu cultura es un producto. También es un servicio. Tus empleados y clientes son consumidores de tu cultura. Aunque tú y ellos nunca hayan pensado en ella como en un producto, la consumen como lo hacen con otros productos y servicios todos los días, y responden a ella. Ahora, pueden responder con sorpresa y placer, pero también pueden responder con desdén o resentimiento. La mayoría de las organizaciones no lo saben, porque la cultura es el único producto sobre el que no reciben comentarios de los clientes. Muchas organizaciones dirán: «Pero hacemos nuestra encuesta anual de compromiso para los empleados». Esto es bueno y tiene su lugar, pero acordemos que si tu cultura fuera una marca de mil millones de dólares estarías haciendo más.

La otra parte que las encuestas de compromiso de los empleados ignoran por completo es que los clientes no pueden participar, y ellos también son consumidores de tu cultura. De hecho, muy a menudo tienen una visión mucho más clara de cómo es realmente tu cultura que tus empleados. No conozco una sola organización que les pregunte a sus clientes por la cultura de la organización. Les preguntamos a los clientes por el servicio y su experiencia en general, pero me pregunto qué notan sobre la cultura que no percibamos nosotros.

Tu cultura es el producto o servicio más importante de tu organización, pero ¿quién está a cargo de ella? ¿Quién es responsable de asegurar su éxito? ¿Cuándo fue la última vez que consultaste a alguien sobre la cultura? ¿Cuándo fue la última vez que comparaste tu cultura con las mejores prácticas? ¿Sabes qué funciona y qué no? La verdad es que no ignoraríamos los productos y servicios que son esenciales para el éxito de nuestro negocio, pero eso es exactamente lo que hacemos cuando ignoramos la cultura.

Lo sé, lo sé. Tal vez ya estés pensando que tu cultura está tan lejos de ser una cultura de sorpresa y deleite que dudas que sea posible. O puede que pienses que esto va a costar demasiado dinero, y que el departamento de gestión y finanzas nunca lo aprobará. Piénsalo de nuevo.

Hay muchas razones por las que ignoramos la cultura, y nos ocuparemos de todas ellas mientras nos abrimos paso en este libro. Pero apartemos las tres primeras objeciones de inmediato.

1. Nuestra cultura es cualquier cosa menos una cultura de sorpresa y deleite. No hay manera de que podamos construir una Cultura Dinámica. Es imposible.

2. No tenemos el dinero para hacer que nuestra cultura sea maravillosa.

3. No puedo pedirle más a mi gente. Ya están sobrecargados de trabajo.

Estas son mis respuestas:

1. No importa qué tan disfuncional sea tu cultura; puedes mejorarla enormemente con un plan y un esfuerzo intencional. No solo podemos, sino que debemos hacerlo. La gente pasa la mayor parte de su vida trabajando, y cualquier cosa que podamos hacer para mejorar esa experiencia es un imperativo moral. Tal vez no seas capaz de crear la mejor cultura del mundo, pero te sorprenderás de lo mucho que puedes mejorar una cultura con un esfuerzo constante. No dejes que lo que no puedes hacer interfiera con lo que puedes hacer.

2. No necesitas dinero para empezar a construir una Cultura Dinámica ahora mismo. Sé que parece difícil de creer, pero te pediría que avanzaras unos pocos capítulos antes de juzgar y me dejaras demostrártelo.

3. El plan que presentaré no requiere que tu gente, líderes, gerentes o empleados hagan más de lo que están haciendo ya. Puede requerir que hagan las cosas que ya están haciendo de manera diferente y mejor, y puede requerir que dejen de hacer algunas cosas que son ineficaces y las reemplacen con formas más efectivas de hacer las cosas —mejores sistemas, procesos y comportamientos, y prioridades más claras—, pero su carga de trabajo neta no aumentará. De hecho, podría disminuir, y ciertamente se volverá más agradable. Se necesita más energía para mantener la mediocridad que para buscar la excelencia.

Una cultura extraordinaria es posible. Lo que me hace estar tan seguro de esto es que casi todos los empleados quieren trabajar en una gran cultura, y casi todos los líderes quieren liderar una gran cultura. Y aunque suene radical, la gente merece una gran cultura que los aliente a hacer su mejor trabajo, sin importar cuál sea, y todos son responsables y tienen un papel que desempeñar en la creación de esa cultura.

Las Grandes Culturas Sorprenden y Encantan

Todos los grandes productos, servicios y experiencias sorprenden y deleitan. Desde Disney hasta el Super Bowl, la sorpresa y el deleite son esenciales para el éxito. Las grandes culturas también sorprenden y deleitan, aunque tal vez no de la manera en que podrías pensar.

Por lo general, solo oímos hablar de la cultura corporativa en los medios de comunicación cuando alguna organización de tecnología masiva pone a disposición de sus empleados un beneficio ridículo como cápsulas para dormir, vacaciones ilimitadas o dos años de licencia por maternidad. Recientemente leí sobre una organización que gasta un millón de dólares al mes en comida para sus empleados. Este tipo de tonterías hace que la Cultura Dinámica parezca imposible para la mayoría de las organizaciones.

La organización promedio no puede replicarlas, y muchas simplemente se han desentendido por completo de la discusión sobre la cultura. Sin embargo, estos beneficios que acaparan titulares no son cultura. Pueden sorprender y deleitar, pero también pueden ser creadores de derechos en lugar de ser constructores de empoderamiento.

Una cultura auténtica crea empoderamiento; no crea derechos. Este principio proporciona otra prueba de fuego veloz mientras tu organización se propone crear una Cultura Dinámica: ¿es más probable que lo que se propone conduzca al empoderamiento o al derecho? Otra gran prueba de fuego es preguntar: ¿cómo responderá la gente si aquello que se propone es retirado en el futuro?

Por ejemplo, hace muchos años un miembro del equipo de una organización que yo dirigía sugirió que implementáramos el viernes informal y permitiéramos que la gente usara jeans o una ropa más cómoda que su atuendo normal de negocios. Parecía inofensivo, así que acepté. Tres años después, noté que debido a algunos cambios en nuestras operaciones, más del 70 por ciento de nuestros visitantes venían a nuestras oficinas un viernes antes de los programas de fin de semana que ofrecíamos. Por esta razón, anuncié que eliminaríamos los viernes informales para poder ver y estar en las mejores condiciones para nuestros clientes visitantes. ¿La gente estaba descontenta? No... desearía que estuvieran descontentos. Su respuesta fue una desgracia. No tenía nada que ver con la misión, y todo que ver con la preferencia personal. Pero es un ejemplo muy simple de lo rápido que las cosas pueden salir mal cuando tomamos decisiones culturales basadas en criterios erróneos.

Hay una diferencia entre una campaña sorpresa y deleite, y un producto sorpresa y deleite. Cuando se trata de la cultura, una campaña de sorpresa y deleite es algo sumamente peligroso que te dejará peor que cuando empezaste. Muchas organizaciones se proponen construir una gran cultura, pero en lugar de construir una gran cultura que realmente surja y deleite de manera consistente porque se basa en valores y sustancia, hacen una campaña de «sorpresa y deleite» basada en ventajas, lo cual es insostenible y tarde o temprano se desvanece.

Discutiremos lo que es la cultura y lo que no es con más de-
talle en las próximas páginas. Pero lo cierto es que una gran
cultura es mucho más rudimentaria de lo que la mayoría de la
gente cree. No se trata de llevar a tu perro al trabajo ni de sillas
para hacer siestas. Estos son beneficios, pero no cultura. Son,
en el mejor de los casos, aspectos muy pequeños de la cultura, y
mucho más pequeños de lo que la mayoría cree.

Entonces, ¿cuál es el secreto de una gran cultura? ¿Qué idea,
beneficio u oportunidad encontramos en el núcleo de las Culturas Dinámicas? Esto podría sorprenderte:

Trata a las personas como personas.

Ese es el secreto de una Cultura Dinámica. Lo sé, puede parecer anticlimático, pero es el valor central de las grandes culturas. Trata a tu gente como personas y ellos tratarán a tus clientes
como personas, y crearás una gran cultura y tendrás un éxito
fenomenal.

No sé qué dice acerca de la sociedad que el simple hecho de
tratar a las personas como seres humanos y no como objetos,
ventas, clientes, resultados, beneficios, crecimiento u oportunidades produce niveles asombrosos de sorpresa y deleite. El
listón se ha puesto tan bajo que todo lo que tienes que hacer
para sorprender y deleitar es tratar a las personas como personas. No estoy diciendo que debamos empezar por ahí, pero
hay muchas situaciones en los negocios en las que es increíblemente difícil tratar a las personas como personas. Ten un poco
de humanidad. Después de todo, ¿cómo quieres que traten a
tus clientes? Es poco probable que tus empleados traten a tus
clientes mejor de lo que los tratas tú.

Si realmente quieres sorprender y deleitar a tus empleados,
preocúpate por ellos más que cualquier otra organización en el
planeta. No a ciegas, porque eso llevará a abusos y atribución de

derechos. Pero hay contratos escritos y no escritos entre empleados y empleadores. Tienes expectativas acerca de tu equipo que
no están escritas en ninguna parte, como ir a trabajar y hacer sus
mejores esfuerzos para cumplir su papel y hacer que la organización tenga más éxito. Pero si tratas a las personas con dignidad
y respeto, se elevarán de maneras que nunca imaginaste.

¿Cómo se logra esto exactamente en el sitio de trabajo? Hay
cientos de formas simples, y las conoces, porque son como te
gusta que te traten. Pero hay algo más. Involucra su genialidad.
Te prometo que cada persona que trabaja contigo es un genio
en algo. Incluso si solo pueden pasar el 5 por ciento de su tiempo trabajando en su genialidad, eso animará el otro 95 por
ciento de su tiempo de trabajo. Puede animar todas sus vidas.
Encuentra su genialidad y dales una salida para ello.

A veces, la mejor manera de probar una tesis es explorar lo
opuesto. Si tu misión fuera destruir una cultura, ¿cuál sería la
forma más rápida de hacerlo? Faltarle el respeto a la gente. Faltarle el respeto a tus empleados y clientes es la forma más fácil
de envenenar una cultura.

La forma más fácil de implementar la idea de tratar a la gente
como personas en lo profundo de tu cultura es dejar de fingir que
tienes empleados. No existe tal cosa. La gente que llamas empleados son en realidad tus primeros clientes. Te darán mucho más
de lo que lo harán tus mayores clientes secundarios (las personas
que compran tus bienes y servicios). Estas personas a las que llamas empleados —tus primeros clientes—, te dan su tiempo, su
salud, su creatividad y su innovación; sacrifican el tiempo con las
personas que aman y te dan su vida profesional. Son tus clientes
principales. Si les faltas al respeto, envenenarás tu cultura.

En las páginas siguientes, aprenderás a crear una cultura de sorpresa y deleite simplemente haciendo lo que ya haces, pero de un

modo mejor. Puedes crear una cultura de la sorpresa y el deleite sin gastar más dinero. De hecho, crear una cultura así te hará ganar dinero de cien maneras. Sin embargo, no digo que no debas gastar dinero para crear una verdadera Cultura Dinámica, porque creo que es algo en lo que vale la pena invertir, y he visto un enorme retorno de la inversión en dichas inversiones. Todo lo que estoy diciendo es que puedes empezar sin un centavo, ¡hoy mismo!

¿Cómo vamos a lograr todos estos milagros? Otra vez: *Trata a las personas como personas*. El respeto es la moneda de las grandes culturas. Si realmente quieres sorprender y deleitar a la gente, no los trates como empleados o clientes, trátalos como personas. Sorprende a la gente preocupándote por ellos más que cualquier otra organización del planeta. En respuesta, ellos te darán una cultura increíble, una lealtad feroz y unos resultados fenomenales, por nombrar solo algunos beneficios.

Es muy improbable que organizaciones que no sorprenden y deleitan a sus empleados sorprendan y deleiten a sus clientes. No es razonable esperar que tus empleados se comporten de una manera diferente con los clientes de como tú te comportas con tus empleados. Trata a tus empleados y clientes como seres humanos. Así es como desarrollas una cultura que crea una rentabilidad y una sostenibilidad sin igual.

Como todos los grandes productos y servicios, una cultura debe deleitar. ¿Tu cultura deleita a tus empleados y clientes?

¿Cuánto Importa La Cultura?

Importa más de lo que crees. Nunca puedes tomarla demasiado en serio. Claro, todo el mundo dice que es importante, pero pocas organizaciones dedican tiempo o dinero específicamente a mejorar su cultura, y en el 99 por ciento de las organizaciones nadie es responsable de asegurarse de que la cultura sea dinámica. Recuerda que una cultura sólida aumenta las ganancias en un 756 por ciento en un período de once años. Así que, ¿por qué no es el papel de alguien asegurarse de que tu cultura sea más dinámica cada año?

«Este asunto de la cultura», como recientemente escuché a un líder referirse a ello, realmente importa. Importa más de lo que piensa la mayoría de la gente, y es más importante cada año que pasa, porque cada nueva generación de trabajadores le da una mayor prioridad que la generación anterior. En realidad, es de una importancia monumental; no se puede exagerar esta importancia en el destino de la organización. Ignóralo por tu cuenta y riesgo, así como el de la organización con la que trabajas o lideras.

La cultura importa aún más que aquellos que creen que importa mucho. Lo que intento decir es que no puedes exagerar la importancia de la cultura en el destino de tu organización. Se alimenta de la estrategia para el desayuno, pero se alimenta de las ventas y el marketing para el almuerzo, y del desarrollo de nuevos productos para la cena. Y aun así, la cultura es ignorada en muchas de las discusiones organizacionales más importantes año tras año.

La gran mayoría de las organizaciones subestiman masivamente el valor de la cultura. Ahora, esta es una afirmación muy audaz. ¿Puedo probarla con una ecuación matemática o un estudio longitudinal de un instituto de investigación muy respetado? No. Pero el asunto es el siguiente: he conocido a muchos líderes empresariales que pensaban que la cultura era importante, o incluso muy importante, pero nunca he conocido a un líder empresarial que sobreestimara la importancia de la cultura para el éxito de su organización.

Nada importa más que la cultura a largo plazo. Hay literalmente un número ilimitado de razones por las que esto es cierto, y discutiremos muchas de ellas a medida que avancemos por los seis principios inmutables de la construcción de una Cultura Dinámica. Sin embargo, estas son algunas para abrir el apetito.

- La cultura es la diferencia entre el éxito y el fracaso sostenible y a largo plazo.

- La cultura es la diferencia entre una fuerza laboral altamente comprometida y una fuerza laboral que se rinde y sigue en lo mismo.

- La cultura es la diferencia entre los miembros felices y los miembros desgraciados del equipo.

- Las grandes culturas cambian la conversación en cada mesa, cuando la familia de un empleado pregunta: ¿cómo estuvo el trabajo hoy? Y esa conversación le da forma a la manera en que nuestros hijos piensan sobre el trabajo, que es el primer desarrollo profesional de la próxima generación de miembros de equipo en tu organización y que otros reciben.

- Las Culturas Dinámicas añaden valor de maneras que son imposibles de nombrar o medir.

- Una Cultura Dinámica le ahorra a una organización el desperdicio de recursos en la rotación de personal, en la atracción de talento y en la formación de nuevos empleados, todo lo cual distrae a tus personas más talentosas de tus mayores oportunidades. Por lo tanto, no debe sorprender que las grandes culturas conduzcan a una rentabilidad asombrosa.

- Las organizaciones literalmente viven o mueren por la cultura.

La razón número uno por la que las organizaciones subestiman el valor de la cultura es algo de lo que nunca he oído hablar en el mundo corporativo. Pero para entender la importancia de lo que voy a decir, considera esta pregunta: si fueras a la guerra, ¿preferirías tener un ejército reclutado (obligado a combatir), un ejército mercenario (que solo lo hace por el dinero o el botín) o un ejército voluntario (que lucha por algo en lo que cree)?

No importaría si yo dirigiera todo el ejército o si fuera el miembro de menor rango de ese ejército, pero me gustaría pertenecer a la última categoría, la de voluntarios. Un ejército de voluntarios sería más cohesivo y apasionado, y mayores probabilidades de correr un riesgo personal para ayudarme si me meto en problemas, y tendría muchas más probabilidades de ganar.

Ahora, no estoy sugiriendo que todos hagamos nuestro trabajo como voluntarios, pero esto es lo que la mayoría de las organizaciones nunca consideran o discuten: ¿cuántas horas a la semana crees que tus empleados son voluntarios en tu organización? Me refiero a las horas que no les pagan oficialmente por trabajar. Tal vez llegan un poco temprano o se van un poco tarde. Tal vez trabajan después de acostar a sus hijos para terminar un proyecto, ponerse al día con los correos electrónicos, o simplemente hacer planes para el día siguiente. Pueden almorzar rápidamente, hacer esto en sus escritorios, o saltarse el almuerzo por completo de vez en cuando, porque creen que algo es tan importante que están dispuestos a hacer ese sacrificio por su propia voluntad. Tu organización no les paga nada por este trabajo.

Esto es voluntarismo corporativo, y es enorme, en realidad. Y, sin embargo, nunca hablamos de ello. Cuando hablamos de voluntariado, normalmente hablamos de un equipo que fue a ayudar al comedor social local el viernes por la noche, o de otro equipo que visitó el hospital infantil. Pero la mayoría de las horas de voluntariado que tus empleados trabajan gratuitamente cada año se las dan directamente a tu organización. Y la calidad de tu cultura determina directamente el número de horas que tu gente será voluntaria cada año. Es fascinante: cuanto mejor sea tu cultura, más probable es que la gente trabaje más allá de lo que se les exige oficialmente y de lo que se les compensa con dinero contante y sonante. La razón número uno por la que la cultura importa más que nada a largo plazo es porque enciende la pasión, y las personas que son apasionadas por algo harán lo que sea para ganar.

Los Seis Principios Inmutables

Alguien me preguntó hace algunas semanas: «Si pudieras hacer otra cosa que no fuera escritor, ¿qué elegirías hacer?». No tuve que pensarlo; ya lo he pensado antes: sería un músico. Como escritor, puedo procesar la vida, las ideas y las experiencias a través de las palabras. Me encanta ser un experto en palabras por esta y por muchas otras razones. Los músicos llegan a procesar el mundo a través de la música, y la música toca a la gente a nivel del alma, de la misma manera y también de otros como lo hacen los libros.

¿Sabías que la música se compone únicamente de doce notas? Piensa en todas tus canciones favoritas y luego considera la historia de la música en cada género: doce notas.

Las Culturas Dinámicas están hechas con menos de doce notas. La mitad de esa cantidad, de hecho: solo seis. En las próximas páginas, en lugar de decirte cien cosas que deberías hacer en tu organización para transformar la cultura, te enseñaré a hacer solo seis cosas, y te animaré a hacerlas con una excelencia progresiva. Y no puedo decirte lo emocionado que estoy de compartirlas contigo, y enseñarte a llevarlas a lo más profundo de la vida de su organización y disfrutar de los frutos de una Cultura Dinámica que ayudaste a crear. La música de las Culturas Dinámicas se compone de seis notas. Aprende a tocar estas seis notas con destreza y tu cultura se convertirá en algo de lo cual maravillarte.

Mi preferencia sería revelarlas una a una en los próximos capítulos, pero algo me dice que una vista de pájaro de todo el modelo desde el principio puede ser más útil. Así que, aquí están, los Seis Principios Inmutables de una Cultura Dinámica:

Principio 1: Hacer de la cultura una prioridad

Principio 2: La misión es la reina

Principio 3: Sobrecomunicar el plan

Principio 4: Contratar con disciplina rigurosa

Principio 5: Hacer saber a la gente lo que esperas de ella

Principio 6: Haz crecer a tu gente creando una cultura del coaching

Ahí están. Construir una Cultura Dinámica es dominar estos seis aspectos de la vida organizacional. El corazón y el alma de este libro consiste en enseñarte a convertirte en un defensor de cada uno de ellos, independientemente de tu papel o cargo dentro de la organización.

Trabajé en cómo describir exactamente los seis principios, y finalmente me decidí por inmutable después de pensarlo larga y detenidamente. A veces pienso que me torturo innecesariamente por estas cosas, pero siempre vuelvo al hecho de que un orfebre debe a sus lectores ese tipo de tortura. De todos modos, elegí la palabra inmutable porque significa «inalterable».

Muchas cosas cambiarán en la cultura de tu organización en las décadas venideras, pero estos seis principios permanecerán.

Durante años he estudiado la cultura de las organizaciones y las culturas de miles de ellas para poder despojarme de todo aquello que es fugaz, superficial y transitorio, y de la miríada de modas pasajeras, con el fin de ofrecerte la esencia de la cultura y, lo que es más importante, los cimientos mismos sobre los que construir una Cultura Dinámica.

¿Por qué es tan importante encontrar la esencia de la cultura? Porque la esencia de algo es inmutable. Porque las cosas que no cambian son las que nos permiten dar sentido al cambio. Así que, en un momento en que el cambio nunca ha sido más constante o intenso, aquello que es inmutable es más valioso que nunca antes. Dondequiera que la gente se reúna para un propósito común, estos seis principios mantendrán su relevancia.

La gente viene con docenas de ideas cada mes sobre la manera en que la cultura de su organización podría mejorarse. ¿Cómo decidimos qué ideas implementar y cuáles no? La prueba de fuego rápida y fácil es preguntar: ¿esa idea le ayudará a esta organización a convertirse en una mejor versión de sí misma? Si la respuesta es no, no es necesario perder más tiempo en ello. Si la respuesta es sí, la siguiente pregunta que debemos hacernos es: ¿cuál de los seis principios la fortalecerá? Si no encuentra un lugar en uno de los seis principios inmutables, entonces lo más probable es que sea una moda pasajera y deba tratarse como algo peor que una distracción.

Los seis principios son tu Estrella del Norte en el viaje de tu organización para construir una cultura asombrosa. ¿Cambiaría un marinero la Estrella del Norte por un reflector potente que podría romperse fácilmente? ¿Cambiaría un hombre del mar la Estrella del Norte por un nuevo y elegante sistema de navegación que no ha sido probado? ¡Tú tampoco deberías cambiar estos seis principios por nada del mundo!

Como hemos visto, la construcción de una Cultura Dinámica consiste en dominar estos seis principios de la vida organizacional. También elegí la palabra dominar de manera intencional. ¿Qué significa dominar algo? ¿Qué se necesita para dominar algo, un deporte o un instrumento musical, el marketing, las relaciones públicas, la contabilidad, o algo tan simple e importante como escuchar a la gente? ¿Qué se necesita para dominar el arte de escuchar realmente a la gente?

El dominio de casi cualquier cosa gira en torno a lo básico. Como seres humanos, nos fascinan las cosas nuevas y diferentes, especiales o extraordinarias, las últimas cosas brillantes y chispeantes. Pero casi todo el éxito y la felicidad en este mundo nacen de las cosas ordinarias. Nos dejamos seducir por lo espectacular, pero es en lo básico donde se encuentra el verdadero tesoro. Y es muy fácil para una organización y su cultura dejarse seducir por cosas que son nuevas, diferentes y brillantes como lo es para nosotros como individuos.

Cuando me mudé a los Estados Unidos desde Australia, quedé fascinado con el fútbol americano. Había crecido viendo el fútbol australiano, el rugby y el fútbol. Al principio, el fútbol americano me parecía un idioma extranjero. Cuando algo te parece misterioso, hay un prejuicio incorporado que te hace creer que es más complicado de lo que realmente es. No me malinterpretes, el fútbol americano es uno de los deportes más estratégicos del mundo. Pero todo tiene sus fundamentos, y esos fundamentos son la clave del éxito, la base de la excelencia duradera.

A través de nuestro trabajo de consultoría, mis colegas y yo hemos tenido la oportunidad de trabajar con algunos entrenadores, jugadores y equipos de la NFL, y una interacción con un entrenador principal demuestra perfectamente lo que estoy tratando de compartir con ustedes aquí.

MK: «¿Quién crees que ganará el Super Bowl este año?».

Entrenador: «El mismo equipo que ganó el año pasado, y el año anterior a ese, y el año anterior a ese».

MK: «¿Qué quieres decir? Tres equipos diferentes han ganado el Super Bowl en los últimos tres años».

Entrenador: «Ahí es donde te equivocas. Ahí es donde la mayoría de los jugadores y la mayoría de los entrenadores aficionados se equivocan también».

MK: «Creo que no te estoy entendiendo».

Entrenador: «El mismo equipo gana el Super Bowl cada año».

MK: «¿De qué estás hablando? Suenas como si hubieras estado bebiendo o estuviéramos en un episodio de Abbott y Costello. ¿Esto es como una cosa de '¿Quién está en primera?'»,

Entrenador: «No. No he estado bebiendo. Quiero decir cada palabra que he dicho, y hablo completamente en serio. El mismo equipo gana el Super Bowl cada año: el equipo que tiene la disciplina para dominar lo básico. El fútbol tiene un puñado de fundamentos. Hay miles de jugadas diferentes, pero todas se basan en que el ataque y la defensa lleven a cabo lo básico del fútbol con una consistencia infalible».

El éxito en casi todo se basa en este principio único: haz lo básico, hazlo bien, y hazlo todos los días, *especialmente cuando no tengas ganas de hacerlo*. No importa si se trata del fútbol o de cualquier otro deporte, las finanzas personales, el acondicionamiento físico, el matrimonio, la crianza de los hijos, las operaciones militares, las pequeñas empresas, las grandes empresas, o la creación de una cultura organizacional dinámica. Esta es una de las razones por las que la mayoría de la gente no tiene un éxito fenomenal. Les falta la perseverancia para hacer las mismas cosas una y otra vez, para centrarse en las mejoras más pequeñas, y en las partes más mundanas de lo que sea que hagan. El éxito en casi cualquier cosa es usualmente el resultado de ser el mejor en cuatro o cinco cosas. Pero nos distraemos con mucha facilidad con cosas que no son esenciales. Después de un gran partido en cualquier deporte, los periodistas interrogarán al entrenador o jugador(es) ganador(es), para tratar de entender el secreto de su éxito. El entrenador o el jugador dirá algo como: «Bueno, el ataque tuvo un par de oportunidades y las aprovechó con disciplina. Y la defensa hizo muy bien lo básico». Ahora, los medios de comunicación y la gente que los ve en casa podrían pensar que el entrenador o el jugador están siendo evasivo y tratando de guardar los secretos de su éxito para sí mismo, pero no es así. En realidad, están siendo completamente honestos y transparentes, pero nuestro amor por lo espectacular hace que nos decepcionemos de que algo tan simple (que no es fácil) pueda ser la clave del éxito.

Dominar lo básico es el secreto del éxito. Así que, mientras hacemos este viaje juntos, resiste la tentación de mirar más allá de los fundamentos de los seis principios inmutables de la construcción de una Cultura Dinámica, y no te dejes seducir por lo que dicen los medios de comunicación sobre alguna moda de cultura corporativa.

Los defensores de la cultura se centran en lo básico. Las Culturas Dinámicas hacen música con solo seis notas brillantes. Haz estas seis cosas muy, muy bien y construirás una cultura asombrosa que atrae, crece, nutre y retiene a las mejores personas. Lanzarte a lo básico día tras día puede resultar tedioso de vez en cuando, pero el éxito nunca es tedioso. A las cuatro de la mañana, cuando el atleta olímpico no tiene ganas de levantarse de la cama —porque, admitámoslo, nadie lo haría— se imagina con la medalla de oro al cuello mientras suena el himno nacional. De modo que sí, comprometerse con lo básico todos los días puede ser ocasionalmente agotador, pero déjame decirte algo que no envejece nunca: anda a trabajar junto a otras personas con las que disfrutas trabajando, y persigan juntos tu misión de manera apasionada. Eso puede y debe ser divertido, y extraordinariamente satisfactorio.

¿Qué Es La Cultura?

La cultura es tremendamente incomprendida. Hay una enorme confusión en torno a lo que es la cultura y a lo que no es, incluso entre los líderes de las organizaciones de más alto nivel en la actualidad. Este fuego es avivado constantemente por los medios de comunicación con historias descabelladas sobre algún beneficio malsano que alguna organización ha decidido ofrecer a sus empleados, y que es promocionado como parte de su cultura extraordinaria, cuando normalmente no tiene nada que ver con la cultura, y la organización podría seguir funcionando o cerrar en un año.

Lo primero que aprendes de un consultor de medios es esto: nunca aceptes automáticamente la premisa de una pregunta. Si te hacen una, comienza por cuestionar en tu mente aquello que supone la pregunta. Me gustaría animarte a adoptar un ejercicio mental similar cada vez que la cultura se mencione en el trabajo, en los medios de comunicación o en una conversación.

Empieza por preguntarte con cuál de los seis principios se relaciona: si no puedes relacionarla fácilmente con uno de los seis principios que estamos a punto de discutir, es muy probable que no tenga nada que ver con la cultura.

Cualquier cosa que cree un derecho es una moda pasajera o una mala cultura. Las Culturas Dinámicas crean empoderamiento, no derechos. Una de las preguntas que les hago a los líderes en nuestros retiros ejecutivos es esta: ¿qué hay en tu organización que te mantiene despierto por la noche? La mayoría de ellos bromean que están tan cansados cuando se acuestan que nada los mantiene despiertos. La pregunta, por supuesto, es tanto literal como metafórica.

Habla con cualquier líder experimentado y te dirá que el asunto de los negocios es bastante sencillo. De vez en cuando, una situación de marketing, finanzas o en la cadena de suministros puede mantenerlos despiertos por la noche. Pero esa es la respuesta a la pregunta solo un 10 por ciento de las veces. El otro 90 por ciento de las veces, lo que perturba la mente de los líderes es la gente y la cultura. No es sorprendente que ambos aspectos sean inseparables.

Hay mucha confusión cuando se trata de la cultura. Lo que es y lo que no es son las dos ideas principales en el centro de esa confusión. Así que explorémoslas juntos.

La cultura no es solo una colección de preferencias personales. Con mucha frecuencia escuchamos historias sobre gente que puede llevar a sus perros o cualquier cosa que quieran al trabajo, tener vacaciones por tiempo ilimitado, recibir refrigerios gratis, que se les permita trabajar en una cafetería en lugar de ir a la oficina; etc. Puede que esto se haga pasar por cultura, pero son nimiedades.

De hecho, muchas de estas cosas pueden hacer más daño

que bien. Y la idea errónea, equivocada y temerariamente irresponsable de que están en el centro de una Cultura Dinámica y de que no se puede tener una gran cultura sin dichas ventajas es lo que hace que muchos líderes y organizaciones abandonen la mejora de la cultura incluso antes de haber empezado.

Este libro no trata sobre ese tipo de culturas fugaces, vacías y simuladas, porque en el mejor de los casos estas ventajas están muy poco relacionadas con la cultura. En el peor de los casos, si un día tienes que eliminar una de estas ventajas por razones que son válidas, lógicas e inmensamente razonables, experimentarás la ira del derecho a un nivel que es completamente desproporcionado con la situación en cuestión. Obviamente, esto perjudicará masivamente la moral y será considerado un ataque directo a la cultura de la organización. Por lo tanto, algo que no tenía virtualmente nada que ver con la cultura para empezar terminará haciendo un daño real a la cultura real de tu organización.

Así que seamos claros desde el principio: el objetivo de una Cultura Dinámica no es hacer felices a los empleados. Lo mejor que puede hacer una organización es crear un ambiente donde sea posible que los empleados establezcan la felicidad por sí mismos. Una Cultura Dinámica no puede hacer felices a los empleados, pero puede hacer que la satisfacción y la felicidad en el trabajo sean mucho más alcanzables.

Aquí está el problema. Mientras que una organización no puede hacer felices a los empleados, sí puede hacerlos sentir miserables. La queja número uno de los empleados es su gerente. No me importa lo buena que sea tu vida personal o lo positiva que sea tu actitud, una mala persona puede hacer que tú y tu vida sean muy miserables. Y este es solo un ejemplo de cómo una cultura malsana puede hacer que la gente no sea feliz.

Mientras hablamos de gerentes, me gustaría proponer que

erradiquemos el término gerente de la vida organizacional. ¿Quién quiere un gerente? ¿Quién quiere ser gerenciado? ¿No preferiría todo el mundo un líder? ¿Por qué no puede un director de equipo ser un líder de equipo? ¿Puede un jefe de turno ser un líder de turno? ¿Prefieres presentar a la persona a la que informas como: «Esta es mi jefa, Jacqueline» o «Esta es mi líder de equipo, Jacqueline»?

Entiendo que todos necesitamos dirección y responsabilidad, y ciertamente el trabajo de varias personas necesita ser coordinado para lograr el resultado deseado por el equipo. ¿Importa si llamamos a la persona gerente o líder? Sí. A menos que haya una muy buena razón para llamar a alguien gerente, propongo que lo llamemos líder.

¿Cuántas personas conoces que sean miserables en el trabajo? Un gran número. Podría citar la última investigación, pero estaría desactualizada antes de que este libro se publique, y de todos modos es probable que tengas una idea aproximada. Otra pregunta: ¿cuánta gente conoces a la que le encantaría dejar su actual puesto u organización? De nuevo, es un gran número. Al menos el 40 por ciento de los empleados en la cultura promedio están buscando activamente un rol en otra organización.

La cultura puede cambiar eso. De hecho, podría ser lo único que puede cambiarlo a largo plazo. La rotación y la falta de compromiso han plagado a las organizaciones durante décadas. Son tan costosas que si pudiéramos medir su costo real con precisión, cada líder serio de una organización haría que su prioridad número uno fuera crear una cultura tan dinámica que nadie quisiera irse nunca.

Pasemos ahora a la verdadera pregunta: *¿Qué es la cultura?*

La cultura es el alma de una organización. No necesariamente puedes verla o tocarla, pero siempre está ahí. Influye en todo lo que sucede dentro de una organización, desde quién es contratado y despedido hasta qué tan segura se siente la gente al presentar una nueva idea o señalar un problema, lo mucho que la gente disfruta yendo a trabajar, y la efectividad con la que los equipos logran su trabajo.

De acuerdo con el *Diccionario de negocios*, «El culto organizacional abarca valores y comportamientos que contribuyen al ambiente social y psicológico único de una organización». ¿En serio? Quiero decir, tal vez sea así como lo describen en términos académicos, pero no estoy seguro de cómo lo aplicaría alguna empresa en la práctica.

David Needle señala: «La cultura organizacional representa los valores, creencias y principios colectivos... y es el resultado de factores como la historia, el producto, el mercado, la tecnología, la estrategia, el tipo de empleados, el estilo de gestión y la cultura nacional». Continúa afirmando que la cultura incluye la visión, los valores, las normas, los sistemas, los símbolos, el lenguaje, las suposiciones, las creencias y los hábitos de una organización.

¿Quieres algo más complicado aún? Edgar H. Schein, experto en desarrollo organizacional, escribe: «La cultura organizacional se define como un patrón de supuestos básicos compartidos que un grupo aprende a medida que resuelve sus problemas de adaptación externa e integración interna, que han funcionado lo suficientemente bien como para ser considerados válidos y, por lo tanto, para ser enseñados a los nuevos miembros como la forma correcta de percibir, pensar y sentir en relación con estos problemas». El señor Schein puede ser un genio, no lo sé, pero esto suena más como un culto que como un lugar donde me gustaría trabajar.

Todo esto parece desconectado de la gente y de las organizaciones con las que me reúno y me encanta trabajar. Otra cosa que me llama la atención es que las tres definiciones son completamente pasivas. Las culturas dinámicas y organizacionales no solo suceden, sino que se construyen. Así que empecemos de nuevo. ¿Qué es la cultura? Me parece que nunca debemos pensar profundamente en nada sin antes considerar su propósito. El propósito de la cultura es ayudar a una organización a cumplir mejor su misión con el entendimiento de que un ambiente saludable servirá mejor a esa misión a largo plazo. Desde esa perspectiva, la cultura es todo aquello que hace una organización y que la ayuda a convertirse en la mejor versión de sí misma, y todo lo que hace para cumplir mejor su misión este año que el anterior. Si alguien o algo ayuda a tu organización a convertirse en una mejor versión de sí misma, acéptalo. Si alguien o algo impide que tu organización se convierta en una mejor versión de sí misma, huye.

Pero, pero, pero... es muy importante recordar esta idea inaudita cuando discutimos la cultura: estamos aquí para trabajar. Sé que puede parecer un anuncio evidente de lo obvio, pero con demasiada frecuencia esa realidad se arroja por la ventana cuando las organizaciones empiezan a hablar de cultura. Cuando olvidamos que estamos aquí para trabajar, cuando desconectamos nuestras discusiones sobre la cultura de nuestro trabajo individual y misión colectiva, esas conversaciones se mueven rápidamente hacia cosas que pueden ser una verdadera distracción del trabajo en cuestión. Sé que puede parecer una locura, pero cuando se trata de trabajar, estamos ahí para lograr algo.

Por lo tanto, es imposible establecer una Cultura Dinámica sin un claro sentido de la misión (Principio 2). Todo en cualquier cultura debería ayudar a cumplir tu misión de una manera más efectiva.

Puede que no seamos capaces de ponernos de acuerdo en

una definición, pero una cosa en la que todos pueden estar de acuerdo es que, como empleado, sabes cuándo una cultura es saludable, o bien malsana y disfuncional. Conoces una Cultura Dinámica cuando la ves y la experimentas y disfrutas cada día. Y los clientes también.

Pero en aras de la claridad, acordemos una definición de la cultura para usarla como punto de referencia en el resto de este libro:

La cultura es la visión, los valores, los sistemas, el lenguaje, las expectativas, los comportamientos y las creencias que aumentan o disminuyen las posibilidades de una organización de acomodar su estrategia y cumplir su misión, lo que a su vez aumenta o disminuye la cantidad de gente que disfruta de ir a trabajar.

Podría ser un ejercicio maravilloso desglosar la definición en ejemplos prácticos en tu organización. Puede que quieras hacerlo por tu cuenta, o en equipo. Advertencia: Ninguna cultura es perfecta, así que no te concentres solo en lo positivo. He preparado preguntas para ayudar con eso.

- ¿Cuál es la visión?
- ¿Cuáles son los valores de la organización (buenos y malos, hablados y no hablados)?
- ¿Cuáles son los sistemas que te ayudan a cumplir tu misión? ¿Qué sistemas se interponen en el camino para cumplir tu misión?
- ¿Cuál es el lenguaje único utilizado en la organización que ayuda a la gente a aceptar la misión (o a cumplirla)? ¿Qué lenguaje es contraproducente?
- ¿Qué se espera de ti y de tu equipo?

- ¿Qué comportamientos aumentan o disminuyen las posibilidades de éxito de la organización?
- ¿Qué creencias son fundamentales para la visión y la misión? ¿Cómo se mantienen y cómo se quebrantan?
- ¿Qué cosa aumenta y disminuye el placer de ir a trabajar?

También es imperativo reconocer que la cultura no es estática. Cambia constantemente para bien o para mal. Lo que debe ser muy claro es que si no se tiene una visión de la cultura que se quiere para la organización y un plan para lograr esa cultura, de todas formas surgirá una cultura, y tarde o temprano, esa cultura no intencional se convertirá en una bestia salvaje.

En muchos sentidos, la cultura es una conversación continua sobre quién eres como organización y en quién quieres convertirte. La cultura no es algo que se determina una vez y luego se hace. Puede que haya partes de tu cultura que no cambien y que no sean negociables, como la misión, la visión y los valores, pero también puede que haya partes de la cultura de tu organización que cambien con el tiempo. Si tienes 50 empleados y creces hasta tener 250, es seguro que tu cultura cambiará. La única pregunta es, ¿vas a imaginar y dirigir esa nueva cultura, o solo vas a ver lo que pasa? Yo recomendaría lo primero.

El Primer Principio:
HAZ DE LA CULTURA UNA PRIORIDAD

El primero de los seis principios es: HAZ DE LA CULTURA UNA PRIORIDAD. Este principio no puede existir por sí solo;

de hecho, juntos, los seis principios constituyen un ecosistema, y todos dependen unos de otros para su éxito.

Por un lado, en realidad hay muy poco que saber sobre el primer principio, porque si se activan los otros cinco principios, el primero prosperará. Por otro lado, si anuncias que vas a hacer de la cultura de tu organización una prioridad y luego fallas en el seguimiento de los otros cinco principios, parecerás tonto y perderás la confianza de todas las personas que diriges. Así que no permitamos que eso suceda.

Pero, seas un líder o no, tienes un papel que desempeñar en los seis principios. Y ya que estamos con el tema del liderazgo, cuando se trata de la Cultura Dinámica, todas las personas lideran.

El liderazgo es interesante. He visto el mundo, sé lo difícil que es el trabajo y la vida para millones de personas, y sé también que la vida es complicada. Como resultado, mientras más viejo me hago, menos seguro estoy de ello. Pero cuando se trata del liderazgo, estoy seguro de tres cosas:

1. La gente está desesperada por un liderazgo audaz. No la basura tímida, ñoña y políticamente correcta que ha empezado a dominar el panorama del liderazgo. La gente quiere que sus líderes sean audaces y valientes, y estas cualidades son contagiosas. Si un líder no las posee, es poco probable que las encuentre en las primeras líneas.

2. Te conviertes en líder al liderar, y no porque alguien se te acerque un día y te diga: «Eres un líder; ahora, ¡anda y lidera!». Como dueño de un negocio, si veo un pedazo de basura en el piso de la oficina, lo recojo. Pero sé que una docena de personas pasaron a su lado. ¿Se trata de algo pequeño? Sí, es diminuto. Pero el liderazgo está hecho de

un millón de esas cosas pequeñas. Si estás esperando que alguien te designe como líder de algo, detente. El liderazgo no es algo que alguien te da. Simplemente te despiertas y empiezas a hacerlo. Habla en las reuniones cuando tengas algo de valor que añadir, toma una decisión cuando nadie pueda decidir adónde ir a comer... lidera.

3. «¡Pero no sé cómo ser un líder!». A menudo oigo a la gente decir esto, pero no es así. Ya has tomado el mejor curso de liderazgo disponible para cualquier persona: tu propia experiencia con los líderes. El problema es que probablemente olvidaste tomar notas. La buena noticia es que puedes volver y recrear esos apuntes, porque la clase fue muy bien impartida. Consigue un nuevo cuaderno. Me encantan los diarios marca Moleskine. Cómprate uno; será una de las mejores inversiones que hagas en tu vida profesional. Luego pasa unas horas recreando los apuntes de la clase de liderazgo más importante que tomes. Haz una lista de todos los líderes que has tenido en tu vida, buenos y malos, formales e informales. Todos, desde tu primer jefe hasta tus padres, todos los maestros que has tenido, el director de tu escuela y tus entrenadores de fútbol, voleibol, béisbol y de cualquier otro deporte que hayas practicado. A continuación, haz una lista exhaustiva de todas las cualidades que tenían estos líderes. Finalmente, haz una lista de todas las cosas negativas o terribles que hicieron. Entonces estarás listo para liderar. Haz las cosas de la segunda lista, y no hagas las cosas de la tercera. Eso es liderazgo, y así es la vida. Aprendemos sobre la marcha.

El primer error que cometemos cuando se trata de crear una Cultura Dinámica es que no creemos que sea posible. Hay muy pocas organizaciones con culturas realmente fabulosas, y la razón número uno es porque la mayoría de las organizaciones no creen que establecer una Cultura Dinámica sea posible. Esto se debe principalmente a que la mayoría de la gente no sabe por dónde empezar cuando se trata de construir una cultura organizacional de clase mundial.

El segundo error que comete la mayoría de la gente cuando se trata de establecer una cultura vibrante en el trabajo es creer que no podemos hacer nada al respecto personalmente. Todo el mundo tiene un papel que desempeñar en la creación de una Cultura Dinámica. No importa si eres el dueño de un negocio, un ejecutivo, un líder de equipo, o un colaborador individual que trabaja solo en un sótano oscuro y aterrador en los recovecos de las oficinas centrales de la empresa, lo cierto es que puedes y debes ser un Defensor de la Cultura.

Tarde o temprano, cada persona de cualquier organización decide defender o renunciar personalmente a la cultura. ¿Defiendes o renuncias? Tú decides. Pero por favor, si decides renunciar a toda la responsabilidad de construir una gran cultura, no te quejes de ella. A nadie le gusta la gente que se queja de las cosas pero no está dispuesta a ayudar a solucionarlas. No renuncies a tu poder o responsabilidad cultural, y aunque sea pequeña, empieza a hacer algo asombroso hoy.

La defensa de la cultura no es solo una cuestión de liderazgo. No tienes que ser un CEO para ser un defensor de la cultura. De hecho, no necesitas ser un líder de ningún tipo, aunque tienes una mejor oportunidad de ser CEO algún día si eres un defensor de la cultura. Pero cualquiera que sea tu papel, a tu manera, en tu lugar y en tu tiempo, puedes ser un Defensor de la Cultu-

ra, y convertirte en uno aumentará significativamente tu satisfacción y compromiso en el trabajo, transformará la trayectoria
de tu carrera y cambiará la historia de tu vida.

Con esto en mente, escribí este libro no solo para los líderes, sino
también para cada persona de tu organización. Algo que me vuelve
loco como consultor (y como autor) es cuando todos los líderes
de una organización leen un libro, pero no lo comparten con las
personas que trabajan en las primeras líneas y en las trincheras.
Son demasiados los libros que se escriben solo para los líderes; en
consecuencia, el mensaje nunca llega a toda la organización.

Por eso me propuse escribir concretamente este libro para
cada persona de tu organización. Habrá partes que se apliquen
más a los líderes, y habrá partes que se apliquen más a la gente
que sirve a la organización de otras formas. Pero he tratado de
escribir esas secciones de una manera que ayude a los líderes
a entender los retos que enfrentan cada día las personas que
lideran, y que al mismo tiempo les ayuda a todos en la organización a entender lo difícil que es liderar. Para que cualquier
relación humana prospere, cada uno de nosotros debe ponerse
en el lugar del otro y considerar lo que sucede desde su perspectiva. Esta comprensión mutua de los roles y desafíos de
cada uno es esencial para crear una Cultura Dinámica.

Todos tienen un papel que desempeñar en la creación de una
gran cultura donde a la gente le encante ir a trabajar. Todos están llamados a ser Defensores de la Cultura. *Un Defensor de la
Cultura es alguien que se apasiona por mejorar la cultura en la que
trabaja, y que hace algo cada día para mejorar esa cultura.* ¿Eres un
Defensor de la Cultura? En realidad, no importa en este momento. Tal vez lo seas, o tal vez no. Pero espero que al llegar
al final de este libro, te haya inspirado para convertirte en un
Defensor de la Cultura y te haya enseñado cómo hacerlo.

Todos tienen un papel que desempeñar en la creación de una Cultura Dinámica, y todos pueden y deben convertirse en un Defensor de la Cultura. Pero los seres humanos —tú y yo— somos excepcionales para inventar excusas basadas en tonterías excelentes para justificar por qué no hacemos algo que sabemos que deberíamos hacer (y hacerlo sumamente bien).

La mentira más grande cuando se trata de la cultura es: «Todo lo que hacemos gira en torno a la cultura». Esta es la excusa del gran generalista. No es verdad y todo el mundo lo sabe, pero es la razón por la que nadie se encarga de supervisar la cultura en la mayoría de las organizaciones, y por la que no hay un presupuesto para mejorarla.

Luego está la excusa «única»: «Nuestra organización es diferente. Así que esto de lo que hablas no se aplica realmente a nosotros». La única manera de que este autoengaño monumental sea cierto es si tu organización no tiene empleados, en cuyo caso me pregunto seriamente por qué estás leyendo este libro.

Otras excusas comunes utilizadas por quienes abdican de la cultura incluyen: «Nuestra organización es demasiado grande para hacer algo con la cultura». «Nuestra organización es demasiado pequeña para todo eso de la cultura». «No podemos permitirnos tener una Cultura Dinámica». En realidad, como pronto descubriremos, no puedes permitirte no tener una.

Finalmente, está la excusa «individual»: «No es mi trabajo». Falso. Es parte del papel de todos y es responsabilidad de todos.

Antes de que nuestro tiempo juntos llegue a su fin, habremos abolido todas estas excusas y mitos y las habremos reemplazado con formas prácticas en las que todos en tu organización puedan ayudar a construir una Cultura Dinámica, para que a la gente le encante ir a trabajar y lograr grandes cosas juntos.

Todos tienen un papel que desempeñar en la creación de una

Cultura Dinámica. No importa cuál sea tu posición en la organización. He trabajado con recepcionistas que eran fenomenales Defensores de la Cultura, y he conocido a líderes de equipo, conserjes y directores generales que eran grandes Defensores de la Cultura. Simplemente empieza a hacer algo cada día para hacer que la cultura sea más dinámica. No necesitas un puesto, permiso o presupuesto para que los nuevos empleados se sientan bienvenidos. Y esta es solo una de las mil maneras de mejorar la cultura de tu organización. Visita CultureAdvocate.info y regístrate para recibir consejos semanales con el fin de mejorar tu cultura.

No dejes que aquello que no puedes hacer interfiera con lo que puedes hacer. ¿Qué puedes hacer hoy? Un Defensor de la Cultura hace una cosa cada día para mejorar la cultura de su organización. Empieza hoy. Conviértete en un Defensor de la Cultura.

Entonces, ¿por dónde empezamos?

Un gran lugar para empezar es evaluar el estado actual de tu cultura. Aunque no sabemos si Peter Drucker dijo: «La cultura se come a la estrategia en el desayuno», sabemos que escribió: «Lo que se mide se mejora».

Así que dale a tu cultura una puntuación entre 1 y 10 ahora mismo. Escríbelo en los márgenes de esta página. A continuación, pídele a cada miembro de tu equipo que le dé a tu cultura una puntuación entre 1 y 10. Si eres el CEO, presidente, fundador o propietario, pídele a cada persona de tu organización que le dé una puntuación a la cultura. 1 = demoledora, patética, miserable y enfermiza, sáquenme de aquí lo antes posible; 10 = dinámica, asombrosa, saludable, mis amigos están celosos de la cultura que hay aquí, y no quiero irme nunca.

Ahora es el momento de ocuparse de mejorar tu puntuación de la cultura. En las páginas siguientes encontrarás un plan para hacer de tu cultura un lugar del que nadie querrá irse nunca.

¿Cuál será el mayor obstáculo? La mayoría de la gente no cree que sea posible. Si eres escéptico o, peor aún, cínico sobre la cultura, todo lo que te pido es que te mantengas abierto a la idea de que es posible.

En este momento, hay muy pocas Culturas Dinámicas por ahí, y, en consecuencia, la mayoría de las empresas y muchísimos líderes creen que lograr este tipo de cultura no es posible. Te prometo que sí lo es, y en las siguientes páginas te mostraré exactamente cómo hacerlo, no en teoría, sino en la práctica.

Haz de la cultura el tiro de gracia de tu organización. En 1961, cuando el presidente John F. Kennedy anunció que para finales de la década los Estados Unidos llevarían astronautas a la luna, no sabía si eso sería posible o no. Pero esperaba que lo hiciéramos. Tomó casi una década, y va a tomar varios años transformar tu organización en una Cultura Dinámica. No te llevará una década transformar tu cultura si te la tomas en serio, y marcará la diferencia.

¿Algunas personas pensarán que estás loco? Absolutamente. Cuando JFK anunció al mundo que iríamos a la luna a finales de la década, muchísimas personas alrededor del mundo y en su propia administración creyeron que estaba loco. De modo que sí; algunas personas pensarán que estás loco, pero eso es normal.

¿Tu organización tiene siquiera una meta para la próxima década? Una Cultura Dinámica es una meta digna de una década. Es lo correcto. Y a veces, cuando todo el debate y el análisis han terminado, todo se reduce a esa pregunta: ¿es lo correcto? A veces, solo eso es una razón suficiente. De hecho, siempre es una razón suficiente para hacer algo grande, audaz, y ahora mismo. No buscamos llevar a un hombre a la luna; buscamos llevar a la humanidad y la dignidad de vuelta al trabajo. La dignidad humana... ¿es mucho pedir?

¿Sabías que puedes convertir el plomo en oro? Sí, me sorprendió cuando lo escuché por primera vez. Tuve que investigarlo porque era escéptico ante la idea, pero resultó ser cierto. El plomo puede convertirse en oro, pero no sin fuego. Tiene que haber calor para que la transformación ocurra. Puedes transformar tu cultura, aunque sea común y corriente, en una Cultura Dinámica, pero necesitarás calor para que ocurra.

Simplemente deja que esta pregunta definitoria te guíe en cada decisión. Es la única pregunta que siempre señala el verdadero norte: ¿ayudará lo que estamos considerando a que nuestra organización se convierta en la mejor versión de sí misma? Deja que esta pregunta te guíe y juntos desarrollarán una Cultura Dinámica. Una Cultura Dinámica ayuda a una organización a convertirse en la mejor versión de sí misma, a ser un lugar deseable para trabajar, y a aumentar exponencialmente sus posibilidades de éxito.

El Primer Principio:
HAZ DE LA CULTURA UNA PRIORIDAD

¿qué es lo que más importa?

Protege a Tu Rey

No puedo jugar ajedrez. Es una de esas cosas que siempre han estado en mi lista de sueños, pero que no he podido hacer nunca. No, no es cierto. Es una mentira, de hecho, y es increíble la frecuencia con la que nos mentimos a nosotros mismos. No es que nunca lo haya hecho. Es solo que nunca lo he convertido en una prioridad. La vida no es una cuestión de «llegar» a las cosas, nunca lo hacemos. Hacemos de algo una prioridad o no lo hacemos.

Lo que estamos a punto de discutir es indispensable para construir y mantener una Cultura Dinámica. También es indispensable para construir y mantener un negocio exitoso, sin fines de lucro, o una organización de cualquier tipo.

La vida consiste en elegir prioridades y en ponerlas en el centro de nuestras vidas. Lo hacemos poniendo apasionadamente lo que más importa en el centro de cada día. La forma en que vivimos nuestros días es la forma en que vivimos nuestras vidas; eso es cierto para una persona y para una organización. Esta es solo una de las razones por las que es tan significativo que sepamos qué es lo más importante y qué es lo menos importante.

Pero volvamos a nuestra discusión sobre el ajedrez: el punto es que sé muy poco sobre él. Sin embargo, hay una cosa que tengo sumamente clara cuando se trata del juego: sé que es crucial proteger al rey. Esto es fundamental tanto para sobrevivir como para ganar. Los entrenadores de ajedrez dicen cosas como: «Construye una guardia de peones alrededor de tu rey al principio de cada juego», «Mantén a tu rey rodeado de estos "guardaespaldas" durante toda la partida si es necesario, pero ciertamente el mayor tiempo posible», «Nunca muevas la guardia de tu rey a menos que tu oponente te obligue a hacerlo».

Los grandes ajedrecistas piensan constantemente en formas de proteger y hacer avanzar a su rey, y cuando se trata del éxito de una organización, este mismo principio es cierto. Todos son responsables de proteger al rey. Cada movimiento de una organización, cada política o estrategia debe considerar las implicaciones que dicho movimiento tendrá en su rey. Pero el escenario ideal es que cada estrategia haga avanzar al rey.

Como resultado, una de las mayores preguntas que cada organización necesita responder, definir claramente, recordar continuamente a cada miembro del equipo, y sobrecomunicar interna y externamente es: ¿quién o qué es el rey de tu organización?

¿Quién Es El Rey?

Cada organización tiene un rey. En las culturas extremadamente malsanas, la gente no sabe quién o qué es el rey de un día para otro. Esto los deja adivinando en qué dirección sopla el viento en un día cualquiera, y desperdiciando enormes cantidades de tiempo y energía en chismes y en políticas.

¿Quién o qué es el rey en tu organización? ¿El fundador? ¿El director general? ¿El cliente? ¿Qué cliente? ¿Cualquier cliente o solo algunos clientes especiales? ¿El propietario? ¿Los familiares del propietario? ¿La junta directiva? ¿El sindicato? ¿Los accionistas? ¿La comunidad? No todos pueden ser el rey. Todos hemos conocido algunos directores generales que pensaron que eran el rey o la reina de esa organización. Es arrogante y poco atractivo. La mayoría de las empresas familiares tienen que lidiar con las disputas entre varios miembros de la familia, a menudo cuando la segunda o tercera generación se hace cargo de la organización, muchos de los cuales desean nombrarse a sí mismos como el rey.

Ahora, te preguntarás de qué diablos estoy hablando, y eso está bien. Así que déjame explicarte, porque esto importa realmente. Si no lo entiendes bien, es muy difícil entender algo más sobre la claridad organizativa y la cultura.

En las organizaciones en las que estoy involucrado como líder o como el propietario, hay dos dichos que todo el mundo está acostumbrado a escuchar con mucha frecuencia:

1. La misión es el rey.
2. ¡Matthew no es el rey!

La manera más efectiva de servir los intereses de todos es hacer que la misión sea el rey. Nada supera a la misión. ¿Cuál es la misión? ¿Qué es lo que realmente estamos tratando de lograr por encima de todo? Si eso no es lo más importante, la organización será secuestrada repetidamente por egos, escaladores profesionales, caprichos y fantasías, y estará constantemente involucrada en un juego masivo de tira y afloja organizacional.

El Segundo Principio:
LA MISIÓN ES EL REY

Toda organización necesita un punto de referencia inalterable. Este se convierte en la Estrella del Norte de la organización, construyendo confianza en las noches en que los cielos están despejados, y señalando el camino en las noches de tormenta, aunque solo sea por medio de destellos.

Esto es esencial para toda organización. Es incluso más crítico para la estabilidad de una nación. Considera a los Estados Unidos como un ejemplo. La Constitución ha desempeñado este papel para América desde 1789. Durante 229 años, cuando nuestra nación ha enfrentado una pregunta, las mentes más brillantes y mejores de esa época se han preguntado: ¿qué dice la Constitución sobre esto? ¿Cómo nos guía la Constitución en este asunto? Dentro de mil años, civilizaciones inimaginables se maravillarán de la genialidad de la Constitución de los Estados Unidos.

La misión es la base de una Cultura Dinámica. Una misión clara es esencial para el éxito de cualquier organización. La supremacía de la misión no debe cuestionarse nunca. Las organizaciones más grandes, y que tienen las Culturas más Dinámicas, no hablan de trabajo; hablan de misión. Hay pocas cosas más poderosas que un propósito común e invariable: una misión. Los hombres y mujeres en una misión se comportan de manera muy diferente a los hombres y mujeres que simplemente van a trabajar.

Sea lo que sea que haga tu organización, hay una forma de centrarse en la misión. Tenerlo claro, coronar al rey de la misión y establecer la conexión entre la misión de tu organización y el trabajo que cada miembro del equipo hace cada día es esencial para construir una Cultura Dinámica en la que a la gente le encanta ir a trabajar y lograr grandes cosas juntos. Organiza el trabajo de todos para lograr el máximo impacto de la misión, y mientras más personas comprendan que están agregando valor, mejor se sentirán sobre sí mismas, sus papeles y la organización.

¿Cuántas organizaciones de camiseta crees que hay en el mundo? Claro, son demasiadas para contarlas. Luego está la de la organización «La vida es buena». ¿Qué es lo que hace? En un nivel solo hace camisetas, como todas las demás organizaciones de camisetas. ¿Pero cómo habla de lo que hace? Dice cosas como «Difundir el poder del optimismo» y «La vida no es perfecta, la vida no es fácil, pero la vida es buena».

Considera este párrafo de su sitio web:

> Lo vemos cuando lo creemos. Cada uno de nosotros tiene una opción: centrar nuestra energía en los obstáculos o en las oportunidades. Fijarnos en nuestros problemas, o enfocarnos en las soluciones. Podemos insistir en aquello que está mal en el mundo (ver la mayoría de los medios de comunicación), o podemos cultivar lo que está bien en el mundo. Aquello en lo que nos centramos, crece.

¡Déjame recordarte que *esta es una compañía de camisetas*!

> That's why the Life is Good community shares one simple, unifying mission: to spread the power of optimism. Optimism is not irrational cheerfulness or "blind" positivity. It's a pragmatic strategy for approaching life.

¿Qué tan diferente crees que es trabajar para La vida es buena comparado con otras compañías de camisetas? Demos un paso más y hagámoslo personal. ¿Qué tan diferente crees que es trabajar para La vida es buena que trabajar para tu organización?

Cuando hablo con la gente sobre hacer de la misión el rey y transformar su trabajo en una misión, a menudo ponen los ojos en blanco o refutan que no hay nada inspirador en lo que hacen. Escucho respetuosamente y luego discrepo. Sin duda, algunos trabajos son más inspiradores y más fáciles de considerarse como una misión que otros. Aquí es donde las organizaciones inspiradoras sin fines de lucro tienen una ventaja decisiva. Pero todo trabajo honesto puede y debe estar enfocado a la misión.

Tomemos al recolector de basura, que es el ejemplo por excelencia. Es un rol que ha estado inmerso en un estigma negativo desde antes de que nacieras. ¿Cómo se vería tu ciudad si nadie recogiera la basura durante un par de semanas? Una ciudad lo vio con mucha claridad: Nueva York. Dos veces, en realidad. Conéctate a Internet y mira las fotos de las huelgas de basura de 1968 y 1981. No dejes de ver las fotos de lo que ocurrió durante la huelga de 1981, cuando un extraño vendaval azotó a Nueva York y la basura llevaba una semana en las calles.

Considera de nuevo y por un momento cómo hemos definido la cultura:

La cultura es la visión, los sistemas de valores, el lenguaje, las expectativas, los comportamientos y las creencias que aumentan o disminuyen las posibilidades de una organización de cumplir su estrategia y su misión, lo que a su vez aumenta o disminuye la cantidad de personas que disfrutan de ir a trabajar.

La cultura hace que las organizaciones sean más eficaces, o menos, y que la vida de las personas sea más agradable o más desgraciada; no hay un término medio. Es fácil pasar por alto la desgracia que cada decisión que tomamos en cada nivel de una organización puede causar a personas reales y familias reales.

Las Culturas Dinámicas y las organizaciones centradas en misiones van de la mano. Valoran el impacto de la misión por encima de todo. Hacen de la misión un rey, y lo protegen siempre. Pero la principal razón por la que hacen esto es porque asegura la sostenibilidad. Hacer de la misión el rey es como el granjero que almacena granos para el invierno, granos para usar como semilla en la primavera, y granos para el invierno siguiente en caso de que tener una mala cosecha. Es probable que la familia de este granjero nunca pase hambre. Puede que crezcan de algunas sutilezas de la vida, pero no pasarán necesidades. Como todas las cosas buenas, la sostenibilidad a largo plazo requiere sacrificio. Siempre.

Las Culturas Dinámicas hacen de la sostenibilidad una prioridad al hacer de la misión el rey, reduciendo en gran medida las posibilidades de que los trabajadores y las familias experimenten la miseria, que tiene mil máscaras diferentes. Ese tipo de miseria es el resultado de hacer algo o ser alguien que no sea el rey de la misión.

Una vez más, es un error pensar que este es un tema solo para los líderes. Cada persona en una organización tiene un papel que desempeñar en la creación de una Cultura Dinámica. Todos hemos encontrado Defensores de la Cultura y también vampiros de la cultura, en todos los niveles dentro de las organizaciones.

Como empleado, es un error pensar que tu jefe es el rey o la reina. Sé respetuoso siempre, pero no tengas miedo de proponer una idea que beneficie la misión y mejore las posibilidades de éxito y sostenibilidad. No lo aplaces solo porque ella es tu jefa. Tampoco seas una molestia constante, y ciertamente no avergüences a tu líder frente a las personas. Debes saber cuándo plantear ideas. Hay un tiempo y un lugar. En la mayoría de los casos es imprudente y grosero contradecir a tu jefe delante de las personas. Hay algunos casos en los que debes hacerlo si sabes o ves algo esencial y oportuno que él desconozca. Estoy pensando en nuestros clientes militares. Puede ser una situación de vida o muerte, y todo cambia entonces. Pero en los negocios suele ser mucho más sabio y respetuoso hablar en privado con tu líder después de la reunión y exponer tu punto de vista. Sospecho que te gustaría recibir esta misma cortesía si alguna vez necesitaras ser corregido.

Algunos líderes pueden encontrar que la gente que está de acuerdo con todo lo que dicen es conveniente o apropiado, pero que no es bueno para la misión o la cultura.

No quieres trabajar para un líder que quiere estar rodeado de personas que están de acuerdo con todo lo que diga. Estos líderes desprecian a la gente que los frena con cualquier tipo de cambio en su propio plan, sin importar lo buena que sea la sugerencia. Además, no respetan a las personas que actúan exactamente como quieren que actúen, estando de acuerdo con ellos y dejándolos hacer lo que quieran. Los líderes empresariales como estos se consideran a sí mismos como reyes, y siempre están dispuestos a sacrificar a sus peones para su propio beneficio egoísta, o simplemente para sobrevivir.

Si tienes algún tipo de liderazgo, recuérdale a la gente una y otra vez que no eres el rey. Esto les da autorización para hacer su mejor trabajo y los faculta para hacer lo mejor para la misión en cada situación, aunque eso signifique estar en desacuerdo contigo. Pero ten cuidado: la gente querrá hacerte rey (o reina). Lo harán porque hay muchísimas organizaciones que funcionan de esta manera. Lo harán porque quieren congraciarse contigo y ganarse tu favor, esperando que les ayudes en el futuro a avanzar en su carrera. Lo harán porque es una forma sutil y a menudo subconsciente de rechazar la responsabilidad y poner toda la responsabilidad sobre sus hombros. Como líder, debes esperar que te respeten, pero resiste todos los intentos de convertirte en rey. La misión es el rey.

«¡Matthew no es el rey!» es algo que le recuerdo constantemente a la gente. Es algo que nunca se dice con la frecuencia suficiente. La gente ha complacido a reyes insensatos que han abusado de su poder durante miles de años; es algo que está profundamente arraigado en el acervo genético humano. Necesitas recordarles una y otra vez que la Misión es el Rey.

Hay muchas maneras de decirlo. «Cuando me haces rey, perjudicas la misión». «Si me haces rey, perjudicas a la organización, y el año que viene ganarás menos dinero del que podrías conseguir». La gente escucha eso de manera clara y rotunda. La forma más efectiva de servir tus intereses es servir a la misión.

Lo que quieras para ti —un aumento de sueldo, un ascenso o una oportunidad—, la mejor manera de conseguirlo es servir poderosamente a la misión.

La gente querrá hacerte rey porque eres un líder. Tienes que rehusarte proactivamente. Dejar que te hagan rey es malo para ti, es malo para ellos, y es malo para los negocios. Este concepto es un referente al que volveremos muchas veces en nuestra discusión sobre la cultura. Tiene efectos de gran alcance en cualquier organización.

Puedo ver cuando la gente muestra señales de querer hacerme rey, y tengo que recordarles de nuevo: «¡Matthew no es el rey!». Puede volverse monótono, pero necesita expresarse verbalmente, y no basta con una sola vez. No puedes referirte vagamente una vez a esto y seguir adelante. A veces veo en las reuniones que la conversación se desvía por el camino equivocado, o que alguien duda en hablar. Así que le pregunto a la persona: «¿Quién es el rey por aquí?». Me responde que la Misión es el Rey. «Bien», le digo. «Entonces, ¿qué estás pensando y que no estás diciendo?».

Hay suficiente humor y seriedad en este intercambio para liberar a la persona de decir exactamente lo que está pensando. La Misión es el Rey, y la cultura gira en torno a la misión.

El papel de la cultura consiste en respaldar la misión de una organización, para mejorar y aumentar la posibilidad del cumplimiento de esta... para hacer que la misión sea más efectiva y exitosa. Esto a su vez conduce a empleados más satisfechos y felices, a mejores conversaciones en la mesa, a familia más sólidas, a mejores comunidades y a una nación económicamente dominante.

La cultura no es solo una colección de preferencias personales. Este es uno de los primeros puntos que hice en nuestra discusión sobre la cultura, porque es una trampa en la que caen muchas organizaciones. No se trata de conveniencia, comodidad, interés personal o preferencias individuales. No se trata de ti y no se trata de mí. La cultura se trata de la misión.

La pregunta esencial cuando se trata de hacer algo en relación con la cultura es, «¿Cómo nos ayudará a cumplir mejor nuestra misión?».

Si puedes convencerme de que llevar tu perro al trabajo aumentará las posibilidades de cumplir nuestra misión, entonces tendrás mi atención. Si usar jeans te permite hacer mejor tu trabajo y aumenta las posibilidades de éxito de la misión, entonces estoy a favor de esto. Como líder, no soy responsable de darte todo lo que quieres como si fueras un niño de cinco años que hace berrinches; soy responsable de asegurarme de que tengas lo que necesitas para tener éxito (dentro de los límites de los recursos limitados de la organización). Puede que necesites una computadora que no se bloquee cada cinco minutos, o que necesites más acceso al equipo de liderazgo. Diferentes personas necesitan cosas diferentes para tener éxito. El papel de un líder consiste en tener el dedo en el pulso de esas necesidades. Y si eres un líder, no asumas que la gente sabe lo que necesitan para tener éxito. A veces no lo saben. Verás cosas que ellos no ven porque simplemente están demasiado cerca, o porque no tienen tu experiencia. En una Cultura Dinámica, la gente es contratada y despedida no por las personas que conozcan, sino porque un líder cree que agregará un valor que aumentará las posibilidades de éxito de la misión de la organización. Las personas son despedidas cuando se determina que su presencia no ayuda suficientemente al equipo a ejecutar la misión, que su presencia se ha convertido en un obstáculo activo para la misión, o que están envenenando la cultura de alguna manera.

Todas las implicaciones de este concepto único —La Misión es el Rey—, son tan amplias que es imposible sobreestimarlas. De hecho, son interminables. La idea llegará más y más lejos en la organización mientras más reflexiones sobre ella y más la implementes.

Piensa por un minuto en el espacio de tus oficinas. ¿Alguna vez has intentado trasladar a alguien de una oficina privada a un cubículo? No es divertido. El problema es que una vez le dijimos: «Esta es su oficina». Ahí es donde cometimos el error. Todo el espacio es el espacio de la misión. Cuando asignas una oficina, tienes que ser claro al respecto. Tienes que verbalizarlo: «Asignamos este espacio de misión para que lo uses ahora porque creemos que es el mejor uso que podemos darle en este momento. Puede haber un momento en el futuro en el que descubramos que esta oficina puede servir mejor a la misión de otra manera».

Autos y camiones de la compañía, fotocopiadoras, teléfonos, puntos de venta, horas facturadas, y hasta la grapadora son todos recursos de la misión. Sácalos del contexto de la misión que tu organización trata de cumplir, y tu cultura se volverá egoísta y disfuncional con mucha rapidez. Cada recurso debe ser desplegado para el mejor resultado de la misión.

Todo pertenece a la misión. Todos y todo se inclina hacia la misión. Todo y todos sirven a la misión. La Misión es el Rey. Esta es una de las ideas más prácticas y poderosas que puedes aplicar en tu organización. Es un cambio de juego para la organización, así como para los empleados y líderes. Así que si no estás a bordo con la misión, probablemente sea una buena idea bajarse del autobús.

Una vez que la misión se establece firmemente en el centro de una cultura, la mayoría de las cosas se vuelven mucho más fáciles. Se hace más fácil tomar decisiones y más fácil aceptarlas. Las culturas centradas en la misión también tienden a tener menos conflictos, menos políticas, menos chismes, y una manera más saludable de dialogar cuando la gente no está de acuerdo con las cosas que realmente importan.

Margaret Mead, una antropóloga cultural americana, escribió: «Nunca dudes que un pequeño grupo de ciudadanos reflexivos y comprometidos puede cambiar el mundo. De hecho, es lo único que lo ha hecho». Lo importante es entender que cada uno de estos grupos que cambian el mundo tiene un sentido muy claro de la misión. Hacer que la misión sea el rey es la forma de lograr cosas increíbles con cualquier grupo de personas, ya sea pequeño o grande.

Una docena de cosas tratarán de distraerte de tu misión todos los días. Es sorprendente lo difícil que es mantener lo principal como lo principal. Mantente concentrado en tu misión.

Los Tres Mejores Amigos De Una Cultura Dinámica

Una de las decisiones más difíciles que tienen que tomar las personas con mucho talento durante sus carreras es si van a practicar, enseñar o investigar. No hay ninguna decisión equivocada, pero cada industria y cada sociedad necesita que la gente dedique su vida a cada una de ellas.

Cada persona en nuestra sociedad actual ha tenido un encuentro personal con el cáncer o conoce a alguien que tiene esta enfermedad. Lo cierto es que nuestra época anhela una cura para este mal. Para curar el cáncer, necesitamos que algunos de los médicos más talentosos dejen de ver pacientes para que vayan a los laboratorios, estudien continuamente los hallazgos de sus compañeros, y descubran gradualmente y por sí mismos nuevas cosas sobre el cáncer (a veces serán cosas minúsculas), que el siguiente investigador junta con otra cosa minúscula en la que ha estado trabajando, y así sucesivamente, con cada descubrimiento llevándonos un paso más cerca de la cura. A lo largo del camino, hay formas particulares de cáncer que se vuelven mucho más tratables y manejables. Hay tipos de cáncer que te habrían matado cincuenta años atrás y que son completamente tratables hoy en día, debido a este tipo de investigación compartida y progresiva.

Lo cierto es que esos investigadores tuvieron que dejar de ver a sus pacientes. No puedes ver pacientes todo el día si vas a hacer ese tipo de investigación. Un médico que ve pacientes todo el día se centra en los efectos del cáncer. Es un trabajo bueno, noble y necesario. El médico que se aleja de atender a sus pacientes todos los días y se adentra en la soledad de un laboratorio de investigación —que también es un trabajo bueno, noble y necesario— para centrarse en las causas del cáncer es el juego a largo plazo.

El principio de causalidad, o de causa y efecto, es uno de los principios rectores del universo. Si dejo caer un huevo crudo sobre el pavimento, se romperá. La causa: se me cayó el huevo. El efecto: se esparció por todas partes.

Las culturas de clase mundial se interesan por las causas.

Entienden que si tratas la causa, el efecto también será tratado apropiadamente. Sin embargo, muchos líderes y profesionales de recursos humanos se apresuran constantemente a tratar con los efectos de las culturas disfuncionales e insalubres, en lugar de detenerse lo suficiente para considerar las causas reales de estos efectos. Los seis principios que componen la solución de la cultura están dirigidos a cambiar eso.

Las culturas de clase mundial tienen algunos signos reveladores. Una de las formas más fáciles de identificar una cultura que persigue la excelencia es simplemente por el número de personas que llevan lápiz y papel a una reunión, discurso o conferencia, y toman notas activamente. Típicamente puedo establecer de antemano la trayectoria profesional de una persona con esta pregunta: ¿participas activa o pasivamente en reuniones y eventos? Muchos cometen el error de pensar que la participación activa significa decir algo, pero no es así. Tomar notas es participar activamente. Escuchar, escuchar de verdad, y considerar lo que se dice y cómo puede mejorar lo que tú y tu equipo están haciendo es una participación activa. Cuando me pongo de pie para hablar ante una sala llena de gente y todos tienen los brazos cruzados en la actitud mental de, «¿Quién es este tipo y qué tiene para mí?», sé que hay una alta probabilidad de estar en una cultura de mediocridad.

Cada semana hay nuevos artículos que enumeran las cualidades de las grandes culturas. Estas listas incluyen aspectos como: la gente es feliz, alto compromiso, baja rotación, políticas mínimas, muchas personas que solicitan empleos, la gente ve su labor como algo más que un trabajo, alta confianza y transparencia, lo que lleva a minimizar el miedo; los empleados se sienten apreciados, la gente se divierte en el trabajo. No hay nada malo en estas cosas, pero demasiadas personas leen estos

artículos y piensan que necesitan encontrar nuevas formas de
«divertirse más en el trabajo». El problema es que estas cosas
no suelen estar centradas en la misión; de hecho, a menudo no
están relacionadas con ninguna prioridad organizacional en
absoluto. Se basan en la falsa suposición en la que se basan los
artículos: introduce estas cosas en tu organización y tendrás
una cultura de clase mundial. En realidad, los aspectos enumer-
ados son solo los efectos naturales de una cultura centrada en la
misión y en las personas. Son el efecto, no la causa.

Hay otros tantos artículos que describen los síntomas de culturas corporativas enfermas, retorcidas y tóxicas: tu jefe se lleva
el mérito por tu trabajo y tus ideas, eres el chivo expiatorio, te
sientes enfermo cuando piensas en ir a trabajar, alguien con talento renuncia, la política es desenfrenada y tolerada (o incluso
fomentada), falta de lealtad, chismorreos, difamación y comunicación pasiva-agresiva; la gente es miserable y tiene miedo de
compartir ideas. Una vez más, no hay nada malo en señalar estas cosas. Pero es fundamental que nos demos cuenta de que estos son los síntomas, no la enfermedad; los efectos, no la causa.

Estos artículos también suelen ir acompañados de consejos
sobre cómo sobrevivir a las culturas tóxicas. Mi consejo es simple: no te limites a sobrevivir. Haz algo al respecto. El cáncer es
la causa número uno de muerte en todo el mundo; también es la
causa número uno de muerte cultural. ¿Sabes quién o qué es el
cáncer en la cultura de tu organización? ¿A quién le correspon-
de el papel de identificar ese cáncer y proceder con la cirugía
para extirparlo? Independientemente del lugar o posición que
ocupes en la organización, conviértete en un Defensor de la
Cultura. De lo contrario, aléjate de ese lugar lo antes posible. La
vida es demasiado corta para sentirte desgraciado en el trabajo.

Este libro no trata los efectos de las buenas y malas culturas.

Trata las causas primarias. Trata aquello que hace que la cultura de una organización se vuelva grande y cómo todos los involucrados en la organización pueden empezar a practicar y fomentar estas causas esenciales hoy mismo. En esta búsqueda, tú y tu cultura tienen tres mejores amigos.

Mejor Amigo N.1:
Hambre De Mejores Prácticas

Solo los tontos empiezan de cero. Los campeones, exploradores, científicos legendarios y aquellos que logran un éxito monumental en cualquier campo lo hacen parándose en los hombros de los gigantes. Un joven y talentoso jugador de baloncesto que ignorara todo aquello que habían logrado los grandes que lo precedieron estaría por encima del promedio en el mejor de los casos. Alguien que se propusiera escalar el monte Everest sin estudiar a quienes habían tenido éxito y fracasado antes sería un insensato. Un científico que se propusiera curar el cáncer y quisiera empezar de cero e ignorar todo lo que miles de otros científicos saben ya sobre el cáncer sería considerado un chiste.

Las personas que se toman en serio el éxito en cualquier cosa tienen hambre de las mejores prácticas. Nunca empiezan de cero en nada. Alguien hambriento de mejores prácticas se pregunta constantemente: ¿cuál es la mejor manera de hacer esto? ¿Quién es el mejor del mundo en esto, y ¿qué puedo aprender de esa persona? Siempre tienen alguien de quién aprender antes de empezar algo.

Pídele a alguien que esté hambriento de las mejores prácticas que envíe cien mil paquetes al día e inmediatamente se preguntará: «¿Cómo hacen eso Amazon y UPS, y qué puedo aprender de ellos?». Pídele a alguien hambriento de mejores prácticas que nunca haya corrido una maratón que corra una y se preguntará: «¿Quién es el mejor del mundo en el entrenamiento de novatos para correr maratones?». Pídele a alguien hambriento de mejores prácticas que no tenga absolutamente ninguna experiencia en redacción publicitaria que escriba un texto para un nuevo folleto sobre la organización, y esa persona buscará en Google «Los mejores folletos jamás escritos sobre las organizaciones»; «cómo escribir un gran folleto para su producto»; «técnicas de redacción publicitaria de clase mundial», «los errores más graves que cometen los redactores principiantes».

La idea de estudiar las mejores prácticas (ya sea durante cinco minutos o cinco horas) antes de empezar algo es una a la que la mayoría de la gente dice suscribirse, pero que no utiliza ni remotamente. Cada vez que alguien me trae un trabajo de baja calidad, le pregunto: «¿Cuál fue tu proceso para llegar a esto?». A menudo la respuesta es otra pregunta: «¿Qué quieres decir?». Este suele ser un comienzo siniestro, pero no siempre. Conseguir que la gente describa su «proceso de trabajo» te enseña más sobre una persona que dos años de interacción comercial regular con esa persona. Te permite entender cómo trabaja y cómo piensa sobre problemas complejos, pero también te permite ayudarle a mejorar su proceso de trabajo. Esta es la causa y el efecto final cuando se trata del trabajo que produce un individuo (o un equipo). Ayuda a alguien a mejorar su proceso de trabajo y mejorarás para siempre cada trabajo que caiga en tus manos.

Como autor, me siento fascinado con el proceso de escritura. Cada autor tiene uno; los mejores evolucionan con el tiempo. Pero en muchos casos, me interesa mucho más leer sobre el proceso de escritura de un autor que leer sus libros. Hemingway tenía algunos detonantes fabulosos que rompían el bloqueo del escritor, y la disciplina para detenerse en medio de una gran idea para empezar al día siguiente con un gran impulso. La mayoría de los escritores escriben hasta que el pozo está vacío, y al día siguiente, cuando se sientan frente al escritorio, empiezan a vaciarse y a luchar para entrar a él. Muchos escritores tienen un régimen completo alrededor de su proceso diario de escritura. Algunos autores tienen una forma única de planear un libro, rutinas que rodean la manera en que tratan un tercer borrador frente a un segundo borrador, o rituales que emplean al comenzar o terminar un libro. El gran novelista australiano Morris West solía sentarse con su manuscrito mecanografiado y terminado en su escritorio, y lo acariciaba suavemente como si fuera un cachorro o un niño.

El punto es que escribir un gran libro no consiste simplemente en sentarse y dejar que la inspiración fluya en cada página. Como cualquier otro trabajo, requiere inspiración, sí, pero sobre todo un trabajo arduo y disciplinado. Escribir un libro es fácilmente romántico. Por eso la mayoría de la gente que empieza algo nunca lo termina. Hay algunos momentos extraordinarios. Cuando concibes la idea de un libro, es mágico y muy emocionante. Terminar un libro puede ser muy satisfactorio, pero no siempre lo es, porque nunca eres capaz de llevarlo a la página tal como existe en tu cabeza. Pero sobre todo, escribir un libro es un trabajo muy duro.

El proceso de trabajo está en todas partes, y es fascinante. ¿Cómo trabajaba Picasso? ¿Cuál era su proceso? ¿Einstein? ¿Galileo? ¿Leonardo da Vinci? ¿Cómo escribe Bono una canción? ¿Cuál es su proceso? Puedes aprender mucho del proceso de trabajo de una persona. ¿Conoces el tuyo? ¿Has desarrollado uno de manera consciente? Buenas noticias: si no lo has hecho, ni siquiera te has acercado a hacer tu mejor trabajo todavía.

Si eres un líder, ayuda a los hombres y mujeres que diriges a desarrollar un fuerte proceso de trabajo que funcione para ellos, y anímalos a organizar su tiempo y energía en torno a ese proceso para obtener los mejores resultados.

Una parte del proceso de trabajo de toda persona exitosa es un examen de las mejores prácticas. Es un gran punto de partida para cualquier proyecto. Dondequiera que se encuentre la excelencia, se encuentra también un hambre de las mejores prácticas; cuando esta hambre está ausente, generalmente nos encontramos con la mediocridad. Muchísima gente quiere hacer las cosas a su manera en lugar de hacerlo de la mejor manera. Es un indicador destacado de arrogancia y mediocridad. Al asegurar que la Misión es el Rey y siga siéndolo, automáticamente implantamos la humildad en la cultura. No importa cómo prefieras hacer algo. Lo que importa es el resultado. ¿Qué forma de hacer las cosas tendrá el mayor impacto en la misión?

Todos los días encontramos docenas de oportunidades, tanto en lo personal como en lo profesional, para aplicar el principio de las mejores prácticas. Aprovechar este principio crea una ventaja enorme, aumenta nuestras posibilidades de éxito, impulsa la excelencia, ahorra tiempo y mejora los resultados. Despertar la curiosidad por las mejores prácticas debería ser la primera tarea de cada uno de nuestros proyectos. ¿Quién es el mejor del mundo en esto y qué puedo aprender de esa persona? Inculca este comportamiento profundamente en tu proceso de trabajo y en el de cada miembro de tu equipo y organización. Es hora de dejar de hablar de las mejores prácticas y realmente aprovechar este poderoso principio en todo lo que hacemos.

Mejor Amigo N. 2:
Compromiso Con El Aprendizaje Continuo

Mientras menos lee la gente, más aburrida tiende a ser, y mientras menos se celebra el aprendizaje continuo en una organización, más aburrido tiende a ser. Y no estoy recomendando que aburras a tus clientes. Es poco probable que permanezcan mucho tiempo a tu lado si lo haces. Si eres una organización sin fines de lucro, si tus donantes encuentran que tu organización es aburrida, en poco tiempo estarás en problemas.

Es un mito que un programa de aprendizaje continuo realmente exitoso cuesta mucho dinero. ¿Debería pagarnos a mis colegas y a mí para que vayamos de vez en cuando y hagamos un gran entrenamiento y capacitación? Sí. Pero la forma más fácil de fomentar este comportamiento de manera continua es con libros. Y los libros son baratos.

¿Cuántos libros lee la persona promedio de tu equipo cada año? La respuesta es probablemente «no lo suficiente». El aprendizaje continuo es esencial para una Cultura Dinámica vibrante y saludable. Y la forma más fácil y barata de fomentarla es con libros. Por veinte dólares, tienes al experto más importante del mundo enseñándote casi cualquier tema.

La gente a menudo me pregunta por qué hablo más sobre el aprendizaje continuo que sobre la mejora continua. Bueno, si vuelves a nuestra discusión sobre la causalidad, o a la relación causa-efecto que existe en todo, encontrarás la respuesta. El aprendizaje continuo (la causa) es lo que conduce a la mejora continua (el efecto).

La gente está más ocupada que nunca, tanto personal como profesionalmente. Este es el principal obstáculo para el aprendizaje continuo. Será de gran ayuda a medida que establezcas prioridades en tu vida y ayudes a tu equipo y colegas a hacer lo mismo. Pero seamos honestos, nuestras vidas no se van a volver más simples y menos agitadas de la noche a la mañana simplemente luego de establecer prioridades y límites. Por lo tanto, hay un principio central que se aplica aquí y a muchas otras cosas cuando se trata del éxito de una organización (persona o equipo) y la construcción de una Cultura Dinámica: no dejes que lo que no puedas hacer interfiera con lo que puedes hacer. Tal vez no tengas el tiempo o los recursos para hacer un MBA, pero puedes sacar el tiempo y tienes los recursos para leer cinco páginas de un gran libro todos los días.

¿Te sientes abrumado? ¿Estás pensando, «No puedo hacer eso»? A lo largo de este libro, deberías pensar una y otra vez, «Puedo hacerlo». La construcción de una Cultura Dinámica debe abordarse poco a poco y no debería ser abrumadora. En ningún momento a lo largo de este libro debes sentirte abrumado o pensar, «Eso es imposible; nunca podríamos hacer eso; es completamente abrumador». Si empiezas a sentirte así, te has perdido el mensaje. Una y otra vez, a medida que avanzas en este libro, espero que pienses para ti mismo: «Puedo hacerlo».

Nuestras vidas cambian cuando nuestros hábitos cambian. Este único hábito, leer cinco páginas al día, tendrá un gran impacto en tu vida y en tu organización. Si puedes cultivar este hábito, te sorprenderás de cómo tu conocimiento y entusiasmo por la vida y tu carrera profesional aumentará. Solo cinco páginas al día. Espero que estés pensando, «Puedo hacer eso». Cinco páginas al día durante un año son 1.825 páginas al año, 18.250 páginas en una década, y 45.625 páginas en veinticinco años. Eso son 228 libros con una longitud media de 200 páginas.

Si le pidieras a la mayoría de la gente que leyera 45.625 páginas de material, se sentirían completamente abrumados. Si le pidieras a la mayoría de la gente que se comprometiera a leer 228 libros, se sentirían totalmente intimidados. Pero cinco páginas al día es algo que podemos hacer. El aprendizaje continuo hace posible lograr cosas increíbles.

¿Cómo sería diferente tu vida dentro de un año, cinco o diez años si lees cinco páginas de un gran libro cada día? ¿Cómo sería diferente tu organización si todos adoptaran este hábito? No todos necesitan ser libros de negocios; de hecho, no deberían serlo. La lectura de una amplia gama de libros fomenta la innovación y la creatividad. Cada vez más gente no lee en absoluto, y muchísimas personas han reducido su experiencia de lectura a artículos de seiscientas palabras que, en el mejor de los casos, ofrecen una mirada superficial a un tema, y en el peor, fomentan el tipo de enfoque frívolo y superficial que quisieras mantener lejos de tu cultura. Los libros proporcionan una profundidad necesaria para impulsar un aprendizaje y mejora reales y continuos. Los libros cambian nuestras vidas, porque nos convertimos en los libros que leemos.

El aprendizaje continuo es un indicador primordial de la salud organizacional, por lo que es esencial saber que es uno de tus mejores amigos cuando te propongas construir una Cultura Dinámica, y la manera más fácil de fomentarla es hacer que tu gente lea libros.

Mejor Amigo N. 3:
Trata A Las Personas Como Personas

La verdad es que me avergüenza tener que mencionar incluso la importancia de tratar a la gente como personas, pero cuando se trata de construir una Cultura Dinámica, este es tu mejor amigo. Afrontémoslo, la gente no existe para las organizaciones, las organizaciones existen para la gente. La gente no existe para el trabajo; el trabajo existe para la gente. Mientras más grande es una organización, más fácil será que esa organización se vuelva desalmada y sin conciencia. Así que no pretenderé que no sea más fácil crear una Cultura Dinámica en una organización pequeña. Si eres parte de una gran organización, enfoca tus esfuerzos de promoción de la cultura allí donde tengas más influencia. Comienza con tu equipo o departamento. Crea una subcultura que intrigue y fascine a todos los demás en la organización. La eficacia extraordinaria suele ser el resultado de centrar nuestros esfuerzos allí donde tenemos más influencia. Si tienes la mayor influencia con tres o cuatro personas, empieza por ahí. No dejes que lo que no puedes hacer interfiera con lo que puedes hacer. No puedes cambiar una cultura de la noche a la mañana, aunque seas el dueño o el director ejecutivo. Pero todos podemos ser defensores de la cultura en diferentes grados, enfocando nuestros esfuerzos de cambio de cultura allí donde tenemos más influencia.

Puedes decir: «No tengo influencia sobre nadie». Eso no es cierto, pero supongamos por un momento que es así. Tienes una influencia total sobre ti; empieza por ahí. Crea una cultura de un solo hombre o una sola mujer que sea exactamente como te gustaría que fuera la cultura de toda la organización.

Había una vez un dueño de negocio muy exitoso. Su organización había servido fielmente a millones de clientes durante muchísimos años. Pero últimamente, el negocio no marchaba muy bien, y sus competidores solo esperaban que fracasara. Durante semanas y meses, el hombre reflexionó sobre la crisis, pero los problemas eran muy complejos, y las soluciones parecían no encontrarse en ningún lugar.

Todo el mundo se preguntaba qué pasaría con esta gran organización, así que finalmente el hombre anunció que iba realizar una cena para todos sus empleados, en la que expondría un plan para salvar la organización y devolverle su antigua gloria. Quería transmitirles lo importante que era cada persona para el futuro éxito de la organización.

La mañana de la cena, el propietario estaba sentado en el estudio de su casa trabajando en su discurso, cuando su esposa entró y le preguntó si le importaría cuidar a su hijo por unas horas mientras ella hacía algunos recados. Estuvo a punto de decir: «Realmente necesito concentrarme en terminar mi discurso», pero algo le atrapó la lengua y se encontró aceptando, a regañadientes.

Su esposa había salido solo unos diez minutos atrás cuando escuchó un golpe en la puerta del estudio; era su hijo de siete años. «¡Papá, estoy aburrido!», exclamó. El padre pasó las horas siguientes tratando de entretener a su hijo mientras procuraba terminar su discurso. Finalmente, comprendió que si no encontraba una manera de entretener a su hijo, no terminaría su discurso a tiempo.

Tomando una revista, hojeó las páginas hasta que vio un gran mapa del mundo de colores brillantes. Rompió la imagen en docenas de pedazos y llevó a su hijo a la sala. Luego, arrojando los pedazos por todo el piso, anunció: «Hijo, si puedes armar el mapa del mundo de nuevo, te daré veinte dólares».

El chico comenzó a reunir los pedazos de inmediato. Estaba ansioso por ganar ese dinero, ya que solo necesitaba veinte dólares más para comprar un juguete para el que había estado ahorrando desde su último cumpleaños. El padre regresó a su estudio, pensando que acababa de comprarse un par de horas para terminar de trabajar en su discurso, porque sabía que su hijo de siete años no tenía ni idea de cómo era el mapa del mundo.

Pero cinco minutos más tarde, justo cuando estaba ocupado de nuevo en su discurso, escuchó otro golpe en la puerta del estudio. Ahí estaba el niño, sosteniendo el mapa del mundo completo.

El padre dijo asombrado: «¿Cómo lo terminaste tan rápido?». El chico sonrió y dijo: «Sabes, papá, no tenía ni idea de cómo era el mapa del mundo, pero mientras recogía los pedazos, me di cuenta de que en la parte de atrás había una foto de un hombre». El padre sonrió, y el niño continuó: «Así que, puse una hoja de papel, y junté la foto del hombre, porque sabía cómo era. Puse otra hoja de papel encima, y sujetándolas con fuerza les di vuelta a las dos».

Volvió a sonreír y exclamó: «Me imaginé que si armaba bien al hombre, haría lo mismo con el mundo».

El hombre le dio los veinte dólares a su hijo. «Y me has dado mi discurso de esta noche: Si aciertas con el hombre, aciertas con el mundo».

Cuando centramos nuestros esfuerzos en influenciar a las personas y aspectos en las que tenemos una mayor influencia, nosotros mismos tendemos a tener el mayor impacto. Tú eres el epicentro de tu universo de influencia.

No me gusta hablar en términos absolutos. Durante mi veintena, estaba muy seguro de muchas cosas. Ahora, a mediados de los cuarenta, parece que cada año estoy menos seguro de todo. Pero de una cosa estoy seguro: no puedes construir una Cultura Dinámica —ni lo harás— si no tratas a la gente como personas.

Las culturas empresariales extraordinarias comprometen el alma de cada empleado y cliente, tanto así que los clientes se sienten como si fueran parte de la organización. Toda organización quiere que sus empleados traten a sus clientes con una gran humanidad. Pero simplemente no puedes esperar que eso suceda de manera consistente a menos que primero trates a tu gente como personas. La mayoría de los empleados tratan a los clientes de la misma manera en que son tratados por su líder (u organización).

Cuando tratamos a la gente como personas, se comportan como personas. Cuando olvidamos este concepto crucial, olvidamos que la vida es complicada y que todo el mundo tiene algo que hacer. Sea lo que sea ese algo, es su mayor desafío o dolor en este momento. Eso incluye a tu líder e incluso a tu director general. Ningún título puede protegerte de la brutalidad de la vida en ciertas ocasiones. Cada persona en tu organización lleva una carga pesada, y en la mayoría de los casos, tú ni siquiera eres consciente de ello. No hablan de ello, pero eso no significa que no pasen la mayor parte de sus días con ello en el fondo de sus mentes. La vida de la mayoría de la gente es bastante difícil. En el momento en que una organización deja de tratar a la gente como personas, en el momento en que una organización olvida que la vida es difícil y que todo el mundo lleva una carga pesada, es el momento en que el alma de una organización muere, y todo lo que no tiene alma está muerto, o pronto lo estará.

Cuando mi libro El gerente de sueños se publicó por primera vez, me sorprendió lo bien que fue recibido. Una cosa en particular me llamó la atención. La esencia del mensaje que transmite el libro es la siguiente: Si tratas a las personas como personas ayudándolas a identificar sus sueños y animándolas a perseguir esos sueños, el compromiso de los empleados se disparará. Esto me pareció obvio, así que tengo que confesar que me sorprendió —no, me dejó atónito— cuánta gente vio este enfoque como brillante y revolucionario.

La reacción a ese libro y la respuesta al concepto mismo me gritaron: en el contexto de ser exitoso y provechoso, hace mucho tiempo hemos olvidado cómo tratar a las personas como personas. Durante seiscientos años hemos tratado de separar lo personal de lo profesional, pero como expliqué en mi libro Off Balance (Sin equilibrio), esto es una tontería. El último y más completo ejemplo de este fiasco ha sido la conversación y la obsesión por el equilibrio entre el trabajo y la vida privada. Nuestro trabajo es una parte grande e importante de nuestra vida. Simplemente no puedes separar los aspectos personales y profesionales de la vida de una persona. Si una empleada tiene un hijo enfermo en casa, se retirará del trabajo. Si un empleado tiene un padre que se está muriendo, se desconectará (hasta cierto punto) de su trabajo. Es natural, normal, racional, humano, y en realidad lo más inteligente que se puede hacer. Es un mecanismo de supervivencia. Y no importa si los empleados que acabo de describir son el CEO o los trabajadores de línea en una fábrica.

Del mismo modo, cuando las cosas van muy bien en el trabajo, una persona tiene más probabilidades de tener un matrimonio próspero y relaciones dinámicas con sus hijos, y de estar más comprometida con su salud y bienestar, por nombrar solo algunos de los beneficios del disfrute y el compromiso en el trabajo.

Lanza la moneda una vez más y descubrirás que cuando un miembro del equipo está prosperando en su vida personal, llevará esa gran energía al trabajo y estará más comprometido que nunca. Lo que le sucede a la gente en términos personales impacta su compromiso profesional, y viceversa.

Tratar a la gente como personas es bueno para el negocio, sin mencionar que es lo correcto. Y no sé si ustedes, pero a mí me gustaría ser parte de más organizaciones que hacen las cosas solo por esa razón: porque es lo correcto.

Pero permítanme hacer una advertencia: si continuamos ignorando esta lección central y tratamos a la gente no como personas, sino como meros empleados, instrumentos o, en el peor de los casos, objetos, dejarán de comportarse cada vez más como personas. Tarde o temprano comenzarán a comportarse como animales. Todos hemos visto organizaciones en las que los empleados se comportan como gatos salvajes, y yo elijo ese símil muy específicamente y con gran intencionalidad. Los gatos salvajes son generalmente gatos domésticos que han sido abandonados. Amados y cuidados una vez, ahora son olvidados y descuidados, desamparados para valerse por sí mismos. Cuando la gente se acerca a los gatos salvajes, estos sisean o huyen y se esconden. Si están acorralados o atrapados, se acobardan y tiemblan debido a un miedo descontrolado. Sus crías (los recién contratados) adoptan muy rápidamente estos mismos rasgos de comportamiento.

Esto es obviamente un ejemplo extremo de lo que sucede en las culturas más insalubres. Pero si contratas a un nuevo miembro de equipo que viene de un ambiente salvaje, debes tener en cuenta esto. Esta persona no responderá como se espera —incluso a las cosas buenas— hasta que se haya recuperado de la experiencia salvaje y haya adquirido confianza en la nueva cultura.

Es muy fácil olvidar las complejidades de la vida de cada persona. La semana pasada volé a una ciudad de noche y miré todas esas casas y me pregunté qué pasaba dentro de cada una de ellas. ¿Una familia está cenando junta? ¿Una pareja está peleando por el divorcio? ¿Otros están tratando de mejorar su relación? Hay una adolescente que tiene miedo de decirle a sus padres que está embarazada. Hay otras mujeres desesperadas por tener bebés que están luchando contra la infertilidad. Algunos niños son amados y apreciados; otros son ignorados, descuidados o algo peor. Algunas personas probablemente están trabajando y disfrutando de ello; otras están trabajando y lo resienten. Algunos están leyendo; otros están viendo la televisión. Algunos están haciendo el amor. Hay personas que luchan contra la depresión, el alcoholismo y diversos problemas médicos. Alguien está en su lucha final con la muerte allá abajo, tal vez agradecido y lleno de paz, o posiblemente lleno de arrepentimiento. Otros se preocupan por cómo van a pagar las cuentas este mes... y así sucesivamente. La vida es turbulenta y complicada. La mayoría de esas personas se levantarán e irán a trabajar mañana. Algunos aman su trabajo; otros lo odian. Algunos tienen una relación fabulosa con su líder, y otros no soportan a la persona a la que informan. El 40 por ciento de ellos están buscando otro empleo. Este es el resultado final.

1. La gente no va a trabajar para tu organización porque les encante hacer esto. Podrían —si lo hacen, estoy feliz por ellos y por ti—, pero no es la razón principal por la que la gente va a trabajar para tu organización.

2. La gente no va a trabajar para tu organización porque les guste su trabajo. Podrían, si lo hacen, estar felices por ellos, pero esa no es la razón principal por la que la gente va a trabajar para tu organización.

3. Y por difícil que sea para algunos líderes aceptar esto, la gente no va a trabajar para su organización porque les encante trabajar con sus líderes. Podría ser —si lo hacen, me alegro por ellos—, pero esa no es la razón principal por la que la gente va a trabajar para su organización.

Entonces, ¿por qué la gente va a trabajar? Sería fácil decir que es para ganar dinero, pero es por mucho más que eso. La razón principal por la que la gente va a trabajar es porque tienen sueños para ellos mismos y para sus familias, y creen que al enganchar su vagón a su organización, avanzarán en sus sueños o los harán realidad.

En la mayoría de los casos los sueños de la gente son simples y realizables. Quieren ser dueños de una casa, pagar la deuda de su tarjeta de crédito o los préstamos estudiantiles, o llevar a sus hijos a unas vacaciones increíbles o de cualquier tipo. Quieren comprarle a su cónyuge un regalo inesperado, enviar a sus hijos a una escuela mejor, o ahorrar suficiente dinero para disfrutar de la jubilación. Hay un número infinito de variaciones, pero son profundamente personales para el individuo. Los sueños de la gente son lo que los hace levantarse por la mañana para ir a trabajar; son estos sueños los que hacen que se presenten a trabajar incluso cuando su líder los trata mal. Son estos sueños en los que piensan cuando su trabajo parece tedioso o intolerable. Todo gira alrededor de los sueños.

¿Cómo sé que todo esto es verdad? Bueno, considera tu propia situación, ya seas director general o conserje. ¿Cuáles son tus sueños? Si trabajar para tu organización dejara de ayudarte a cumplir esos sueños, ¿qué harías? Si la organización tuviera una suerte escandalosa, te irías rápidamente y en silencio. Pero lo más probable es que te retiraras lentamente, envenenaras el pozo contándole a cualquiera que escuchara tu insatisfacción, lo que aumentaría la suya, y finalmente te irías cuando se volviera demasiado doloroso seguir lidiando con ella o se presentara otra oportunidad.

El hambre por las mejores prácticas y el compromiso con el aprendizaje continuo son muy buenos amigos cuando se trata de construir una Cultura Dinámica, pero tu mejor amigo es tratar a la gente como personas. Es un concepto simple, pero no confundas lo simple con lo fácil. Hacer que la gente sienta que su contribución única es importante, y hacerlo con integridad, es el toque maestro de todos los grandes coaches, mentores y líderes.

¿Qué es lo más importante? La gente. La vida y los negocios nos enseñan eso rápidamente si somos «entrenables». Después de eso, ¿qué es lo más importante en la vida de una organización? La misión. Reúne a un grupo de personas grande o pequeño, define la misión claramente, persigue esa misión sin descanso, y serás testigo de cosas sorprendentes. Dondequiera que trabajes, hagas lo que hagas, es hora de tener muy claro cuál es la misión, hacer de la misión el rey y proteger a tu rey. Este es el enfoque y la disciplina que lleva a las Culturas Dinámicas allí donde a la gente le encanta ir a trabajar para lograr grandes cosas juntos.

El Segundo Principio:
LA MISIÓN ES EL REY

¿cuál es el plan?

Por Supuesto Que La Estrategia Importa

Cuando Peter Drucker dijo: «La cultura se come a la estrategia para el desayuno», el comentario no pretendía socavar la importancia de la estrategia. La estrategia es increíblemente importante. No se puede sobreestimar su importancia, y eso es lo que hace que esta cita sea tan poderosa.

La idea de que había otra cosa que era tan importante como la estrategia sorprendió inicialmente a la gente. La declaración fue impactante. Cuando se escuchó por primera vez, seguramente se sintió como un terremoto de categoría 6 para cualquier experto en gestión organizacional, o como si la tierra se hubiera movido de su eje. Era una declaración radical, y lo que sucede con las ideas radicales es que no pierden su sabor con el tiempo. «La cultura se come a la estrategia para el desayuno». Es más relevante hoy que nunca, dada la creciente disfunción de la vida personal de los empleados. Lo dijera o no Drucker, si estuviera vivo hoy, probablemente diría: «La cultura se come a la estrategia para el desayuno, el almuerzo y la cena».

Es esencial entender que mientras más disfuncional se vuelve la vida personal de las personas, más críticas se vuelven las culturas corporativas saludables. La gente lleva toda la alegría y la miseria de su vida personal al trabajo. *Una Cultura Dinámica necesita ser capaz de absorber la disfunción de la vida personal de los individuos de manera que les permita seguir realizando su trabajo a un alto nivel.* Este es un pensamiento increíblemente complejo, y uno que yo ni siquiera incluiría normalmente. Es un tema sobre el que alguien debería escribir una tesis doctoral. Necesita ser expresado, entendido y puesto en práctica. O podemos seguir escondiéndonos detrás de la absurda excusa de que esto no es una responsabilidad corporativa. Eso es cierto en el nirvana, pero probablemente es mejor si nos mantenemos lo más cerca posible de la realidad.

Advertencia: Si no estás en una posición de liderazgo, puedes estar tentado a salir ahora, pensando que el tema de la estrategia no es importante para tu papel. Por favor, no cometas ese error.

Al comienzo del libro escribí: *Hay muchísimos libros que se escriben solo para los líderes, por lo que el mensaje nunca llega a toda la organización. Por eso me propuse específicamente escribir este libro para todos en tu organización.*

Si no tienes un rol de liderazgo, hay una docena de razones por las que deberías seguir leyendo este libro, pero permíteme darte la razón más convincente. Puede que no tengas un papel de liderazgo en el negocio para el que trabajas, pero el negocio más importante de tu vida es el negocio de tu vida misma. Cualquier cosa que aprendas sobre estrategia corporativa debería enseñarte a vivir tu propia vida de una manera más estratégica. Los grandes negocios tienen Planes Estratégicos, y los actualizan al menos una vez al año.

El proyecto o empresa más grande que estás llevando a cabo es tu vida. ¿Tienes un plan? La mayoría de la gente no tiene uno. Simplemente tropiezan año tras año, y esperan lo mejor. Esto es simplemente una observación, no un juicio. Más que muchas personas, he visto lo brutal que puede ser la vida ordinaria, incluso en los suburbios de las ciudades americanas. Al mismo tiempo, quiero animarte a que empieces a desarrollar un Plan Estratégico Personal (PEP).

Hacia el final de cada año me reúno con un pequeño grupo para empezar a trabajar en mi PEP para el año siguiente, pero también para mirar hacia atrás en el PEP del año anterior y ver cómo lo hicimos. El primer día de enero compartimos nuestros PEP y nos hacemos responsables unos a otros. También le doy a mi coach una copia de mi PEP para que pueda saber exactamente qué lograré el próximo año.

El punto es simple. La estrategia y la planificación son importantes para las organizaciones, *y aún más para nuestras vidas.* Y, sin embargo, la mayoría de la gente pasa más tiempo planeando sus vacaciones anuales de lo que pasan planeando sus vidas.

«La cultura se come a la estrategia para el desayuno». La máxima no significa que la estrategia no sea importante. No tiene sentido tener una cultura excepcional y ninguna estrategia. Y tu organización no soportará malas decisiones estratégicas, sin importar lo fuerte y saludable que sea tu cultura. Pero cuando tienes una estrategia sólida, desarrollar una Cultura Dinámica es como añadir esteroides.

¿La cultura es más importante que la estrategia? Obviamente no tiene sentido tener la mejor cultura del mundo si tienes una estrategia horrible, y viceversa. Nuestro objetivo debería ser construir una cultura de clase mundial para ejecutar una estrategia de lo mejor en la industria.

Pero trágicamente, la planificación rigurosa es descuidada por muchísimas organizaciones de todos los tamaños. Y el desarrollo intencional de la cultura es descuidado por un mayor número de personas. E incluso aquellas que se toman el tiempo de desarrollar planes estratégicos dignos a menudo los administran mal o los ignoran una vez que el ejercicio se ha completado.

Así que sigamos el consejo del rey de *Alicia en el país de las maravillas*: «Empieza por el principio... y sigue hasta el final: luego detente».

Para empezar, esta primera pregunta puede ser algo incómoda, pero en mi trabajo como consultor he aprendido a no asumir nada. ¿Tienes un plan? Puede parecer una pregunta infantil, especialmente para personas inteligentes con un rango inferior en una organización. Hago la pregunta porque me asombra la cantidad de organizaciones que no tienen un Plan Estratégico, y de las que sí lo tienen, me asombra además que el plan esté significativamente desactualizado o que lleve tanto tiempo localizar una copia del mismo cuando lo solicito.

Recientemente, estuve trabajando con un nuevo cliente cuyo equipo de ventas está entrenando FLOYD. En una conversación casual mencioné: «Podría ser útil si pudiera echar un vistazo a tu Plan Estratégico y asegurarme de que lo que estamos haciendo se alinea con lo que tu liderazgo y la junta directiva prevén para los próximos uno a tres años». Esta organización de 300 millones de dólares no tenía un plan estratégico. Tuve que intentar no parecer sorprendido; estoy bastante seguro de que no lo logré.

Ahora, no necesitas sentirte avergonzado si no tienes un Plan Estratégico. Pero te sugiero que hagas algo al respecto, por razones que creo que se harán evidentes en las próximas páginas. No necesitas contratar una gran organización de consultoría y gastar una fortuna para desarrollar un Plan Estratégico. Pero sí necesitas invertir en esto, y esa inversión tomará dos formas. Primero, si eres dueño de un negocio, líder o aspirante a líder, necesitas invertir un poco de tiempo dedicado a ello. Lee por lo menos diez artículos sobre planificación estratégica en línea, todos los cuales se contradicen entre sí, aunque tienen un par de puntos en los que vale la pena pensar.

A continuación, eventualmente necesitarás gastar un poco de dinero en ello. La primera vez, estarás bien por tu cuenta, pero cuando llegues al final del año, descubrirás que los ciclos de negocios, las oportunidades inesperadas o algún tipo de crisis te distrajeron. Así que si no quieres gastar dinero la primera vez, deberías hacerlo la segunda. El plan será mejor con un participante externo que te guíe a través del proceso, probando tus supuestos y cuestionando tu capacidad. Ayudamos a muchas organizaciones a desarrollar Planes Estratégicos; es un trabajo increíblemente satisfactorio y sorprendente ver cómo el Plan Estratégico adecuado puede tener un impacto en una organización.

Ahora bien, si trabajas para una gran corporación, puede que hayas considerado la discusión anterior como una solución, pero te animo a que no juzgues tan rápido. Tu compañía Fortune 500 puede haber gastado seis o incluso siete cifras con una de las organizaciones de consultoría más caras del mundo para desarrollar un asombroso Plan Estratégico, pero ¿cuándo fue la última vez que viste a alguien llevar una copia del mismo a una reunión? ¿Cuándo fue la última vez que se mencionó no de manera superficial, sino específicamente? ¿Alguna vez lo has visto? ¿Has visto siquiera la parte correspondiente a tu departamento o proyecto?

E asunto es este: no importa si estás dirigiendo un pequeño negocio familiar o trabajando para una de las organizaciones más grandes del mundo; independientemente del tamaño, un plan es esencial para el éxito de un negocio. El proceso de planificación ayuda a los líderes a tener muy claro qué es lo que más importa y qué es lo que menos importa ahora. Les ayuda a prever hacia dónde se dirigirá la organización en los próximos tres años, esboza en cierta medida cómo llegarán allí y proporciona una tarjeta de puntuación.

Así que el primer punto es: un gran Plan Estratégico puede hacer toda la diferencia. Si no tienes uno, consigue uno. Si tienes uno, empieza a usarlo. En los próximos capítulos hablaremos más sobre cómo hacerlo de una manera más efectiva.

El segundo punto es: ¿dónde está la cultura en el plan? La mayoría de las organizaciones lo dejan por fuera. Se centran en las ventas y el marketing, la fabricación y el abastecimiento, los informes financieros y el desarrollo de nuevos productos, y otras cosas semejantes. Pero si levantas la mano cuando el plan está terminado y señalas: «Decimos que la cultura es importante y que estamos comprometidos con la construcción de una cultura fuerte y saludable, pero ¿dónde está la cultura en nuestro Plan Estratégico?», es probable que seas recibido por un silencio sumamente incómodo.

He visto organizaciones que tienen planes de cultura separados de su Plan Estratégico. La razón suele ser porque un plan de cultura tiende a durar mucho más que un Plan Estratégico. Lo que somos no cambia mucho; lo que hacemos podría hacerlo. He visto otras organizaciones que incluyen su plan de cultura en su Plan Estratégico. Y he visto a ambos tener éxito.

La cultura merece un lugar en todo lo que hace tu organización. Tu organización se lo merece. Y no en cualquier lugar, en un lugar primario o de dirección. Todo lo que hace tu organización afecta a la cultura, y la cultura afecta a todo lo que hace tu organización. La cultura debería tener un lugar de honor en cada reunión de planificación. Pega un letrero que diga cultura en una silla vacía y pon esa silla en un lugar de honor en las reuniones. Cuando se trata de la cultura, debemos ser serios o callarnos y dejar de hablar de ello. Pero cuidado, hay consecuencias nefastas para esto último, y ya hemos visto cómo las charlas desprovistas de cultura impactan en el compromiso de los empleados y los clientes.

Un buen Plan Estratégico trae confianza a la cultura. Confianza, eso es algo que la gente puede percibir en sus líderes. Ninguna cantidad de perfume o colonia puede eclipsar ese olor. Es imposible sobrestimar lo que esa confianza significa para una organización. ¿Has estado alguna vez cerca de un atleta de élite que haya perdido su confianza después de una lesión? No es nada agradable. Todos a su alrededor están muy pendientes de él en el gimnasio, en el campo de juego, en la cafetería, en el estacionamiento; sus dudas, su inseguridad, y su pregunta de si alguna vez logrará regresar son palpables.

Las grandes culturas son confiadas y humildes al mismo tiempo. Son tan confiadas que no necesitan fingir, y por eso abrazan la humildad de forma muy natural. Un gran producto, servicio, líder y estrategia pueden contribuir a crear confianza en una organización, pero es la cultura la que sostiene la confianza de la organización.

¿La estrategia importa? Por supuesto que sí. Importa mucho. Pero cualquiera que sea tu producto o servicio, cualquiera que sea tu estrategia, cualesquiera que sean tus metas y misión, nada es más esencial para lograrlas que una Cultura Dinámica que sea fuerte, saludable y vibrante. Tenemos que dejar de ver la cultura como algo que está en desacuerdo con la estrategia. Deberían ser las mejores amigas. Al formar fuertes conexiones entre la estrategia y la cultura, y al hacer de la misión el rey, les das a toda tu gente un sentido palpable del qué, el cómo y el porqué.

La pregunta por excelencia es: ¿será la cultura parte de nuestra estrategia, o será la estrategia parte de nuestra cultura? La respuesta es: ambas. No es una vía de un solo sentido. La misión es el rey, y tanto la estrategia como la cultura le sirven. La estrategia es la forma a corto plazo en que una organización cumple su misión. La cultura debe ser incluida en cada Plan Estratégico. Si separas la cultura de la estrategia, corres el riesgo de que la cultura se vuelva corrupta y usurpe la misión de la organización.

Quién eres es infinitamente más importante que aquello que haces. Esto es cierto para las personas y las organizaciones. Las organizaciones sabias permiten que aquellos que también son sabios determinen lo que hacen. Las organizaciones fuertes, saludables, dinámicas y duraderas adoptan estrategias que son una extensión natural de su misión y cultura. La estrategia es lo que hacen; la misión y la cultura es lo que son.

Este poderoso alineamiento de la cultura y la estrategia creará una ventaja competitiva de proporciones monumentales. Una organización que se toma en serio esta idea domina su competencia para atraer talento. Una organización donde la Misión es el Rey y la cultura es central es mucho más fuerte, más saludable, más vibrante y más dinámica que su competencia. Este tipo de organización enfrenta los desafíos y conflictos de una manera muy diferente a su competencia. Y quizá lo más convincente, en un mundo donde la velocidad del cambio se ha vuelto inconmensurable, una organización que hace de la misión su rey y forma esta poderosa alianza entre la cultura y la estrategia se ocupa del cambio de una manera infinitamente más efectiva que su competencia. El ejemplo más obvio de esto es que no todos esperan que el rey tome decisiones con respecto a todas las cosas. A medida que una cultura madura de manera sana y efectiva, más gente tiene el poder de tomar más y más decisiones.

Durante muchísimo tiempo, en numerosísimas organizaciones de todo tipo, la cultura ha sido considerada el hermano pequeño y débil, poco rentable y distractor de la estrategia. No es así. La fuerza real, la rentabilidad duradera, el extraordinario compromiso de los empleados y la próxima gran idea que lleve a tu organización al futuro es mucho más probable que surja de una Cultura Dinámica. El hermano pequeño ha crecido y resulta que es un genio. Su nombre es Cultura Dinámica.

Toda organización necesita un Plan Estratégico. El informe de Napoleón decía: «Los que fallan en la planificación pueden planear el fracaso». Tenía razón, pero falló de todas formas. Los grandes planes surgen de las Culturas Dinámicas. Napoleón tenía la visión y los valores equivocados. Estaba en bancarrota total. No habría sido capaz de dirigir un restaurante de comida rápida, y mucho menos una nación. Estamos hablando de un hombre que reinstituyó la esclavitud solo ocho años después de haber sido abolida, se divorció de su esposa porque no le dio un hijo, privó a las mujeres de sus derechos individuales, amañó las elecciones para prolongar su régimen dictatorial, censuró y luego tomó el control de la prensa, se felicitó a sí mismo, sacrificó las vidas de quinientos mil hombres para invadir Rusia incluso después de que sus asesores le advirtieran que ese sería el costo; un hombre que dijo: «Me importa solo la gente que me es útil y solo mientras sea útil».

Napoleón tenía un plan, pero su estrategia era egoísta y su cultura estaba enferma porque sus valores estaban enfermos. Estas son apenas algunas de las razones por las que fracasó. No basta con tener un plan. No basta con tener una estrategia, aunque sea buena. Sin una Cultura Dinámica eres susceptible de fracasar. Tarde o temprano, surgirá un competidor que integre la misión, la estrategia y la cultura, y ese competidor aplastará a todos los demás.

Toda organización necesita un Plan Estratégico, y parte de ese plan debe ser la creación y el crecimiento de una Cultura Dinámica. No importa lo simple que pueda ser la formulación inicial de ese plan. Hace veinte años, me senté en un patio de comidas en Washington, D. C., con un hombre, y juntos escribimos el primer Plan Estratégico para una organización. Me llevó diez años poner en marcha esa organización, pero actualmente, solo diez años después, domina su industria. Tu primer Plan Estratégico puede ser simple, pero deja que sea impulsado por quién eres (valores y cultura) y no solo por lo que haces o cómo lo haces (estrategia).

¿Quién Conoce El Plan?

Todos podemos estar de acuerdo en que no tiene sentido tener un gran Plan Estratégico si nadie lo conoce. Imagina tener una cuenta bancaria a tu nombre a la que tengas acceso total; todo lo que tienes que hacer es entrar y pedir el dinero, pero no lo sabes.

Ahora, si hay 25 dólares en esa cuenta, probablemente no importe tanto. ¿Pero qué pasa si la cuenta bancaria tiene diez millones de dólares? Sospecho que tu actitud cambiaría muy rápidamente; la mía ciertamente lo haría.

Para la mayoría de las organizaciones, su Plan Estratégico es como esa segunda cuenta bancaria. La única diferencia es que la mayoría de los buenos Planes Estratégicos valen mucho más que diez millones de dólares, y mientras más grande es la organización, más ceros se pueden añadir al final de la cifra.

Una vez que una organización ha pasado por el proceso de desarrollo de un Plan Estratégico sólido, el siguiente reto es comunicar el plan a la organización. Algunas organizaciones, especialmente las más pequeñas, son capaces de compartir todo el plan con todos. Pero dependiendo del tamaño de la organización, esto podría ser inútil, innecesario o incluso imposible (por razones legales, de confidencialidad o de propiedad).

Sin embargo, es importante comprender que la transparencia es la nueva moneda de confianza en esta sociedad que ha sido defraudada (en el mejor de los casos) y engañada con descaro (en el peor) por casi todas las organizaciones y profesiones con autoridad y responsabilidad significativas. No diré que la confianza en la autoridad esté en su nivel más bajo de todos los tiempos en la sociedad, pero necesita un resurgimiento, y eso es especialmente cierto en el mundo corporativo. Así que si la elección está entre compartir más y compartir menos, y la desventaja de compartir más es mínima, es altamente recomendable que tomes el camino de compartir más.

La clave es lanzar el Plan Estratégico en cascada a través de la organización, para que cada líder, equipo y empleado tenga muy claro su papel, autoridad y responsabilidad. Las grandes organizaciones se aseguran de que cada persona tenga claro cómo contribuye al éxito del Plan Estratégico.

Una vez que todos tienen claro su papel, consolida la conexión entre el Plan Estratégico y la misión, y habla del plan como la manera más efectiva para cumplir la misión en este momento. Haz esto siempre que sea posible. El Plan Estratégico es solo una herramienta, y como todo y todos los demás, se inclina hacia la misión. La misión es siempre central e invariable. Habla siempre primero de la misión, y luego habla del Plan Estratégico en relación con ella.

Siempre que hablo sobre este tema, alguien me detendrá inevitablemente después de mi discurso y dirá: «No mencionaste al cliente». Es verdad. En este libro y cuando hablo de este tema, paso muy poco tiempo hablando de tus clientes. El motivo es porque supongo que tu misión es servirles poderosamente, y que al aclarar la misión tienes o tendrás claro cómo puedes servir mejor a tus clientes. Pero ese es otro libro y otro discurso. Aquí estamos centrados en la cultura. La comunicación es una parte enorme de cultura. También lo es la confianza. Y la comunicación fomenta la confianza. Las organizaciones que se comunican bien en todos sus niveles tienden a ser muy confiables para los empleados. Las Culturas Dinámicas tienen altos niveles de confianza. Los Defensores de la Cultura hacen lo que pueden para fomentar esta confianza, y evitan cualquier cosa que la erosione.

Algo tan simple como el chisme, que se ha convertido en algo común en nuestra sociedad, es canceroso para la cultura de una organización. El chisme erosiona la confianza. ¿Cómo sabes si es un chisme o solo una discusión? Si hay un problema y no hay nadie que pueda abordar el problema en la conversación, es un chisme. Si la persona no tiene la oportunidad de defender sus acciones, es un chisme. Puede parecer una cosa pequeña, pero no lo es. Te sorprendería lo mucho que se chismorrea en la organización promedio, y lo destructivo que puede ser para la gente y la organización.

Crear, comunicar y ejecutar. Estas son las tres fases esenciales del ciclo de vida de un Plan Estratégico. Sí, puede haber cambios, ajustes, refinamientos y actualizaciones para hacer frente a lo inesperado, y otros puntos más sutiles en el proceso general. Cualquier buen plan no es estático; es un documento vivo y que respira. Pero la forma en que un Plan Estratégico es creado, comunicado, ajustado y ejecutado determina si vive o muere, tiene éxito o fracasa.

Crear un Plan Estratégico adecuado puede ser agotador; he visto a equipos de liderazgo colapsar al final del proceso. También he visto a equipos de liderazgo celebrar excesivamente el término de la creación del plan. En ese momento, no tengo el corazón para decirles que el verdadero trabajo aún no ha comenzado. Los dejo que disfruten su cena y unos tragos, y guardo ese mensaje para la sesión de clausura del día siguiente. Lo más trágico que veo que sucede con muchísimos planes estratégicos, algunos de ellos muy buenos, es que se escriben a máquina y se encuadernan, y luego se guardan en algún cajón del escritorio, para no volver a ser mencionados o consultados. Y esto sucede a menudo en las organizaciones serias.

La segunda tragedia que ocurre con los Planes Estratégicos una vez que se completan es que quedan atascados en las esferas superiores de las organizaciones, dejando a la gran mayoría de los trabajadores tropezando en la oscuridad mientras tratan de leer la mente de sus líderes. Es bastante importante, así que lo diré de nuevo: no tiene sentido tener un Plan Estratégico si nadie lo conoce.

Si quieres saber qué tan bien le va a una organización en este sentido, hay una prueba muy simple. Ya sea que se trate de la organización para la que trabajas, para la que te ofreces como voluntario, o una propia, anda y pregúntale al menos a una docena de personas: «¿Cuál es la meta más importante de la organización este año?», Te sorprenderás de la cantidad de respuestas diferentes que recibes. A menudo me entristece la cantidad de gente que no puede ni siquiera responder a la pregunta.

Una vez que tienes un Plan Estratégico viable, necesitas la campaña de comunicación adecuada para que el mensaje caiga en cascada a través de la organización. Por supuesto, deberás hacer que parezca un documento importante, pero también deberás convertirlo en una guía viviente para un futuro más grande y brillante.

Crear un buen Plan Estratégico es un gran comienzo, pero lo

que más importa es lo que haces con él una vez que lo tienes. Exploremos eso juntos ahora.

El Arte No Tan Sutil De La Sobrecomunicación

Vivimos en la era de las comunicaciones, así que no debería ser muy difícil comunicar el plan a todos los miembros de la organización, ¿verdad? Incorrecto. Cuando eras joven, ¿cuántas veces tuvo que pedirte tu madre que hicieras algo antes de hacerlo? ¿Cuántas veces tienes que pedirles a tus propios hijos que hagan algo antes de que empiecen a discutir sobre por qué tienen que hacerlo, sin importar que empiecen a hacerlo?

Esas son preguntas divertidas. Pero volvámonos serios ahora. ¿Cuántos oyentes realmente buenos conoces? Me entristece decir que aunque tengo un montón de gente increíble en mi vida, los oyentes realmente buenos son raros. Incluso la mayoría de mis asesores y mentores —personas a las que recurro en busca de consejos cuando surge una oportunidad o cuando estoy en apuros para enfrentar un problema—, no son grandes oyentes. ¿A cuántos buenos oyentes conoces?

¿Te consideras un buen oyente? ¿Revisas tu correo electrónico o mensajes de texto durante las reuniones y conferencias telefónicas? ¿Alguna vez te encuentras pensando en algo que sucedió ayer o en algo que esperas con ansias esta noche en lugar de escuchar a alguien que te habla? La mayoría de la gente cree que escucha mejor a los demás de lo que realmente lo hacen. Las investigaciones sugieren que la persona promedio escucha solo con un 25 por ciento de eficiencia. Nos falta mucho en este aspecto. Si soy un oyente promedio, eso significa que me pierdo el 75 por ciento de lo que me dicen mis colegas o mi pareja. Es realmente asombroso. Peor aún, significa que probablemente me no escuche el 75 por ciento de lo que tratan de decirme mis hijos. Si tienes un hijo y eres un oyente promedio, a lo largo de tu vida te has perdido tres cuartas partes de lo que ha tratado de decirte. Incluso si eres el doble de bueno escuchando que el oyente promedio, te has perdido sin embargo la mitad de lo que trata de compartir tu hijo contigo. No es de extrañar que tengamos malentendidos y desacuerdos.

Si quieres ser un mejor oyente, yo podría decirte que seas más empático, que elimines las distracciones para que estés presente, que recuerdes que no eres perfecto, que hagas preguntas para obtener una mayor comprensión, que confrontes la incomodidad, que no cambies de tema, que trates de no juzgar, que no interrumpas y que hagas una pausa antes de responder. Pero todo se reduce a quitarte de en medio. No se trata de ti.

¿Por qué la mayoría de la gente es tan poco oyente? ¿Cuál es la clave para convertirse en un gran oyente?

Nos interponemos en el camino. Pensamos en nosotros mismos en vez de en la persona que habla. Nos enfrascamos en cómo lo que se dice se relaciona con nosotros, en lugar de tratar de averiguar cómo se relaciona con la persona que habla. Cuando estamos preocupados por nosotros mismos, nuestros pensamientos, sentimientos, experiencias, miedos, ambiciones y la vida cotidiana crean ruido y distracciones que nos impiden escuchar realmente lo que la gente trata de decirnos.

Escuchar es difícil. Es importante reconocerlo, porque cuando no reconocemos que algo es difícil, no asignamos los recursos necesarios para tener éxito en esa actividad. Ser un gran oyente requiere paciencia, concentración, conciencia y, sobre todo, requiere que dejemos de lado nuestra propia agenda. Es natural que veamos y experimentemos la vida a través del lente del yo, y es normal que escuchemos lo que la gente dice a través de ese lente. Pero cuando somos capaces de dejar de lado nuestra propia agenda y necesidades, y nos centramos en la otra persona, nuestra capacidad de escucha aumenta exponencialmente. Los mejores oyentes se hacen a un lado.

Escuchar es un arte y otra habilidad esencial de la vida que no enseñamos a nuestros jóvenes. Estoy convencido de que es casi imposible exagerar la importancia de escuchar como una destreza en la vida. Recientemente, un estudiante de secundaria me preguntó: «Si fueras yo, ¿dime dos habilidades en las que trabajarías para mejorar?». Le dije: «La toma de decisiones y la escucha». Estas dos habilidades se cruzan con cada aspecto de la vida y los negocios.

Cuando nos proponemos comunicar tu Plan Estratégico a la organización, es esencial tener en cuenta la importancia de escuchar, y recordar que las personas en general no son grandes oyentes. Tienes algo muy importante —el Plan Estratégico de tu organización— que necesitas comunicar con mucha claridad a tu equipo o empleados. La realidad es que comunicar un Plan Estratégico en la mayoría de las organizaciones es como un gran juego de Susurros Chinos. El punto es que es increíblemente difícil transmitir un mensaje a un grupo de personas. De hecho, normalmente requiere una estrategia propia.

La solución es la sobrecomunicación.

Uno de mis objetivos como orador principal es que la gente sea capaz de recordar un año después lo que he dicho. ¿Quién fue el orador principal en el evento del año pasado? A la mayoría de la gente le cuesta recordar quién fue el orador, y mucho menos de qué habló.

La repetición es tu mejor amiga cuando se trata de la sobrecomunicación. La verdad es que la mayoría de la gente es demasiado orgullosa para usar esta herramienta. Pero funciona. Lo sabemos en nuestros negocios. Cuando se trata de la marca y el marketing, la repetición es esencial; no usarla garantizaría el fracaso. De hecho, incluso en nuestros esfuerzos de marketing la mayoría de las organizaciones cambian el mensaje con demasiada frecuencia, porque carecen de la disciplina para esperar. No podemos esperar para cambiar el mensaje. Se necesita una verdadera disciplina y humildad para atenerse a un mensaje y sobrecomunicarlo. Un mensaje de marketing le parecerá rancio a un equipo de marketing mucho antes de que ese mismo mensaje haya llegado a lo más profundo de su mercado objetivo, y un mensaje organizativo le parecerá rancio a un líder mucho antes de que haya llegado a lo más profundo de su equipo.

El concepto de sobrecomunicación no tiene que ver con la cantidad de información que se comparte. Se trata de la cantidad de veces que se transmite la información importante.

Si la gente no conoce el plan, no podrá ejecutarlo con pasión.

El Tercer Principio:
SOBRECOMUNICAR EL PLAN

Las mejores organizaciones con Culturas Dinámicas tienen humildad y disciplina. La sobrecomunicación requiere humildad porque nuestras mentes nos dicen que la gente se dará cuenta de que ya lo hemos dicho, y que pensarán que no sabemos que ya lo hemos dicho. Al principio puede ser así, pero con el tiempo la gente comprenderá que te estás repitiendo con gran intencionalidad. Puede que no haga daño señalar que sabes que te estás repitiendo, y que lo haces por una razón.

Cuando se trata de la sobrecomunicación, tendrás el mayor éxito si cada vez que compartes un mensaje con un individuo, tu equipo o la organización entera, conectas lo que estás tratando de decir con el principio común e invariable de tu organización. Esto ayuda al oyente a poner en contexto lo que estás diciendo, y conduce a una mayor comprensión, claridad y pegajosidad.

Es fascinante que cuando se trata de la marca y el marketing, entendamos este principio sin ninguna duda. Pero cuando se trata de comunicarnos con nuestra propia gente (que muy a menudo son los consumidores de nuestros productos), dejamos de lado esta sabiduría, abandonando el genio de la simplicidad por la complejidad.

¿Quién es el mejor del mundo en el campo de la sobrecomunicación? Coca-Cola.

Hay una razón por la que Coca-Cola es una de las marcas más reconocidas y exitosas del mundo. Tomará una década para llevar un mensaje a lo profundo de la cultura. Tardarán diez años en decirnos algo como: «Es la verdadera». No tienes ni idea de cuánta humildad, disciplina e intencionalidad se necesita para hacer eso. El primer eslogan de Coca-Cola, en 1886, fue «Toma Coca-Cola». No fue hasta ocho años después, en 1904, que lo cambiaron. ¿Qué nos han dicho en los últimos cincuenta años? «Coca-Cola lo es». «Es una sensación insuperable», «La vida sabe bien», «Abre la felicidad», «Saborea la sensación».

Coca-Cola utiliza estos lemas con la disciplina de la repetición infalible. El mensaje siempre es simple; tiene que serlo para atravesar todo el ruido cultural y alojarse en la psique colectiva. La simplicidad y la repetición son los mejores amigos de una marca.

Coca-Cola ha cambiado su eslogan con más frecuencia en la última década aproximadamente. ¿Esto es intencional y disciplinado? ¿Es más efectivo? ¿O es su agencia de publicidad como el corredor de bolsa que no entiende que a veces su trabajo consiste en no hacer nada?

La mayoría de las organizaciones cambian sus eslóganes con demasiada frecuencia. El hecho de que tu organización esté muy familiarizada con esto no significa que tus clientes potenciales hayan escuchado el mensaje todavía. Los grandes maestros utilizan la repetición para transmitir un mensaje. Las organizaciones dinámicas hacen lo mismo con sus clientes y empleados. Si eres un líder, la repetición es tu nuevo mejor amigo. Si eres un padre, la repetición es tu nuevo mejor amigo. En ambos casos estás tratando de comunicar un mensaje que es más complejo que «Toma Coca-Cola». Esto hace que la repetición sea aún más importante.

Volvamos ahora al tema de la escucha y conectemos cómo la gente escucha lo que comunicamos.

Me sorprende la frecuencia con la que oigo a un líder decir:

—¿Qué le pasa a esta gente?

—¿Qué quieres decir? —pregunto, sabiendo a dónde va la conversación.

—Quiero decir, que les dije una vez. ¿Qué tengo que hacer, sostener sus manos y asegurarme de que lo hagan? ¿Cuántas veces tengo que decírselo?

—Más de una vez, supongo», respondo. Normalmente me miran con una expresión entre, «¿Por qué le pago a este idiota de lo obvio para que me aconseje y sea mi consultor?», y «Más vale que tenga más cosas que aportar».

Ya hemos establecido claramente (espero) que hay que decírselo a la gente más de una vez. Lo que no hemos visto ampliamente es el porqué. Déjame explicarte.

Imagina que eres un líder que comparte un mensaje con tu equipo.

La primera vez que le dices algo a alguien, es probable que se distraiga o se concentre en otra cosa. Les lleva tiempo concentrarse, así que captan el final de tu mensaje y lo ignoran.

La segunda vez que le dices algo a alguien, piensa para sí mismo: «Este es su mensaje de la semana». Tiene un mensaje diferente cada semana, y estoy muy ocupado esta semana, así que recibiré el mensaje de la próxima».

La tercera vez que le dices algo a alguien, te hace una pregunta, lo que te lleva a creer que está comprometido y escucha. No es así. No está interesado en lo que dices todavía. La razón de su pregunta es que quiere saber cómo le va a afectar lo que dices: su papel, sus responsabilidades y su vida. Recuerda, la mayoría de la gente escucha la misma estación de radio en sus cabezas: QHPM: ¿Qué hay para mí?

La cuarta vez que le dices algo a alguien, piensa para sí mismo: «Esto debe ser muy importante, porque es la segunda vez que me dice esto».

La quinta vez que le dices algo a alguien, te hace otra pregunta y luego escucha tu respuesta con su pregunta en mente para ver si cree que puede confiar en ti.

La sexta vez que le dices algo a alguien, tienes su atención por primera vez y realmente te escucha.

La séptima vez que le dices algo a alguien, puede que lo escuche como esperabas que lo escuchara desde el principio.

¿Se puede acortar el ciclo? Claro. Mientras más confíe tu equipo en ti, más corto será el ciclo. Mientras más sana sea tu cultura, más corto será el ciclo. Una Cultura Dinámica es un árbol que da frutos en cada estación y en cada situación.

Un Buen Plan Les Da Prioridades a Todos

El propósito de un Plan Estratégico es proporcionar claridad en torno a la misión y los objetivos de una organización durante un período de tiempo determinado, normalmente de uno a tres años.

Un Plan Estratégico realmente bueno y dinámico da a toda la organización claridad, dirección, objetivos y enfoque, si se divulga correctamente. La cascada del plan vertical y horizontal a través de la organización, desde el CEO a los líderes de equipo a los empleados de primera línea en cada departamento, ayuda a cada persona a entender cómo pueden contribuir al éxito del plan.

Cada organización ganadora tiene una misión y un mantenimiento. Los líderes de las personas que sirven a la misión en los roles de mantenimiento necesitan reforzar específica y regularmente el hecho de que la organización no podría explorar la próxima gran oportunidad si esas personas no estuvieran cumpliendo sus roles y apoyando el plan. Todo el trabajo que se realiza para mantener los sistemas actuales y las ofertas básicas hace posible que se exploren nuevas oportunidades. En última instancia, esto lleva a cada persona y a cada equipo a tener muy claro cuáles deben ser sus prioridades para asegurar el éxito del plan.

Cada miembro del equipo debe ser capaz de articular lo que hace cada día, semana, mes, trimestre y año para dar vida a ese plan. Si no pueden hacerlo, la probabilidad de que logren lo que se espera de ellos es cercana a cero.

Conecta los puntos. Muéstrale a la gente cómo aquello que hacen ayuda a la organización a lograr sus mayores objetivos este año y llamarás su atención de una nueva manera. Este tipo de claridad impulsa el compromiso masivo entre los empleados. Compartir el plan impulsa el compromiso. Las prioridades impulsan el compromiso. La transparencia impulsa el compromiso. Los cuatro encienden la confianza, la moneda corporativa de nuestra era, que a su vez impulsa un compromiso aún mayor.

Los Sistemas Impulsan El Comportamiento

Cuál es el invento más poderoso de la historia: ¿la imprenta, la electricidad, el automóvil, el teléfono, la Internet, o algo más? La pregunta podría debatirse sin fin, pero hay una respuesta que la mayoría de la gente pasaría por alto. La pregunta: ¿cómo se le dice a un granjero con un palo largo? (Sé que suena como el principio de una broma, pero no lo es). Respuesta: el inventor del apalancamiento. Y el apalancamiento es uno de los inventos más poderosos en la historia del mundo.

Un día un granjero estaba en el campo y había una roca enorme en medio del campo. Trató de levantarla, pero rápidamente se hizo evidente que no podría hacerlo. Trató de empujarla, pero eso también resultó ser inútil. Se quedó mirando la roca por un rato, y luego tuvo una idea. Así que agarró un palo largo, lo encajó bajo la roca, aplicó presión al palo, y logró mover la roca. Inventó la palanca.

La palanca es uno de los inventos más grandes de la historia. La usamos de miles de maneras cada día para hacer que nuestras vidas y trabajos sean más fáciles y eficientes. Los seis principios inmutables de una Cultura Dinámica son una modalidad de apalancamiento. Proporcionan una ventaja cultural.

Los sistemas son los bisnietos de la palanca, y la maximizan. Las organizaciones en todas partes apalancan los sistemas para maximizar la eficiencia de muchas maneras, y nos hemos acostumbrado tanto a ellos que ni siquiera los reconocemos o los damos por sentado. El poder del apalancamiento de los sistemas es tan grande que algunas de las organizaciones más exitosas del mundo se han construido sobre ellas. ¿McDonald's es un negocio o un sistema? Es ambas cosas. ¿Puedes hacer una hamburguesa mejor que McDonald's? Probablemente. Sé que puedo hacerlo. ¿Podemos hacerlas en 100 países, en 35.000 lugares, y servir a 70 millones de clientes al día? No, no podemos. Al igual que McDonald's, necesitaríamos más de un millón de empleados y un sistema muy refinado. La franquicia es una ventaja. La franquicia aprovecha un sistema para multiplicar aquello que es posible en la esquina de una ciudad y lo hace posible en las esquinas de todas las ciudades.

El simple hecho de medir algo es un sistema. ¿Qué mides en tu organización? ¿Por qué lo mides? ¿Cuándo empezaste a medirlo? ¿Es importante todavía? Lo que mides envía un mensaje. Le dice a tu equipo que estas son las cosas que más importan. Los sistemas enfocan a la gente. ¿Es importante medir las cosas? Sí. ¿Pero estás midiendo las cosas correctas? ¿Estás enviando el mensaje correcto y dirigiendo el comportamiento y los resultados que deseas?

Los sistemas son una forma de comunicación, y un aliado muy poderoso en el arte de la sobrecomunicación. Son también uno de tus mejores amigos cuando se trata de construir una Cultura Dinámica, creando claridad en torno a la misión, y capacitando a tu organización para ejecutar un Plan Estratégico de un modo tan efectivo que se sorprenden a sí mismos.

Las organizaciones crean sistemas y hacen cambios en ellos todo el tiempo. Lo que la mayoría de los líderes no comprenden es que todo cambio tiene consecuencias intencionales y no intencionales. Los políticos son particularmente malos para prever las consecuencias no intencionales. Haz una ley que diga que los empleadores deben proveer un seguro de salud para cualquiera que trabaje 25 horas a la semana o más, y que los empleadores reduzcan los empleados a 20 horas a la semana y empleen a dos personas por 20 horas en lugar de una durante 40 horas. Así que ahora los pobres, en lugar de tener un papel realmente promedio y sin seguro médico, tienen dos papeles miserables y sin seguro médico. Aquellos a los que intentamos ayudar se vieron perjudicados porque los legisladores no tuvieron en cuenta las consecuencias imprevistas.

Las aerolíneas decidieron que iban a cobrar a los clientes por registrar su equipaje. Consecuencia intencionada: las aerolíneas ganan más dinero al hacer que la gente registre su equipaje. Consecuencia no deseada: la gente lleva todas sus pertenencias en el avión como equipaje de mano, lo que aumenta el tiempo que tarda en subir al avión; las salidas tardías se disparan y la experiencia de subir a un avión se vuelve más miserable que nunca.

Los sistemas pueden ser muy buenos, pero realmente hay que pensar en todas las consecuencias que pondrán en marcha.

Otra cosa que muchos líderes a menudo no entienden es que hay una relación directa entre el riesgo y la recompensa. Disminuye la recompensa y disminuirás el riesgo que la gente está dispuesta a tomar. Durante una década trabajé con una compañía de Fortune 500 donde el fracaso era tratado tan brutalmente que la cultura desarrolló una evasión total del riesgo. Debido a que un fracaso significaba básicamente el fin de la carrera de un individuo, sospecho que todas las mejores ideas nunca fueron expresadas. Incluso las mentes más brillantes de esa organización se guardaron sus mejores ideas para sí mismas porque la cultura se volvió completamente reacia al riesgo. Este es un gran problema. En todos los mercados, el riesgo y la recompensa están directamente relacionados entre sí. En una cultura de aversión al riesgo la gente está más interesada en no cometer un error que en proponer la siguiente gran idea.

La compensación es un sistema enorme. Es un campo en el que muchas empresas se olvidan de lo esencial. Por ejemplo, los negocios son una meritocracia, lo que significa que si tus productos y servicios son buenos, los clientes te recompensarán comprándolos y diciéndoles a sus amigos sobre lo increíbles que son. Si tus bienes y servicios son horribles, los clientes te castigarán al no comprarlos, y les dirán a sus amigos que eviten tu negocio. Este es un sistema básico de meritocracia. Pero cuando se trata de la compensación, es asombroso cómo muchas organizaciones abandonan la realidad de la meritocracia. Si este es el sistema que tus clientes usan para hacer o cancelar negocios con tu organización, es el mejor sistema para orientar la compensación de tus empleados.

A quién recompensas, por qué recompensas y cómo recompensas realmente importa, y tendrá un impacto masivo en la forma en que la gente se comporta. Es un sistema poderoso. Si tienes alguna duda de que los sistemas orientan el comportamiento, haz algunos cambios en tu plan de compensación, y luego siéntate a ver lo que pasa.

Toma las comisiones de ventas como un ejemplo. ¿Cuántos vendedores prometen al cliente algo que saben que no es posible solo para hacer la venta (y su comisión), dejando las expectativas infladas y la promesa rota para que el proyecto se ocupe de ello? Ten cuidado con lo que recompensas, porque cualquier cosa que elijas se centrará a expensas de otras cosas que pueden necesitar el enfoque de tu equipo.

La cultura es un sistema. Los sistemas facultan o dan derechos a las personas. La segunda es muy mala para su organización, y es en realidad una forma de violencia contra la dignidad de las personas y una de las modalidades más comunes de cáncer organizacional.

Cuando los sistemas están en su mejor momento, añaden valor de manera que trabajan 24 horas al día, siete días a la semana, y 365 días al año. La belleza de los buenos sistemas es que siempre manejan y monitorean, así que no tienes que estar trabajando todo el tiempo.

Los líderes que no aprovechan los sistemas se convierten en microgerentes impredecibles que enloquecen a todos a su alrededor. Es como tratar de jugar al tenis y no saber cuáles son las reglas. Los líderes amados contratan a gente talentosa y confían en ellos para cumplir el plan, estando disponibles para aconsejar, consultar y ayudar cuando sea necesario.

Lo primero que hago cada lunes por la mañana es que cada uno de mis informantes directos me envíe por correo electrónico las tres cosas más importantes en las que trabajará esa semana. Es un sistema muy simple pero poderoso, y los beneficios son infinitos. Esos correos electrónicos me dicen en qué estará enfocado mi equipo durante la semana y dónde podrían necesitar mi ayuda o consejo. Si tengo un nuevo informe directo me permite saber cómo priorizará su trabajo. Si sus prioridades no están alineadas con la misión, los valores y el Plan Estratégico, me entero rápidamente y puedo entrenarlos para que se alineen.

A veces veo algo en la lista de alguien y puedo decir: «Oye, ten esto en cuenta cuando estés hablando con...» o «Ya me encargué de eso». A veces el alcance del proyecto de un cliente cambia durante el fin de semana. Uno de mis informes directos enumera el proyecto como una de sus tres prioridades principales, lo que me recuerda inmediatamente que le envíe un correo electrónico rápido o pase por su oficina en cinco minutos para ponerla al día de modo que no pierda el tiempo en los aspectos del proyecto que han cambiado.

Tres cosas el lunes por la mañana: es un sistema muy sencillo que ayuda a todo el equipo a centrarse en las cosas más adecuadas de la semana, y permite a un líder corregir el rumbo si es necesario. Así como un Plan Estratégico aclara las prioridades de una organización durante un año o más, algo tan simple como estos correos electrónicos semanales aclaran las prioridades para los individuos y los equipos, y la claridad conduce a una acción impactante y al uso óptimo de los recursos.

Luego están las temidas reuniones. ¿Cuándo fue la última vez que esperaste asistir a una reunión, especialmente a una regular? Las reuniones son sistemas. La mayoría de las reuniones son un desperdicio terrible de tiempo colectivo. Están mal planeadas y mal ejecutadas, la mayoría de la gente no viene preparada para ellas, y demasiada gente las ve como un descanso o una oportunidad para ponerse al día con su correo electrónico (lo cual es un mito en sí mismo; nunca vas a ponerte al día con tu correo electrónico). Organiza reuniones regulares que son una pérdida de tiempo y ¿qué mensaje le envías a la gente? Está bien perder el tiempo aquí. El sentido de la urgencia es una de mis cualidades favoritas en todas las mejores personas que he contratado, pero una vez que extraes eso, los has puesto en el largo camino hacia el medio lleno de mediocridad.

Si hay algo que detestan tus mejores personas, es cuando les haces perder el tiempo. Hazlo con suficiente frecuencia —con reuniones innecesarias o cualquier otra cosa—, y empezarán a buscar oportunidades para añadir valor en otros lugares. Es cierto, tus mejores personas no buscan trabajo. Buscan la mejor oportunidad para comprometerse con su habilidad única de agregar el mayor valor a una gran misión.

No todos los sistemas son buenos. Las reuniones son un sistema. Pueden ser un sistema positivo o negativo. ¿Cómo llamamos a un sistema que se ha desviado del sentido común y que está saturado por otras disfunciones como tardar una eternidad para tomar decisiones? Burocracia.

Los sistemas que no aumentan el impacto de la misión frustran a su gente.

Los sistemas son esenciales para un Plan Estratégico bien ejecutado. Mientras un mayor porcentaje del Plan Estratégico esté impulsado o vinculado a buenos sistemas, más posibilidades de éxito tendrá. He visto muchísimas organizaciones cuyos propios sistemas sabotean su nuevo Plan Estratégico; el plan está condenado desde el principio. Así que, una vez que tengas tu Plan Estratégico, es hora de revisar tus sistemas actuales y considerar: ¿estos sistemas facultarán a la gente para llevar a cabo tu Plan Estratégico? ¿Cuáles son tus mejores y peores sistemas? ¿Tienes sistemas que fomentan un comportamiento que es contraproducente para tu Plan Estratégico y tu misión? ¿Sabes siquiera el tipo de comportamiento que tratas de fomentar? ¿Tus sistemas están trabajando a favor o en contra de tu Plan Estratégico? ¿Cuál de tus sistemas daña tu cultura?

Desarrolla un gran Plan Estratégico, emplea a las personas adecuadas para trabajar el plan, pon los sistemas y procesos adecuados en su lugar, y luego haz que las personas rindan cuentas. Estas son las claves para la poderosa ejecución del Plan Estratégico de tu organización.

Los sistemas están en todas partes, y las Culturas Dinámicas aprovechan el poder de los sistemas para crear una ventaja competitiva extrema y aumentar los beneficios. Esa ventaja competitiva y el aumento de los beneficios conducen a un futuro más grande para todos. Las culturas disfuncionales terminan costando mucho dinero y creando aún más miseria humana.

Un negocio con una cultura saludable es significativamente más rentable que otro con una cultura malsana. Invertir en la Cultura Dinámica es algo rentable en docenas de diferentes maneras, pero la primera inversión que necesitas hacer está en tu mente. No me importa si eres la recepcionista o el CEO, o alguien en el medio, decide ahora mismo que una Cultura Dinámica es posible en tu sitio de trabajo. Conviértete en un Defensor de la Cultura hoy, y haz una cosa, por pequeña que sea, para que tu cultura sea más saludable hoy que ayer.

Los sistemas están en el centro de casi todo lo que hacemos para servir a nuestros clientes. Son el mejor amigo de una buena cultura y el peor enemigo de una mala cultura. Una de las leyes esenciales de la vida organizacional es que los sistemas dirigen el comportamiento. Esto se manifiesta de mil maneras cada día y en cada organización. La mayoría de las veces no reconocemos que está sucediendo. Abre los ojos. Deja de concentrarte en tratar de cambiar o corregir el comportamiento; es un ejercicio inútil. Identifica el sistema que está creando el comportamiento no deseado y haz una reingeniería del sistema. Los sistemas impulsan el comportamiento.

La Trampa Del Éxito

El cantante, compositor y músico más subestimado del mundo hoy en día, en mi opinión, es Colin Hay. Nacido en Escocia, se mudó a Australia cuando era niño y, con su banda Men at Work, se volvió legendario por la canción «Down Under», que básicamente ha sido el himno nacional australiano no oficial: «Vengo de la tierra de abajo...».

Tiene un Grammy y ha vendido millones de álbumes, sus canciones han aparecido en docenas de películas y programas de televisión, y está escribiendo y cantando mejor que nunca. Como un buen vino añejado en barriles de roble durante una docena de años o más, su voz se enriquece cada año. Sus letras van desde lo muy serio y profundo hasta lo humorístico, y es uno de los pocos artistas que realmente puede poner dos frases juntas entre las canciones para explicar el origen de una canción. De hecho, me encantaría escucharlo dar un discurso de apertura y verlo escribir un libro. Y sin embargo, en un mundo de talento artificial y celebridad fabricada, parece que hay poco espacio para alguien tan auténtico como Colin Hay. Es un gigante absoluto en un mundo de aspirantes a enanos.

Hay grandes cantantes. Hay grandes compositores. Hay grandes músicos. Es increíblemente raro que alguien sea de clase mundial incluso en dos de estos tres campos. La mayoría tiende a ser muy fuerte en uno, pero cojea en alguno de los otros. Colin es de clase mundial en los tres, y es imposible describir con palabras lo poco común que es esto. De todos modos, estuvo de gira recientemente y fui a verlo tocar un par de veces. Tiene un álbum llamado *Next Year People*, un título que podemos aplicar al mundo de los negocios: existe el peligro de que como Planificadores Estratégicos, nos convirtamos en gente del año siguiente, siempre planeando para el próximo año en lugar de hacer que algo suceda en este.

Pero la razón para esta historia es una línea de una de las canciones del álbum que deja muy claro uno de los mayores riesgos hasta los mejores planes estratégicos. La canción se llama «Si yo hubiera sido un hombre mejor», y trata de un músico que alcanzó las alturas del estrellato, y que ahora trata de hacer las paces con algunas de las cosas que hizo, buenas y malas, para llegar a la cima. Hay una línea de la canción que es muy pertinente para nuestra conversación sobre la planificación: «Estaba hipnotizado por las cosas resplandecientes». Sucede todo el tiempo. Como seres humanos, nos hipnotizan las cosas resplandecientes. Ocurre en las relaciones y en las carreras, y ocurre en las organizaciones. Hacen el esfuerzo y pasan el tiempo para armar un Plan Estratégico sólido, pero luego se distraen y quedan hipnotizados por cosas brillantes. No dejes que eso suceda. La oportunidad irresistible es la trampa del éxito. Para mantenerte centrado y disciplinado, a veces debes resistirte a lo irresistible. El problema es que la gente y las organizaciones pasan toda su vida tratando de tener éxito y buscando grandes oportunidades. Una vez que tienes un poco de éxito, de repente las ideas y las oportunidades vienen a buscarte. Entonces hay más ideas y oportunidades de las que podrían ser perseguidas. Y mientras más exitoso te vuelves, más ideas y oportunidades realmente buenas vienen a tu camino. Ese es el problema. La trampa del éxito es *el número excesivo de buenas oportunidades*. Todas esas oportunidades son una distracción. Concéntrate en el plan.

Si quieres tener mucho éxito como padre, amigo, cónyuge, mentor, líder o cualquier cosa que valga la pena en el planeta, hazlo bien diciendo que no. No lo digas de forma despectiva; aprende a decirlo con empatía. Pero hazlo muy, muy bien. Todos en tu organización tienen que desarrollar la disciplina de decir no, o al menos, «ahora no».

Dicho esto, he llegado a lo que estoy sugiriendo aquí solo después de hacerlo muy mal durante al menos una década después de mi primer bestseller del *New York Times*: *La única manera de decir no a algo es tener un sí más profundo*. Si realmente quieres ahorrar un poco de dinero, encuentra un sí más profundo. ¿Prefieres comprar cosas que serán irrelevantes dentro de un año que tener un poco más de seguridad financiera y libertad? Esto se aplica a todas las esferas de la vida. ¿Preferirías comer esa hamburguesa y papas fritas ahora o estar vivo para llevar a tu hija al altar el día de su boda? Tú decides.

Tu Plan Estratégico es tu sí más profundo; por eso necesitas recurrir a él a menudo. La forma en que te convences a ti mismo de decir no a la última cosa resplandeciente que te ha hipnotizado a ti (o a tu equipo) es darte cuenta de que no estás diciendo no a la cosa resplandeciente; estás diciendo sí al muy bien pensado Plan Estratégico que estás próximo a ejecutar ahora mismo. Ten en cuenta que es fácil decir no a las malas ideas. Si tienes éxito, es relativamente fácil decir no a las cosas promedio. El problema es que es muy difícil decir no a las cosas buenas. Es difícil decir no a las buenas ideas, y sumamente difícil decir no a las grandes ideas.

Escribe la cosa resplandeciente que te hipnotiza. Llévala a la sesión de planificación estratégica del próximo año y mídela con todas las demás ideas. El verdadero problema con estas cosas resplandecientes que hipnotizan es que las consideramos de forma aislada. La mayoría de las ideas parecen bastante buenas por sí mismas. Pero coloca esa idea resplandeciente junto a otras diez ideas brillantes que se han filtrado a través de la organización en los últimos doce meses y veremos qué tan buena es realmente.

Las nuevas ideas pueden ser una de las mayores distracciones en cualquier organización. Si un líder tiene informes directos que le llegan todo el tiempo con nuevas ideas sobre lo que el equipo o la organización debe hacer, nunca conseguirá hacer ningún trabajo. Si tienes una buena estrategia, concéntrate en ella. Las ideas pueden ser una gran pérdida de tiempo. Las posibilidades de que un miembro del equipo tenga una gran idea que triunfe sobre algo que ya forma parte del Plan Estratégico son extremadamente pequeñas, quizá menos del 1 por ciento.

Si puedes ver pequeñas formas de mejorar la eficiencia y los resultados, es diferente. Tu líder está ahí para ayudarte a identificar e implementarlas. ¿Cómo puedes notar la diferencia? Si algo requiere un cambio de estrategia, hay una alta probabilidad de que pertenezca a una conversación de una vez al año en lugar de una conversación pasajera en el pasillo o incluso una reunión semanal.

La verdad es que si tienes un Plan Estratégico bien pensado, no habrá mucho espacio para ideas grandes y nuevas. Se pueden hacer pequeños ajustes regularmente en cada rol y equipo, pero es mejor evitar la distracción de las ideas grandes y nuevas. Los Defensores de la Cultura mantienen un libro de ideas. Escriben las ideas que les llegan a lo largo de un período de tiempo. Los grandes líderes piden ideas a la organización antes de actualizar el Plan Estratégico cada año.

Dales a todos tus nuevos empleados un libro de ideas como parte del proceso de incorporación y explica que una vez al año se les pedirá que presenten sus ideas. Mantén uno para ti en lugar de molestar a tu líder cada cinco minutos con nuevas ideas.

Acabamos de llegar al final del primer año de implementar este concepto con un cliente por primera vez. Tiene ochenta y dos empleados que presentaron alrededor de cuatrocientas ideas. De esas cuatrocientas ideas, solo una fue seleccionada para ser añadida al Plan Estratégico y llevada a cabo; otras dos ya estaban en desarrollo en secreto en los niveles superiores de la organización.

La vida consiste en elecciones. Los negocios son elecciones. En ambas, se nos exige constantemente que asignemos recursos limitados. Solo hay un número limitado de tiempo, dinero, personas, etcétera. No puedes jugar al golf y al tenis el sábado por la tarde a la misma hora. Tienes que elegir. Puede que te gusten mucho dos autos, pero probablemente no puedas comprar los dos; desde luego, no puedes conducir los dos al mismo tiempo. Tienes que decidir. La realidad es que cada vez que dices sí a algo, dices no a todo lo demás en ese caso.

Un líder tiene que decidir cómo asignar mejor los escasos recursos, decidiendo qué ideas darán más frutos con menos esfuerzo. Los mejores líderes asignan recursos con prioridades estratégicas y no se dejan hipnotizar por cosas resplandecientes. Pero se necesita disciplina, la disciplina de decir no.

No te lo tomes como algo personal. La mayoría de las ideas son buenas ideas, pero solo unas pocas ideas maravillosas llegan al Plan Estratégico en organizaciones verdaderamente excepcionales. Los Defensores de la Cultura son conscientes de que todos los recursos son escasos y deben ser empleados para que la misión tenga el máximo impacto.

Las Culturas Dinámicas no se dejan distraer con discusiones sobre ideas grandes y nuevas fuera de ciertas épocas del año. Hasta ese momento, la gente las escribe en su libro de ideas. Muy raramente alguien tendrá una idea tan buena y que ofrezca una oportunidad tan grande, que no pueda esperar. Estas excepciones suelen ser fáciles de implementar y tienen enormes beneficios.

Si eres bueno en algo, siempre tendrás más oportunidades de las que puedes aceptar y mantenerte saludable. Eso es cierto para las personas y las organizaciones. He aprendido esta lección de la manera más dura en muchísimas ocasiones, tanto personal como profesionalmente. Es una misericordia feroz, pero te enseñará una lección poderosa si escuchas.

Nunca olvides que al decir no a algo estás diciendo sí a lo que más importa: ejecutar la misión de una manera excelente. No tiene por qué ser personal o emocional, aunque a menudo parecerá así; en realidad, te estás asegurando de que dedicas tiempo y recursos a lo que has determinado que son tus prioridades.

Esto requiere una verdadera claridad. La claridad organizativa comienza con la misión. De ahí pasamos a la creación de un Plan Estratégico vibrante. Entonces, es el momento de correr la voz, de compartir el plan y las prioridades contenidas en las páginas. Al ayudar a cada miembro del equipo a desarrollar claridad en torno a sus propias prioridades basadas en las de la organización, le das a la gente la dignidad de pertenecer a algo más grande que ellos mismos. A partir de ahí es simplemente cuestión de comunicar y sobrecomunicar de manera consistente lo más importante, para que la gente pueda recordar el hecho de concentrar su energía allí cada día, semana y mes. Finalmente, ten cuidado con las cosas resplandecientes e hipnóticas, y con la trampa del éxito. Las Culturas Dinámicas son disciplinadas. Son buenas para decir sí y no a las cosas adecuadas, en los momentos indicados.

Haz de la claridad personal una meta personal. Haz de la claridad profesional una meta profesional (y organizacional). Uno de los mayores regalos que proporciona esta claridad de objetivos es que te permite ser realmente bueno para decir no, algo para lo que la mayoría de la gente y las organizaciones son realmente malas.

Pero el mejor Plan Estratégico del mundo es inútil si no es seguido por una acción apasionada e intencional, así que ocupémonos. Mide tu día con respecto al plan. ¿Qué porcentaje del tiempo de hoy pasaste ejecutando el Plan Estratégico de tu organización? Si nos hacemos esta pregunta honestamente al final del día, nos avergonzaremos en muchas ocasiones. Eso es bueno. Deberíamos avergonzarnos.

Planeamos para poder actuar, y no solo para actuar, sino para hacerlo bien e intencionalmente. Deja que el plan guíe tu acción. Revisa el plan a menudo. No lo tires en un cajón o en un estante, tal como lo haces con muchos otros planes estratégicos.

Un Defensor de la Cultura alinea más sus acciones con la misión, las prioridades y el plan de la organización cada día. La Misión es el Rey, y el Plan Estratégico es la mejor manera de cumplir

la misión. Según cree el Defensor de la Cultura, es la mejor manera de asegurar que lo principal sigue siendo lo principal.

El éxito trae consigo nuevos paradigmas y problemas. La
mayoría de las personas y organizaciones solo tienen que decidir entre buenas y malas oportunidades. Ahora tienes que elegir entre dos oportunidades buenas, o tal vez dos grandes oportunidades, o incluso dos oportunidades increíbles que nunca en
tu vida pensaste que tendrías. Ahí es cuando tu resolución se
pone a prueba. Es muy difícil decir no a las grandes oportunidades. Ahora tienes que aprender a ser altamente selectivo.

¿Qué pasa si no lo haces? Envenenas la cultura trabajando demasiado y abrumando a todo el mundo; creces con una rapidez
excesiva y no tienes los sistemas, procesos e infraestructura en su
lugar; y toda la organización empieza a doblegarse y a resquebra-
jarse bajo el peso y la presión. No es agradable. Lo he visto cientos de veces. El crecimiento disciplinado requiere de un carácter
enorme y es algo sumamente difícil de promover para la mayoría
de los líderes y de hacer responsable a tu organización.

Lo que ocurre con el éxito es que te ofrece un número ilimitado de oportunidades. La trampa del éxito es tener más oportunidades de las que puedes aprovechar. Es una bendición, y
también una maldición. Decide permitir que sea una bendición
para ti y tu organización al tener la disciplina para decir no.

¿Por Qué Compartir El Plan?

Muchos líderes se ponen nerviosos cuando hablo de compartir
el plan por debajo del nivel de líder de equipo. Lo entiendo. Y
estoy de acuerdo o en desacuerdo dependiendo de la situación.
Primero, existe al menos un resumen del Plan Estratégico que debe

compartirse con todos los miembros de la organización. De hecho, si quieres una idea ingeniosa, comparte una copia de ese resumen con todos tus socios clave, para que sepan lo que estás tratando de lograr y puedan ayudarte. Probablemente será la primera vez que un proveedor haya hecho que un cliente le dé un resumen de su Plan Estratégico y le diga: «¡Ayúdanos a hacer esto!». ¿Qué sentido tiene que tus socios externos clave deambulen en la oscuridad?

¿Por qué compartir el plan tan ampliamente? Scientia potential est es un proverbio latino atribuido a Sir Francis Bacon que significa «El conocimiento es poder». Cuando se trata de compartir un Plan Estratégico (o elementos clave del mismo) por todas partes, el conocimiento es empoderamiento.

El conocimiento del plan le da a la gente la claridad necesaria para tomar decisiones sólidas. Las decisiones sólidas conducen a un trabajo más centrado en la misión, que siempre será más efectivo y eficiente. Todos estos factores conducen a un mayor compromiso de los empleados y a un aumento de la moral y de los beneficios, lo que a su vez conduce a un aumento de la compensación y de los beneficios y, a su vez, a todo lo que cada líder debería querer para la organización.

Si no le dices a tu equipo a dónde vas, no pueden ayudarte a llegar allí. Pero diles lo que necesitas y adónde vas, explícales lo que intentas conseguir, y entonces descubrirás qué tipo de miembros del equipo son.

Utilidad

Un avión que no vuela es inútil. Un auto que no arranca es inútil. Una bicicleta con neumáticos desinflados es inútil. Usamos todas estas cosas para llegar a lugares. El papel de un Plan Estratégico es llevar a una organización a algún lugar.

A lo largo de este libro me he referido a un Plan Estratégico dinámico. Una de las cualidades clave de un Plan Estratégico dinámico es su utilidad. ¿Qué tan utilizable es? Por ejemplo, si tiene novecientas páginas, su tamaño lo hace inutilizable. Si propone cuatrocientos objetivos de igual importancia, esto lo hace inútil.

Cuando empecé a escribir libros, nunca pensé en la utilidad. Me centré en las ideas que quería compartir con el lector. Hoy, al darme cuenta de lo ocupada que está la gente, del poco tiempo que tiene para leer y de la poca gente que lee, veo que como autor es mi responsabilidad escribir libros que no solo inspiren y compartan grandes ideas y conocimientos, sino que también sean fáciles de consumir para la gente ocupada. Aún más que eso, es mi desafío escribir libros para gente que no suele leer. No hay nada más satisfactorio que alguien se me acerque y me diga: «No leo nunca, pero he leído tu libro de principio a fin», o «Tengo que ser honesto, tu libro es el primer libro que he leído desde la secundaria».

Pero la utilidad es algo en lo que la mayoría de los autores ni siquiera piensan, y algo que estoy seguro de que no se enseña en las clases de escritura. A lo largo de los años me he dado cuenta de que la utilidad de un libro es tan importante como el contenido. La mayoría de los libros que escribo pasan por cuatro o cinco borradores antes de determinar que están bien. Pero en los últimos cinco años o más, he sometido los libros a de seis, siete, incluso ocho borradores, con los otros adicionales enfocados casi exclusivamente en la utilidad.

Por ejemplo, el libro que estás leyendo ahora comenzó como un libro de ocho capítulos. Ocho largos capítulos, algunos de ellos sumamente largos. Al final del segundo borrador, empecé a pensar: «Perderé a muchísimos lectores en el capítulo tres; es el doble de largo que los otros capítulos». Ahora estás sosteniendo un libro compuesto de siete capítulos, pero dividido en más de cincuenta secciones para que puedas tomarlo fácilmente y hacer una pausa cuando tu vida sea muy ajetreada. Esta facilidad de uso elimina la excusa de que no tienes tiempo para leerlo hoy. Tienes tiempo todos los días para leer al menos una sección de este libro. Las grandes ideas en negrita están específicamente diseñadas para asegurar que no te pierdas los puntos clave, así como para ayudarte a volver al libro en el futuro y obtener una actualización rápida. Estas secciones también te permiten encontrar fácilmente las ideas que quieras compartir con otras personas.

Del mismo modo, cuando pienses que has terminado de escribir tu Plan Estratégico, empieza a pensar en cómo lo vas a utilizar. Si lo haces seriamente, descubrirás que necesitarás al menos un borrador más para hacerlo bien. Si quieres seguir siendo el rey de la misión, es esencial hacer que tu Plan Estratégico sea utilizable. ¿Cómo va a usar cada líder el plan cada semana? ¿Cómo lo usarán los líderes y sus equipos? ¿Cómo usarán los colaboradores individuales el resumen proporcionado? La mayoría de las empresas se saltan este paso, que tradicionalmente ha sido parte del proceso de planificación estratégica.

¿Por qué las organizaciones no dedican tiempo a considerar cómo se utilizará el Plan Estratégico y lo revisan en consecuencia? En primer lugar, porque nunca se les ocurrió; en segundo lugar, aunque se les ocurriera, no lo harían porque muy pocas personas creen realmente que el Plan Estratégico se utilizará ampliamente. La versión final de un Plan Estratégico debe ser simple, centrada, práctica y eminentemente utilizable.

Creo que cuando era más joven solo quería que la gente comprara mis libros. No se trataba tanto del dinero como de la validación de mi trabajo y mi ego. Era inseguro, como todas las personas, y necesitaba un poco de afirmación en este camino. A medida que crecí, me interesaba más la gente que leía mis libros que publicar otro bestseller. Pero ahora quiero más... Quiero escribir libros que transformen a la gente, sus vidas y negocios. He encontrado que hacer que los libros sean prácticos, útiles, esperanzadores, y generalmente utilizables es la clave para hacer que esto suceda.

Nadie va a comprar una copia de tu Plan Estratégico; no será un bestseller. Tienes una opción diferente: ¿quieres imprimirlo y encuadernarlo muy bien? ¿Quieres que la gente lo lea? ¿O quieres que la gente lo viva? Espero que sea esto último, así que continuemos con nuestra discusión sobre cómo hacer que el Plan Estratégico de tu organización sea un documento vivo y respirable al que se haga referencia constantemente para las prioridades, decisiones e inspiración.

¿Cuál Es Tu Papel En Todo Esto?

Un Defensor de la Cultura se pregunta automáticamente: ¿qué puedo hacer hoy para ayudar a esta organización a convertirse en una mejor versión de sí misma y cumplir su misión tal como se establece en el Plan Estratégico? Una defensora de la cultura no espera a que le pidan o le digan que haga algo; simplemente se ocupa y hace que las cosas sucedan.

Deja muy claro lo que a ti y a tu equipo se les pide que logren. Destaca las partes que se apliquen directamente a ti, y luego comienza a trabajar para lograr esas cosas. Subraya las partes que se apliquen directamente a tu equipo, luego ocúpate de lograr esas cosas, incluso si no eres directamente responsable de algunas partes. Anda y ayuda en lo que puedas. Trata a las personas como personas. Si sabes que un compañero de equipo tiene a su hijo enfermo en casa, ofrécele ayuda durante un par de horas para que salga temprano y lo acompañe.

Decide hoy: ¿quieres ser una niñera o un padre? El papel de la niñera consiste básicamente en asegurarse de que el niño no se muera mientras los padres han salido a cenar. Pero el papel de los padres es infinitamente más complejo, ya que se ocupan de temas como la salud, la educación, la religión y la participación extracurricular. Los padres son responsables del desarrollo de toda la persona; es decir, de su hijo.

Como dueño de varios negocios, he llegado a la conclusión a lo largo de los años de que o bien la gente no ve las cosas que yo veo, o bien las ven pero no les importan. Cuando entro a una organización de la que soy propietario o líder, tiendo a ver los arañazos en la pared, cajas de entrega apiladas en muebles caros, manchas en la alfombra, basura en el suelo. La mayoría fueron probablemente el resultado de un descuido, y muchas no estarían ahí si fueran las casas de esas personas.

Los propietarios ven cosas que otros no ven. Conviértete en propietario. Piensa como un propietario y pregúntate: «¿Qué vería él o ella que no vea yo?». Haz esto y tu conciencia rebasará los límites; empezarás a ver cosas que la mayoría de la gente no ve. Puede que no seas el dueño del negocio, pero eres dueño de alguna parte de ese plan. Este es tu punto dulce. Aquí es donde puedes tener el mayor impacto. Poséelo. Domínalo. Lógralo. Sácala del estadio.

En un momento hablaremos del papel de un líder (antes conocido como gerente), pero el papel de un empleado consiste en ejecutar las prioridades de la organización de manera oportuna y eficiente. Un Plan Estratégico práctico lleva el poder de la claridad a cada persona de la organización. Esto tendrá un impacto enorme en la eficiencia, efectividad y resultados de cada persona y equipo.

Piensa en esas dos últimas frases. Es fácil leerlas sin detenerte a pensar en lo que dicen. Subestimamos el poder de las expectativas claras. Por eso no nos tomamos el tiempo para establecerlas, ya sea personal o profesionalmente. Ahora leamos esas líneas de nuevo: Un Plan Estratégico práctico lleva el poder de la claridad a cada persona de la organización. Esto tendrá un gran impacto en la eficiencia, efectividad y resultados de cada persona y equipo.

Lección: La claridad es increíblemente poderosa, y la mayoría de la gente carece de ella cuando se trata de su papel y especialmente de las prioridades de toda la organización.

Tú, el empleado, necesitas tener claro lo que tu líder espera de ti. No te sorprendas si no lo sabe la primera vez que se lo preguntes. Espera algo como: «Lo estás haciendo muy bien, Juan, sigue haciendo eso». Está bien para el primer round. Pero entonces necesitas pedir un poco de tiempo para discutir. Este es el segundo round. Tomará unos cuantos rounds. Cubriremos esto en mayor profundidad un poco más adelante. El punto es que si no sabes lo que se espera de ti, ¿cómo puedes cumplirlo y sobrepasarlo?

El trabajo que haces crea una reacción en cadena en toda la organización. Impacta en la vida —la experiencia del cliente; los paquetes de pago y beneficios de todos el próximo año— y, en algunos casos, podría ser una experiencia de vida o muerte. Si eres perezoso, trabajas mal y tratas mal a los clientes, te estás castigando a ti mismo y a tus colegas, porque tú y ellos ganarán menos dinero el año que viene. No hay una manera más simple de decirlo. Y, por supuesto, si esto se prolonga y suficientes personas adoptan la misma actitud, la organización dejará de existir y todos perderán su empleo.

Haz Lo Que Puedas Donde Estás Ahora

En un mundo en el que la gratificación instantánea ya no es lo suficientemente rápida, describir a nuestra sociedad como impaciente es un eufemismo de proporciones monumentales. El deseo de hacer más, tener más y avanzar más rápidamente ha superado a cualquier generación del pasado. Lo que falta es el deseo de ser y llegar a ser más. Aquello en lo que te conviertes es infinitamente más importante que lo que haces o tienes. Acelerar muchos de los procesos naturales de la vida a menudo termina en un desastre. ¿Cuánta gente conoces que haya heredado una fortuna? ¿Crees que realmente se convirtieron en lo que eran capaces o en lo que pretendían llegar a ser? Probablemente no, y la razón es bastante simple. Cuando alguien amasa riquezas de una manera ética, desarrolla su carácter con solo pasar por el proceso. Cuando los padres dan a sus hijos la riqueza, no pueden darles también el carácter que desarrollaron al acumular esa riqueza.

Dondequiera que estés en tu carrera, dondequiera que estés en tu organización ahora mismo, no desprecies estos tiempos. Son tiempos para transformarse, tiempos para aprender a ser la mejor versión de uno mismo, para que a medida que lleguen más oportunidades y responsabilidades, puedas estar preparado para tener éxito.

A veces puede parecer mundano o aburrido, o incluso inferior a nosotros. Los Defensores de la Cultura son humildes. Encuentran alegría en lo que sea que hagan. Recientemente volé al lado de un hombre que trabajaba para Delta Air Lines. Le pregunté qué hacía y me explicó que trabajaba en mantenimiento de aviones. Hablamos un poco sobre ello y luego dije: «Todos tenemos días malos, ¿verdad? ¿Qué haces para asegurarte de no cometer un error cuando tienes un mal día?». «Tres cosas», respondió él.

«Primero, me concentro únicamente en lo que está frente a mí en este momento. Segundo, siempre recuerdo que mis hijos vuelan en estos aviones; mi esposa, mis padres, mis amigos y todas las personas que amo vuelan en estos aviones. Pero recordar que mis propios hijos vuelan en estos aviones genera un verdadero enfoque. La tercera cosa que hago si tengo un mal día es revisar mi trabajo más de lo que lo haría normalmente. Obviamente, la organización tiene habilitados sistemas y procesos para asegurar que el trabajo se haga correctamente y se compruebe». Vaya. Habla de una conversación inesperada e inspiradora.

«Haz lo que puedas, con lo que tengas y donde estés», fue el consejo de Theodore Roosevelt. Francisco de Asís, una de las pocas figuras espirituales de la historia que fue amada y respetada por hombres y mujeres de todos los credos y sin fe, escribió: «Comienza haciendo lo necesario; luego haz lo posible; y de repente te encontrarás haciendo lo imposible».

Todos queremos dar el siguiente paso más rápido, pero la forma más rápida de conseguirlo es abrazar con pasión aquello que está delante de ti ahora mismo y lograrlo.

El Papel De Un Líder De Equipo

Si eres un líder de equipo de cualquier tipo, tienes un papel único a la hora de asegurar que el Plan Estratégico se ejecute con éxito. Tu conocimiento del plan podría marcar la diferencia entre el éxito o el fracaso de tu equipo, lo cual podría representar la diferencia entre el éxito o el fracaso de tu organización. Por eso es esencial que sepas qué partes del plan son más importantes para tu equipo. Recurre a ellas a menudo en las reuniones y conversaciones; resáltalas, subraya y óyelas en tu copia del plan. Y lleva el plan casi a todas partes.

Este es el meollo del asunto: no debe pasar un solo día sin hacer una referencia al plan. Tu conocimiento del plan será utilizado de varias maneras. Primero, para aclarar a todo el equipo su papel en el cumplimiento de las prioridades de la organización. Luego, si eres un líder, es tu responsabilidad unir los puntos entre la misión y el Plan Estratégico y el papel de cada miembro del equipo. Recuerda: la misión no cambia y el Plan Estratégico es solo la manera que la organización ha elegido para cumplir su misión en este momento. Cambiará.

Pregúntale a la gente qué impacto tiene su trabajo diario en el plan. Si no lo saben, explícalo. Los Defensores de la Cultura siempre tratan de aclarar su propio papel, y ayudar a otros a aclarar sus funciones. La claridad de los roles es una de las piezas centrales para construir y mantener una Cultura Dinámica.

«Pero ¿qué pasa si los puntos no se conectan?», me preguntan mucho al respecto. «Trabajo en el departamento de contabilidad y no hay ninguna prioridad en ese nuevo Plan Estratégico que afecte a mi papel o departamento». Esto puede parecer cierto a veces, pero nunca lo es, y un líder de personas experimentado no puede caer en esta trampa. Es un asesino de la moral y un creador de subculturas (que son una enfermedad en sí mismas).

A medida que una organización crece, hay una cierta cantidad de mantenimiento que debe hacerse para impulsar la misión. Ese trabajo de mantenimiento es esencial, pero no siempre le parece esencial a la gente que lo hace. No viene con grandes elogios y a menudo no es apreciado. Aunque si, por ejemplo, fueras la persona encargada de la nómina, si no pagaras a la gente el próximo período de pago, sospecho que te recordarían rápidamente la naturaleza esencial de tu papel.

El líder de un equipo que se ocupa de los aspectos del mantenimiento de la misión debe prestar especial atención a recordar a cada persona la manera como su papel apoya las grandes prioridades establecidas en el Plan Estratégico. El líder también necesita comparar el rendimiento, fomentar el aprendizaje y la mejora continua y, en general, impulsar una eficiencia cada vez mayor en todas estas áreas.

Cada miembro del equipo necesita y merece un contexto. Necesitan saber cómo el trabajo que hacen se conecta con la misión, la dirección, la estrategia y el objetivo final de la organización. Necesitan (y quieren) saber cómo pueden contribuir al éxito de la organización. La mayoría de la gente no quiere hacer menos. Sí, hay minimalistas que siempre se preguntan: «¿Qué es lo menos que puedo hacer?», pero no suelen durar mucho en una Cultura Dinámica. La mayoría de la gente quiere hacer más. Pero quieren hacer más de esas cosas que tendrán el mayor impacto.

El papel de un líder es asegurar que cada persona de su equipo tenga todo lo necesario para agregar el mayor valor posible. Una parte de eso es la claridad sobre dónde encajan en el plan y cómo contribuyen a la misión. No basta con decírselo a tu equipo esta vez. Como cualquier mensaje importante, necesita ser sobrecomunicado.

Eres responsable de la difusión formal e informal del Plan Estratégico de tu organización entre los miembros de tu equipo. ¿Cuándo fue la última vez que le diste una mirada? ¿Con qué frecuencia lo ves? ¿Con qué frecuencia te refieres a él en las reuniones o en los debates con tu equipo?

Regla No 1 De La Sobrecomunicación

Mi amigo Mark ha tenido una carrera increíble en los negocios, pero lo más importante es que es el tipo de persona que obtiene satisfacción y alegría al ser mentor de otros para que tengan éxito. Me ha enseñado mucho, pero sobre todo hay dos cosas en las que pienso al menos una vez a la semana. La primera: organizarse en torno al trabajo. No hacerlo es un error que muchas organizaciones cometen, y causa ineficiencia, frustración y fracaso. Por ejemplo, mucha gente hace organigramas sin tener en cuenta cómo fluye el trabajo a través de la organización. En una fábrica, cada trabajador debe tener más cerca las herramientas que usa con mayor frecuencia, y más lejos aquellas que usa menos. Piensa en tu propio espacio de trabajo, ¿está configurado de esta manera? Piensa en tu cocina en casa, ¿está establecida de esta manera? Organízate en torno al trabajo.

La segunda lección que Mark me ha enseñado es lo que quiero discutir aquí: lo que está claro para mí no está necesariamente claro para ti. Nuestra suposición cuando hablamos es que la gente entiende lo que decimos, y casi nunca es verdad. Cada persona escucha lo que decimos a través del filtro de sus propios pensamientos, experiencias, predisposiciones, prejuicios, puntos ciegos, y el estado de ánimo que tienen ese día.

Al hablar a grupos, a veces me sorprendo en conversaciones después de una presentación al saber lo que algunas personas piensan que dije. Lo que está claro para mí no está necesariamente claro para ti, ni para nadie más. No asumas que la gente entiende lo que dices, especialmente la primera vez que lo digas.

Por eso, una de las premisas centrales de la sobrecomunicación es el diálogo. La sobrecomunicación no se trata únicamente de decirle algo a la gente una y otra vez. Eso es solo una parte. También se trata de ayudar a la gente a entender cómo, dónde y por qué encajan en el equipo y el plan. Pero no le digas solo algo a la gente; pregúntales lo que han oído. Se sorprenderán, asombrarán, decepcionarán e incluso se desanimarán a veces, pero al menos sabrán a qué se enfrentan. Y una vez que lo sepas, sabrás dos cosas con seguridad: lo que está claro para ti no necesariamente lo está para otra persona; y es imposible sobreestimar la importancia de la sobrecomunicación.

La cultura puede comerse a la estrategia para el desayuno, pero yo no quisiera dirigir una organización que no tuviera un Plan Estratégico bien desarrollado. Si tienes uno, quítale el polvo y empieza a usarlo. Si no tienes uno, puede ser el momento de empezar a pensar en desarrollar uno.

Dondequiera que estés en el proceso, hay una verdad esencial cuando se trata de capacitar a la gente para lograr cualquier cosa: la gente no hace nada hasta que se inspiran, pero una vez que se inspiran, no hay casi nada que no hagan.

En 1963, Martin Luther King Jr. no se paró en los escalones del Monumento a Lincoln y dijo: «Tengo un plan estratégico». Claro, tenía uno, pero no fue lo que dijo. «Tengo un sueño», declaró, y capturó la imaginación de toda la nación. El mensaje resonó hasta en aquellos que lo odiaban, porque todos tenemos sueños. Nuestros sueños nos animan y nos dan vida, nos dan energía, nos enfocan, dan sentido incluso a las tareas más simples, y hacen que todo sea nuevo, fresco y divertido.

Las grandes culturas inspiran a su gente. Lo hacen de docenas de maneras, formal e informalmente, y juntos mantienen vivo el sueño de la misión. Lo hacen aprovechando el tercer principio inmutable de las Culturas Dinámicas: sobrecomunican el plan.

El Tercer Principio:
SOBRECOMUNICAR EL PLAN

todo comienza con la contratación

¿Por Qué La Mayoría De Las Organizaciones Son Malas Para Contratar?

Permítanme comenzar este capítulo con una advertencia y un recordatorio. Primero la advertencia: si no eres un líder, sería un error pensar que puedes saltarte este capítulo porque la contratación no te afecta. Cada persona que contrata tu organización impacta tu salario, la calidad de tu paquete de beneficios y tu entorno de trabajo. Todo el mundo debería estar profundamente interesado en la contratación por estas razones solamente, pero apenas estamos empezando.

Ahora, un recordatorio: te prometí un libro que cada persona en una organización debe leer y esperamos que se beneficien enormemente. Y cerré la sección en la que identifiqué la promesa de este libro reiterando mi esperanza de que las ideas de estas páginas lleguen a lo más profundo de sus vidas personales y profesionales. Aquí encontramos un ejemplo perfecto.

Incluso si la advertencia anterior no fuera cierta o relevante para ti de alguna manera, la verdad es que todos contratamos gente para hacer cosas diferentes en nuestras vidas. ¿Quieres vender tu casa? Necesitas contratar a un agente inmobiliario. ¿Quieres elaborar un plan financiero? Necesitas contratar un gran coach de vida o un asesor financiero. ¿Alguna vez has llamado a alguien para hacer algo como pintar tu casa? Estabas contratando. ¿Irás hoy a almorzar en un restaurante? En realidad, estás contratando gente para que cocine para ti y te sirva. La lista es interminable.

Todos estamos contratando gente todo el tiempo. Si realmente quieres aprender sobre una organización, ofrécele ayuda con el proceso de contratación. Ofrécete para hacer el trabajo pesado de revisar y anotar los currículums o seleccionar a los candidatos. Un poder y una influencia únicos rodean la contratación, y la mayoría de la gente lo pasa por alto. Si me dijeras: «Matthew, queremos que cambies esta cultura, pero solo puedes estar a cargo de una cosa», yo elegiría la contratación. Dependiendo de una serie de factores, puede tomar mucho tiempo transformar la cultura, pero puedes hacerlo con esta única palanca.

Infortunadamente, esta área de la vida organizacional es típicamente ignorada. Peor aún, a menudo se ve como una molestia. La mayoría de las organizaciones son malas para contratar al menos por una de estas cinco razones:

1. No tienen un plan de contratación.
2. Su plan de contratación es inadecuado o defectuoso.
3. Ignoran su plan de contratación y no tienen ninguna disciplina para contratar.
4. Sus líderes no se toman en serio la contratación.
5. La persona equivocada está a cargo de la contratación.

La verdad es que soy un converso del poder y la importancia de un buen proceso de contratación. Durante veinte años cometí los mismos errores que cometían todos los demás, hasta que un par de tipos que trabajaban conmigo en una organización que yo dirigía me acorralaron un día. Me pidieron quince minutos para hablar de la contratación, y acepté de mala gana. Esos quince minutos cambiaron mi vida. Esta organización en particular estaba en medio de un crecimiento masivo; teníamos veinte posiciones abiertas, y la mejor manera de describir nuestro proceso de contratación era el caos.

Andrew Krumme y George Josten me hicieron creer en la importancia del proceso de contratación de una organización. De hecho, muéstrenme su Proceso de Contratación y probablemente pueda decirles cómo es la cultura en su organización; probablemente incluso pueda predecir el futuro de ella. Y mucho de lo que compartiré con ustedes en este capítulo lo aprendimos todos juntos en el viaje que siguió a esa reunión de quince minutos hace tres años.

Los 10 Errores Más Importantes En La Contratación

La realidad es que las organizaciones cometen tantos errores de contratación que probablemente podría hacer una lista completa de los 100 primeros, pero nos ceñiremos a los diez siguientes simplemente para dar contexto al resto de la conversación.

1. No ser claro como el cristal en lo que quieres que una persona logre en un rol. Esto debe definirse bien antes de solicitar incluso el rol. Y probablemente no sea una mala

idea averiguar por qué la última persona en ocuparlo se fue.

2. Centrarse demasiado en llenar el puesto en lugar de asegurarse de encontrar a la persona adecuada; contratar simplemente para llenar un puesto en lugar de reforzar la cultura de tu organización.

3. Hacer las preguntas equivocadas, hablar demasiado y no dejar hablar al candidato, aunque eso signifique esperar a través de esos silencios largos e incómodos.

4. Contratar al mejor candidato entre un grupo. Todo el grupo de candidatos pueden ser jugadores B o C, así que incluso si contratas al mejor del grupo, sigues teniendo un jugador B. A veces hay que empezar de nuevo y conseguir un nuevo grupo de candidatos.

5. Sesgo de la primera impresión.

6. Descuido en llamar a las referencias.

7. Contratar a alguien por razones equivocadas, como hacer un favor a otra persona.

8. No hay un proceso de entrevista consistente.

9. No preparar adecuadamente a los otros miembros del equipo que van a entrevistar al candidato.

10. Contratar a alguien de afuera cuando sería mucho más adecuado alguien al interior de la organización.

La experiencia me ha demostrado que menos del 5 por ciento de las organizaciones son realmente buenas en la contratación de personas. Los Defensores de la Cultura están hambrientos de ver a las personas adecuadas con las habilidades, experiencia y actitud apropiadas para unirse al equipo. Si no tienes un proceso de contratación, fracasarás. Te ayudaré a armar uno pronto.

Mientras crecía en Australia, mi infancia estuvo marcada por el cricket. Mis siete hermanos y yo estábamos obsesionados con ese deporte. Cada reunión familiar involucraba un partido de cricket muy serio, y la mayoría terminaba en algún tipo de pelea. En el cricket, se le enseña al bateador lo mismo que a los grandes bateadores de béisbol: esperar el lanzamiento.

Lo mismo ocurre cuando se trata de contratar. La esencia de un buen proceso de contratación es la paciencia: empieza con paciencia, sigue siendo paciente, y sé paciente incluso cuando la gente te presione para contratar a la persona equivocada para un papel. El candidato correcto vendrá, pero tienes que esperar. No le tires a todo.

Contrata desde una posición de fuerza. No quieres sentir que te estás estirando demasiado para un lanzamiento, porque mientras más lejos tengas que llegar, más débil será tu swing. Cuando contratas desde una posición de debilidad, normalmente termina siendo un error. Y jamás contrates por desesperación. Contrata a alguien para ayudar a llenar un vacío, pero nunca contrates a un miembro permanente del equipo por desesperación. Esa es una receta para el desastre. Y seamos claros, un desastre es muy diferente de un error. Por eso nunca puedes dejar que alguien que está desesperado por llenar una posición controle el Proceso de Contratación; un gran Proceso de Contratación tiene controles y equilibrios. Puede parecer un poco anticuado o usado en exceso, pero una contratación exitosa consiste en ir más allá. Lo interesante es que hay muchísimas cosas anticuadas que todavía funcionan sorprendentemente bien hoy en día, mientras que un montón de cosas nuevas fracasan en cinco minutos.

Hice una pregunta antes: ¿por qué la mayoría de las organizaciones son malas para contratar? Nunca he tenido a nadie que cuestione la suposición de la pregunta. Sospecho que esto es porque todos sabemos en el fondo que es verdad. Los Defensores de la Cultura están apasionados por cambiar esto. Pero para responder a la pregunta, la razón por la que la mayoría de las organizaciones son malas para contratar es porque son perezosas y no tienen un proceso. Esta falta de proceso conduce a una falta de disciplina y a una actitud de «girarse en cada lanzamiento», que es siempre una estrategia fallida.

La mayoría de las organizaciones son malas para contratar porque son perezosas. La contratación es un trabajo arduo. Es algo increíblemente difícil de hacer, y especialmente, de hacerlo realmente bien. Y será más difícil, porque la calidad de los empleados disminuye a medida que la vida de las personas se vuelve más disfuncional. Así que si quieres ser realmente bueno en esto —individualmente, como un equipo, o como una organización—, prepárate para arremangarte y trabajar duro para dominarlo.

No hay atajos cuando se trata de ser bueno en la contratación, ya sea como individuo o como organización. Simplemente tienes que esforzarte mucho. Es obvio en cierto sentido, pero el sentido común es más y más raro cada día. Me recuerda a algo que una vez escuché decir al entrenador John Wooden: «¿Por qué es tan difícil para tanta gente darse cuenta de que normalmente aquellos que trabajan más duro y por más tiempo son los que terminan teniendo éxito?».

Se ha hablado mucho sobre los cambios de juego en muchas esferas en los últimos diez años, pero se ha hablado poco sobre los cambios organizacionales. Establecer e implementar el proceso correcto de contratación será un cambio de juego masivo para tu organización.

Si no tienes un gran proceso de contratación, estoy muy emocionado por ti. Ha sido una de las experiencias más satisfactorias de mi carrera como consultor de negocios el hecho de ir con mi equipo a las organizaciones, ayudarles a desarrollar un proceso de contratación, y luego ver cómo lo implementan. Hablemos de dónde estás ahora mismo y de las habilidades que necesitas para desarrollar un fabuloso proceso de contratación. El primer paso es siempre tener muy claro lo que estás buscando en cada candidato.

Las Tres Cosas

Pregúntale a cualquier empresario si quiere contratar a otros dos hacedores de lluvia, y lo más probable es que te digan: «No, me gustaría contratar a seis hacedores de lluvia más». Si buscas «hacedor de lluvia» en la mayoría de los diccionarios encontrarás dos definiciones:

1. Alguien que hace llover usando rituales o métodos científicos.
2. Una persona que genera ingresos para un negocio atrayendo nuevos clientes y negociando nuevos acuerdos.

Pregúntale al jefe de tu equipo de ventas cuántos hacedores de lluvia le gustaría contratar y probablemente te dirá: «Tantos como pueda conseguir». Muchas personas dicen ser fabricantes de lluvia en el proceso de entrevista, pero lo cierto es que son muy difíciles de encontrar. Si investigas profundamente en el proceso de la entrevista, lo más probable es que descubras que el entrevistado no era en realidad el hacedor de lluvia, sino el copiloto. No hay nada de malo en ello, pero los copilotos son fáciles de encontrar.

Dos cosas me sorprenden: muy poca gente sabe si estás buscando un hacedor de lluvia o un copiloto, y la cantidad de gente que contrata a un copiloto con la esperanza de que se convierta en un hacedor de lluvia. Los copilotos rara vez se convierten en hacedores de lluvia. De hecho, nunca he visto eso. Los hacedores de lluvia suelen tener una larga historia de hacer llover. No se despertaron a los treinta y cinco, cuarenta y cinco o cincuenta y cinco años y descubrieron que tenían un talento oculto. La gente no cambia tanto, por lo general. Algunos irán a entrevistas y dirán que nunca han tenido la oportunidad de ser un hacedor de lluvia, y que si se les da la oportunidad harán llover como los mejores. Pero los hacedores de lluvia tienen algo en común con los Defensores de la Cultura cuando se trata de oportunidades: no esperan a que lleguen, sino que las hacen realidad.

A veces se necesitan preguntas creativas para tener muy claro quién y qué es lo que se busca en un rol determinado. Una de mis favoritas es: ¿buscamos una niñera o un padre? Los dos roles son muy diferentes; todos lo sabemos. Recuerda, una niñera no tiene que preocuparse a qué escuela enviar al niño a o asegurarse de que reciba una dieta equilibrada y suficiente ejercicio. Una niñera no tiene que asegurarse de que el niño esté al día con el tétanos y otras vacunas en caso de pincharse con un clavo oxidado. Una niñera es esencialmente responsable de mantener al niño vivo y asegurarse de que su casa no se incendie.

Los padres, por otro lado, son responsables de todo: del desarrollo físico, emocional, intelectual y espiritual de su hijo. Esto lleva a docenas de preguntas cada semana. Requiere una filosofía de crianza y apropiarse de los resultados.

Cuando se trata de llenar una posición abierta en el trabajo, a veces solo necesitas una niñera, pero otras veces necesitas un padre. Si necesitas un padre y contratas una niñera, tendrás un problema.

Pero el punto no es acerca de los «hacedores de lluvia», aunque esa es una buena lección que debemos aprender todos. Y no se trata de niñeras y padres, pero también es una analogía útil en el proceso de contratación. El punto consiste en que saber a quién y qué estés buscando es fundamental para el proceso de contratación de personas adecuadas para tu organización. Hay dos ejercicios que me gusta hacer con los líderes y empleados. El primero plantea una pregunta a los empleados: si pudieras determinar tu marca personal siendo conocido por todos en la organización por tres cualidades, ¿cuáles serían? El segundo plantea una pregunta a los líderes: Si pudieras infundirles tres cualidades a todos tus empleados por arte de magia, ¿cuáles serían?

El ejercicio de los empleados está diseñado para ayudar a los individuos a pensar y definir cómo quieren ser percibidos dentro de la organización. Es esencialmente un ejercicio de marca personal.

El ejercicio de liderazgo está diseñado para ayudar a los líderes a pensar y definir qué clase de miembro del equipo están tratando de formar. Identificar las tres cualidades que los líderes quisieran ver en sus empleados les da a los líderes algo en qué anclar sus comentarios sobre cualquier tema, y esa es solo una de las mil maneras en que sirven a una organización.

Una manera en que los líderes desarrollan un equipo increíble es contestando estas preguntas: ¿cómo es un gran empleado? ¿Qué esperas de ellos? ¿Quién ha tenido éxito en esta organización en el pasado? ¿Qué los hizo exitosos? ¿Quién tiene éxito en la organización hoy en día? ¿Quién fundó la organización? ¿Qué cualidades tienen en común? ¿Con quién disfrutas realmente trabajando y por qué? Pero hay una docena de maneras de abordar el ejercicio.

Cada vez que hago uno de estos ejercicios, me hacen la misma pregunta: «¿Cuáles son tus tres cualidades favoritas?». A lo que siempre respondo: «Te lo diré cuando terminemos el ejercicio». Entonces, ¿cuáles son las tres cualidades que busco en las personas? Que sean comprometidos, «entrenables» y conscientes. Esto es lo que intento desarrollar en los miembros del equipo. Pero ante todo, es lo que trato de fomentar en mí mismo.

Comprometidos. Cuando entrevistas a alguien para un papel, no puedes saber si se comprometerá con el papel o con tu organización. No conocen realmente el rol o la cultura. Pero puedes averiguar con qué se han comprometido en el pasado, y tener una idea de los músculos del compromiso de esa persona. La buena noticia es que puedes hacer mucho para influenciar el compromiso de un nuevo empleado con su rol y con la organización. Pero en algún momento, el compromiso se convierte en números binarios: en ceros y unos. No puedes estar un poco comprometido. O lo estás o no lo estás.

Entrenables. La capacidad de entrenamiento es uno de los principales indicadores de éxito en cualquier cosa. Dame a alguien con una ética laboral sólida, un intelecto razonable, una actitud positiva y capacidad de entrenamiento, y haremos grandes cosas juntos. A los campeones les encanta ser entrenados porque están hambrientos de mejorar cada día y saben que en última instancia la victoria se reduce a segundos y pulgadas. Cuando entrevistas a alguien, investigas su historia y exploras los mejores entrenadores, mentores, maestros y líderes con los que han trabajado a lo largo de su vida. Pero luego tienes que pedirle al candidato que te hable de los peores entrenadores, mentores, maestros y líderes que ha tenido en su vida. Esta es la verdadera pregunta. Todos piensan que son «entrenables»; pero todos nos resistimos a entrenar en ciertas ocasiones. El deseo de aprender y mejorar es un signo de hambre de excelencia. Un deseo rígido de hacer las cosas a nuestra manera (o de la manera en que siempre se han hecho) es un signo seguro de mediocridad. Una cultura del entrenamiento es una cultura dinámica.

Conscientes. ¿Eres consciente de cómo lo que dices y haces afecta a la gente que te rodea? ¿Te das cuenta cuando una persona no es del todo ella misma? Tengo dos grandes asistentes. Son proactivos; la mayoría de las veces ni siquiera necesito pedirles cosas, porque ya son conscientes de mis necesidades. ¿Eres consciente de las necesidades de tus hijos, las necesidades de tu líder, las necesidades de tu amante? ¿Tienes curiosidad por la gente y sus historias? Por otro lado, la gente que carece completamente de sentido de la conciencia nos frustra enormemente. Escuchamos mucho hablar de la inteligencia emocional (IE), pero le pedimos a la mayoría de la gente que nos den un ejemplo de ello y no pueden. La conciencia es un ejemplo cotidiano, vivo y respiratorio de la Inteligencia Emocional. ¿Eres consciente cuando la gente te escucha y no te escucha? ¿Involucras a la gente con preguntas para asegurarte de que comprendan lo que dices? Practicas la escucha activa, repitiendo a la gente, «Entonces, lo que oigo que me dices es...» ¿para asegurarte de que comprendes lo que tratan de decirte? La conciencia es una de las formas más elevadas de la inteligencia emocional.

Saber quién y qué busca en un candidato (y cada miembro de tu equipo) es esencial para una contratación exitosa.

Otro aspecto a considerar es la mentalidad y la disposición. Vivimos en un mundo de cambios rápidos, tanto así que muchas organizaciones y empleados están constantemente en modo de recuperación. Nunca nos ponemos al día. ¿Cuándo fue la última vez que te sentaste en tu escritorio con un profundo sentido de satisfacción y pensaste: «¡Estoy al día!». No va a suceder. Vivimos también en una cultura donde la gratificación instantánea no es lo suficientemente rápida. Así que si estás buscando a alguien para desempeñar un papel que requiere paciencia, es importante tener en cuenta el grupo cultural en el que estás «pescando» y asegurarte de encontrar un candidato que tenga un historial de paciencia. Será el tipo que cuidó a su abuelo moribundo durante cinco años. Tienes que ir más allá de la superficie y descubrir los eventos que formaron a una persona y a su vida para conocer realmente a un candidato.

Los cambios rápidos han traído consigo una transición constante. Nuestras vidas y negocios están perpetuamente en una transición de algún tipo, y diferentes personas responden al cambio de diferentes maneras. Tienes innovadores que aman el cambio porque así lo soñaron. Tienes adoptadores tempranos que se sienten cómodos con la incertidumbre, por lo que están entusiasmados por ver hacia dónde va este tren y se suben a bordo rápidamente. Luego está el medio multitudinario, la gente que mantiene la cabeza agachada, hace su trabajo y deja que el liderazgo decida hacia dónde debe ir el tren. Algunas personas siempre llegan tarde; son los adoptadores tardíos, que comprenden que el tren se irá con o sin ellos, así que suben. Finalmente, tienes un grupo muy peligroso: los resistentes y los saboteadores. Los resistentes no están de acuerdo con el nuevo plan; los saboteadores están hartos y son cínicos, y no importa cuál sea el plan, tratarán de sabotearlo. Es importante tener siempre presente que hay diferentes tipos de personas, y buscar continuamente nuevas formas de explorar sus diferencias.

Esto se relaciona con otro punto importante: una vez que sabes a quién estás buscando, es hora de ir a buscarlo. Permíteme comenzar diciendo que el lugar donde se pesca es importante. Es poco probable que encuentres un salmón Chinook en el río Ohio. Podrías pescar en ese río durante diez años y nunca atrapar uno. Pero supongamos que necesitas encontrar un adoptador temprano para ocupar un rol. Podrías incluirlo cuando publiques el papel, y probablemente deberías hacerlo. O podrías buscar un lugar donde sepas que se reúnen los adoptadores tempranos. ¿Dónde puedes encontrar un montón de adoptadores tempranos en el mismo lugar, a la misma hora, y el mismo día? Hacen fila afuera de las tiendas Apple alrededor del mundo cada vez que el gigante de la tecnología lanza un nuevo producto. Anda, recorre y habla con la gente para saber lo que hacen, y pregúntales a los que parecen ser candidatos potenciales si están interesados en explorar una nueva oportunidad.

La gente no quiere trabajos; quieren carreras. Quieren oportunidades para utilizar y desarrollar sus talentos. Quieren una oportunidad de hacer algo que les apasione.

¿Estás buscando en los lugares adecuados? Es hora de encontrar nuevos estanques para pescar.

La mayoría de las personas que solicitan empleo no tienen uno, y es importante averiguar por qué no lo tienen. El futuro de la contratación pertenece a las personas que están dispuestas a ser creativas en la búsqueda de grandes talentos, y eso significa salir y encontrarlos. Los Defensores de la Cultura siempre están buscando talento en lugares inesperados. La gente que realmente quiere contratar ya tiene papeles y no está buscando otra oportunidad.

Encontrar a las personas adecuadas para llevar a tu organización a un futuro exquisitamente imaginado gira en torno a la atracción, y no a la promoción. Es hora de pensar en la atracción de talento en formas nuevas y creativas. Una cultura dinámica atrae el talento. Los Defensores de la Cultura atraen el talento. Y un proceso de contratación bien pensado y disciplinado te pondrá a la cabeza de la competencia. Así que, mientras esta sección se acerca a su fin, saca unos minutos para reflexionar sobre estas preguntas:

- ¿Tienes una estrategia para contratar a personas extraordinarias?
- ¿Qué tan bueno es tu proceso de contratación?
- ¿Cuándo fue la última vez que pensaste en la contratación como una ventaja competitiva?
- ¿Contratas a las primeras personas que llegan o contratas a la mejor persona para cada función?
- ¿La gente que contrataste este año es mejor que la que contrataste el año pasado?
- ¿Cómo perciben tu organización las personas más talentosas de tu industria?
- ¿Tienes una estrategia para encontrar personas extraordinarias para tu organización? Si no, ¿estás listo para hacer algo al respecto?

¿Qué Tan Bueno Es Tu Proceso De Contratación?

La clave para contratar empleados es simple, ¿verdad? Contratar personas extraordinarias. La clave para un gran proceso de contratación también es simple: contratar a las personas adecuadas. Pero simple no es lo mismo que fácil.

Pautas como «Contratar personas maravillosas» y «Contratar a las personas adecuadas» suenan insultantemente directas y lógicas, e incluso simples. Y sin embargo, la ansiedad y la angustia que rodean este aspecto de los negocios son casi imposibles de sobreestimar. Son los problemas de la gente los que mantienen a los líderes despiertos por la noche, los que arruinan las cenas familiares. Demasiadas cenas familiares son arruinadas por alguien que se queja de un colega o un jefe.

Los problemas de la gente dominan la conversación en el comedor, en la sala de fotocopias, en la sala de descanso, en las reuniones de liderazgo y en los pasillos de la mayoría de los negocios. Los problemas de la gente son una de las principales causas de los chismes, que es una de las manifestaciones más significativas de cáncer en la cultura. Es trágico y cierto, pero lo que lo hace tan difícil de digerir es que los problemas de estas personas podrían haberse evitado por completo en el 99 por ciento de los casos si hubiera existido un proceso de contratación dinámico.

La mayoría de las organizaciones son malas para contratar porque carecen de disciplina y no tienen un Proceso de Contratación riguroso. ¿Qué tan malos son? Peor de lo que creen, y mucho peor de lo que la mayoría admitiría si realmente lo supiera. Este es quizá el mayor problema no diagnosticado en la mayoría de las organizaciones.

Ahora, es importante entender en medio de lo que estamos discutiendo aquí que los errores de contratación son muy costosos: pueden ser el mayor rubro que no aparece en tu estado de pérdidas y ganancias. No solo son costosos financieramente, sino que también lo son para la cultura, y esa es la verdadera moneda cuando se trata de atraer, nutrir y retener el talento. El punto que estoy tratando de hacer es que los errores de contratación son realmente costosos. Pueden ser el mayor rubro que no aparece en el estado de pérdidas y ganancias.

¿Qué porcentaje de organizaciones se equivocan en la contratación?

- En el 66 por ciento de los casos, los gerentes saben en 30 días que han cometido un error de contratación. La mayoría no hace nada al respecto. Saben que han contratado a la persona equivocada, pero no se molestan en pasar de nuevo por todo el proceso.

- La primera persona que sabe que cometió un error de contratación es generalmente el empleado.

- Es probable que más del 40 por ciento de tus empleados estén buscando un rol en otra organización en este momento.

- El 22 por ciento de los nuevos contratados dejan sus puestos luego de 45 días de haber sido contratados, y el 40 por ciento los dejan al cabo de 6 meses.

- De los 2000 gerentes que fueron entrevistados, el 33 por ciento indicó que saben dentro de los primeros 90 segundos si contratarán o no a un candidato.

- Los empleadores se enfrentan a la más grave escasez de talento que jamás haya existido, y los prospectos más talentosos están mucho más interesados en la cultura que en tu paquete de beneficios. El 72 por ciento de los directores ejecutivos están preocupados por la disponibilidad de trabajadores con habilidades clave para cubrir puestos clave.

- Las organizaciones estadounidenses gastan 72 mil millones de dólares al año en reclutamiento y contratación.

- Solo el 9 por ciento de los altos directivos creen que la rotación de personal es un problema serio.

- El costo promedio para reemplazar a un empleado que gana 10 dólares por hora es de 5.500 dólares.

- Menos del 1 por ciento de las organizaciones han desarrollado o están fortaleciendo su proceso de contratación como un objetivo clave en su actual Plan Estratégico.

Seamos muy claros desde el principio. Si el proceso de contratación e incorporación es el adecuado, las posibilidades de crear una Cultura Dinámica aumentan exponencialmente.

Entonces, ¿qué tan bueno es tu Proceso de Contratación? Dale una puntuación entre 1 y 10. Ahora reduce esa puntuación a la mitad y probablemente estés más cerca de la verdad. Si eres un líder y no estás realmente seguro de cuál es tu proceso de contratación, entonces obviamente no sabes qué tan bueno o malo es, así que solo estás adivinando, pero lo más importante es que no estás prestando atención a uno de los aspectos más importantes de liderar tu organización.

Si quieres construir una Cultura Dinámica, el único lugar para empezar es con la contratación. La mayoría de las organizaciones son malas para contratar gente, pero nada es más importante que esto. Hazlo bien y muchos otros aspectos de la construcción de la cultura caerán en su lugar. Nada impactará más la cultura y el éxito de una organización que el Proceso de Contratación adoptado. Las organizaciones suben o caen en su capacidad de atraer, crecer, nutrir y retener el talento. Haz bien todo lo referente a la contratación y cambiarás la cultura.

El Cuarto Principio:
CONTRATAR CON UNA DISCIPLINA RIGUROSA

He dejado en claro mi convicción de que la misión debe ser el rey de cualquier organización. Pero si la misión no fuera el rey, el proceso de contratación lo sería. Es así de importante.

¿Cuál es el papel de un Defensor de la Cultura en el proceso de contratación? Los Defensores de la Cultura son imanes de talento. Siempre están buscando talento en lugares inesperados. Te contaré un pequeño secreto: el mejor talento no está en los lugares donde uno esperaría encontrarlo. Una de mis asistentes ni siquiera solicitó ese papel; estaba solicitando un papel de niñera en línea. Vi su currículum, la entrevisté, le dije que no iba a conseguir el papel de niñera y le ofrecí una carrera. Ella es increíble. Yo contrataría al tipo que se encarga de revisar mi auto para que le den servicio. Tiene gran habilidad con la gente, es bueno en el manejo de conflictos, tiene una gran habilidad para comunicarse, y en un mundo en el que es casi imposible encontrar un gran servicio, él ofrece uno de clase mundial todo el tiempo. Los Defensores de la Cultura siempre están buscando talento. Sí, es bueno que la gente nos envíe currículos y solicite puestos, pero hay algo en su situación actual que los obliga a hacer eso, y la mitad de las veces ese «algo» son ellos.

Empieza a buscar talento en lugares inesperados. Si necesitas que la gente que se despierta por la mañana buscando el cambio porque no le temen, puedes poner un anuncio en línea, o como lo discutimos, puedes hablar con la gente en la fila afuera de la tienda de Apple la próxima vez que lance un nuevo producto. Descubre formas nuevas e innovadoras de encontrar talento y descubrirás talentos nuevos e innovadores. Pero una vez que los encuentres, debes conducirlos a través de un proceso de contratación que asegure que se adapten bien a la misión, la cultura, la organización, y al papel.

Recuerda el título de esta sección: «¿Qué tan bueno es tu proceso de contratación?». ¿Lo sabes? La verdad incómoda es que la mayoría de las organizaciones no lo saben, o lo saben, pero es lamentable.

Un Defensor de la Cultura está hambriento de ser excelente en la contratación, sin importar su papel, rango o nivel dentro de la organización. Un Defensor de la Cultura entiende que (aunque la frase se ha usado demasiado) esto es un verdadero cambio de juego.

Empieza a tomar en serio tu proceso de contratación. Una vez despedí a un líder por no hacer esto, por faltarle el respeto al proceso de contratación. Eso es muy importante. Importa mucho más de lo que podrías haber imaginado cuando recogiste este libro.

El Proceso De Contratación Por Excelencia

El proceso de contratación por excelencia es aquel que se personaliza para tu organización. Pero aún no lo necesitas. Por ahora, lo que necesitas es un plan sólido que sea lo suficientemente simple como para no poner toda tu organización patas arriba y asustar a todos. Lo primero es lo primero: es hora de volver a lo básico.

Siempre me gusta empezar con un propósito. No importa si se trata de un proyecto de consultoría, una nueva línea de productos, una campaña de marketing o, como en este caso, un proceso interno: empezar con un propósito establece claridad desde el principio.

El propósito de tu proceso de contratación es establecer un sistema estandarizado que aumente la posibilidad de contratar a los mejores empleados disponibles para tu organización.

La estandarización es obviamente fundamental para el proceso. Cada candidato debería tener una experiencia muy similar cuando tu organización lo entreviste. A medida que el tiempo pase y refinas tu proceso de contratación, los empleados actuales dirán en broma: «Me alegro de que este proceso no estuviera presente cuando me estaban entrevistando; de lo contrario, probablemente no estaría trabajando aquí». Solo están bromeando a medias. Y a medida que el proceso mejore, la calidad de los candidatos que atraiga mejorará.

Uno de los beneficios sorprendentes de un buen proceso de contratación es la manera en que construye la confianza en todos los involucrados. Cuando los líderes vienen y me dicen: «Me gustaría contratar a esta persona para este papel», mi pregunta favorita es: «¿Puede hacer el papel?». Si el proceso de contratación es sólido, el líder puede decir que sí con confianza. No necesitan decir nada más. Si el proceso de contratación es débil, el líder hará esta pregunta, balbuceará un poco, y finalmente dirá algo como: «Creo que sí». Mi pregunta de seguimiento es siempre: «¿Confías en que esta persona pueda hacer el papel, o esperas que pueda hacerlo?».

Es realmente una sensación horrible estar inseguro. Es un mal sentimiento contratar a alguien y hacer que se mude con su familia, que sus hijos cambien de escuela, que encuentren nuevos médicos y dentistas, y todo lo demás que impone un nuevo rol a una familia si no estás realmente seguro de que la persona pueda tener éxito en el rol. En realidad hay algo imprudente e irresponsable en eso. Pero sucede todo el tiempo.

No basta con esperar que una persona pueda desempeñar un papel. Tienes que estar seguro de que puede hacerlo. Le debes eso a tu organización y al candidato. Sabes mejor que esta persona si puede tener éxito en el papel. Si no lo haces, entonces tu proceso de contratación necesita un trabajo serio. Un gran proceso de contratación te permite desarrollar la confianza de que has encontrado a la persona adecuada para el puesto correcto, y esa confianza no tiene precio.

El proceso de contratación definitivo sirve a tu organización al encontrar personas que pueden sobresalir en el papel para el que fueron contratadas y que tienen el potencial de agregar aún más valor en el futuro. Esta es solo una de las formas en que el Proceso de Contratación definitivo juega un papel significativo en ayudar a construir una Cultura Dinámica.

El Proceso De Contratación: Pasos Cruciales

Lo peor que puedes hacer en lo que se refiere al proceso de contratación es no tener uno. Incluso uno malo es mejor que ninguno. Es una de las pocas veces en la vida en que eso es cierto. Si tienes un proceso de contratación, hay algunas preguntas que pueden resultar esclarecedoras: ¿todo el mundo sigue el proceso de contratación? ¿Algunos reyes y reinas de la organización lo eluden, frustrando a los responsables de asegurar que el proceso sea utilizado con éxito?

Echemos un vistazo a los pasos cruciales que aumentan las posibilidades de encontrar, contratar y mantener a miembros de equipo fabulosos. Pero primero veamos el típico proceso de contratación examinando el tipo de cosas que se encuentran en línea.

Un proceso de contratación

1. Publica el papel o cargo
2. Revisa las solicitudes
3. Selecciona los candidatos para la entrevista
4. Prueba con una lista corta de candidatos
5. Selecciona el mejor candidato para el papel...
6. Comprueba las referencias
7. Prepara la carta de oferta

Ahora consideremos algunas preguntas que surgen cada vez que elaboras un proceso de contratación.

- ¿Quién decide publicar el papel o cargo?
- ¿Cómo sabes que necesitas contratar a alguien?
- ¿Es un nuevo rol en respuesta a una nueva oportunidad o crecimiento?

- ¿O estás reemplazando un cargo porque alguien ha dejado la organización (voluntaria o involuntariamente)?
- Si estás cubriendo un puesto, ¿qué aprendiste en la entrevista de salida que te sirva de base para contratar a alguien para ese puesto?

Notarás que aún no hemos llegado al primer punto de la muestra del Proceso de Contratación, y me estoy conteniendo. Un número de pasos significativos se perdieron antes de ese primer ítem, y no solo es importante hacer estos pasos, sino quién los hace o es consultado por ellos. Todo esto debe contestarse antes de que el papel sea publicado.

- ¿Quién revisa las solicitudes?
- ¿Qué criterios se utilizan para revisar los currículos y las solicitudes?
- ¿Quién establece los criterios?
- ¿Esa persona tiene un conocimiento práctico del papel y del trabajo que este nuevo empleado hará cada día?
- ¿Se priorizan los criterios de contratación? ¿Son algunos esenciales y otros simplemente agradables de tener? ¿Quién conoce la diferencia?

Si no seleccionamos a las personas adecuadas para ser entrevistadas, el proceso fracasará antes de la primera entrevista. Supongamos que las personas adecuadas son seleccionadas —y esa es una suposición enorme—, pero surge sin embargo otra serie completa de problemas.

- ¿Quién hará la entrevista?
- ¿Cuántas personas entrevistarán a cada candidato?

- Si es más de uno (y definitivamente debería serlo), ¿entrevistará la misma gente a cada candidato para ese puesto, o diferentes personas entrevistarán a diferentes candidatos?
- ¿Qué preguntas se harán durante la entrevista?
- ¿Cada entrevistador hará las mismas preguntas, haciendo que todos parezcan no tener ni idea de lo que hacen como organización?
- ¿Cada entrevistador sabrá qué preguntas se le han hecho al candidato?
- ¿Quién tiene la autoridad para acortar el proceso y descartar a un candidato a fin de evitar que se pierda el tiempo de otras personas si resulta evidente que un candidato no encaja bien?

Las organizaciones dinámicas realmente piensan en esto. Es importante para tu éxito como organización, y tiene un impacto profundo en la creación de una Cultura Dinámica para que a la gente le encante ir a trabajar y lograr grandes cosas juntos.

Veamos ahora el esquema de un proceso de contratación riguroso. Ten en cuenta que este esquema es para un documento de ochenta y cinco páginas de Proceso de Contratación personalizado, desarrollado y refinado durante un período de cuatro años para una organización.

Un proceso de contratación dinámico

1. Aprobación recibida para un puesto nuevo o de relleno
2. RH lleva a cabo una evaluación de necesidades con el líder de contratación
3. La descripción del papel* y la tarjeta de puntuación están terminadas

4. El papel se publica
5. Comienza la búsqueda de candidatos
6. El líder de contratación examina las solicitudes
7. HR lleva a cabo las llamadas telefónicas
8. El líder de contratación lleva a cabo las llamadas telefónicas
   a. el candidato completa la evaluación de Myers-Briggs antes de la entrevista con el líder de contratación
9. Entrevistas in situ
   a. La entrevista sobre la carrera
   b. La entrevista sobre la inmersión profunda
   c. La entrevista sobre la cultura
10. Se lleva a cabo una sesión informativa sobre los candidatos
11. Se comprueban las referencias
12. Se hace una oferta condicional por el papel (condicionada a la aprobación de la verificación de antecedentes)

* Ya no los llamo descripciones de trabajo. Dos razones: la gente quiere más que un trabajo; y las organizaciones no quieren que sus empleados asuman su trabajo como simplemente un trabajo. Te invitaría a llamarlos Descripciones de los roles, y erradicar la palabra trabajo de tu vocabulario y del de tu organización.

Ahora, resiste la tentación de sentirte abrumado. Si tienes una empresa pequeña, ni siquiera pienses en un proceso de contratación tan complejo; sigue con lo básico. Cualquiera que sea el tamaño de la organización en la que trabajes, puede que ni siquiera sepas cuáles son algunas de estas cosas. Y eso está bien. Pero no pierdas de vista el punto principal: necesitas un Proceso de Contratación, y necesitas asegurarte de que se siga con rigor y disciplina.

También hay algunos errores comunes que debes evitar. Siempre existirá la tentación de saltarse los pasos... ¡no lo hagas! Podrías pensar: «Llamar a las referencias es solo una parte de todo este proceso», o «Este candidato no necesita la Entrevista sobre la cultura; puedo ver que es un gran componente para nuestra cultura». La gente comete este error todo el tiempo. Nos decimos a nosotros mismos que es solo una pequeña pieza, pero te sorprendería la frecuencia con que una llamada de referencia puede iluminar las cosas que te dijeron en las entrevistas, pero que realmente no escuchaste, o viste pero no muy bien. Quizá llamas a la referencia y descubres que la persona nombrada era el colega del candidato, pero no el líder del candidato. Busca a ese líder. La excepción sería si tu candidato no quiere que su actual empleador sepa que él busca un nuevo puesto en otra empresa.

Tienes que recordar que la gente está mejor entrenada y preparada para las entrevistas que nunca antes. Lamento señalar de nuevo lo trágicamente obvio, pero en muchos casos los empleados potenciales están mejor preparados para las entrevistas de lo que las organizaciones lo están para contratar.

Si no vas a dar todos los pasos, podrías arruinar todo el proceso, porque será el paso que te pierdas el mismo que se te devuelva. No confíes en ti cuando se trate de contratar. Será tu perdición. La mejor actitud es creer que eres malo para contratar. Esta clase de humildad te posicionará para respetar el proceso apropiadamente.

Tu proceso de contratación no tiene que ser complicado, pero necesita lo básico: ser respetado y seguido cada vez, para cada posición abierta, por cada persona de la organización.

El futuro de tu organización está en peligro sin un proceso de contratación.

El Proceso De Entrevista

¿Cómo te sentirías al casarte con alguien después de la primera cita? Respeto la decisión de quienes lo hagan si están tan inclinados a hacerlo, pero parece una decisión de alto riesgo.

Ahora, probablemente te preguntes por qué estoy hablando de estas cosas. La razón es para proporcionar un contexto, porque las organizaciones hacen esto todo el tiempo. Tu jefe recibe una llamada de un amigo que le habla del hijo de un amigo que está buscando trabajo y que encajaría perfectamente en tu organización. Su jefe elude completamente el proceso de contratación y decide unilateralmente contratar a esta persona. Los matrimonios de primera cita en el mundo corporativo casi nunca funcionan. Se invita a un candidato a una entrevista, la cual es superficial en el mejor de los casos, luego le das un panecillo, dona o galleta en mal estado, y de repente se escucha: «¿Cuándo puedes empezar?».

Estos escenarios parecen ridículos al ser descritos con claridad por escrito, hasta que comprendemos: «Vaya, estas cosas realmente suceden». Y ocurren con demasiada frecuencia. Pero eso no las hace menos ridículas.

Regla N. 1: cuando se trata de entrevistar a los candidatos: no te apresures. Fallarás. Cometerás errores. Te costarán. Programa las entrevistas cuando sepas que estarás en tu mejor momento, cuando no te distraigas o tengas prisa. Entrevistar a los candidatos es difícil. Contratar gente es increíblemente difícil. Date la mejor oportunidad posible de tener éxito.

Regla N. 2: No tengas miedo de salir de la caja. Actualmente la gente es muy buena para las entrevistas. Son buenos para dar lo mejor de sí mismos. Esto es natural y normal, pero la verdad es que estás tratando de conocer a las personas a un nivel más profundo en un período de tiempo limitado. Quieres saber tanto lo bueno, lo malo, lo feo y lo disfuncional como sea posible. Para lograr esto, necesitas salir de la caja y hacer algo inesperado. Sacarlos un poco de su juego. No se trata de ser malo o de jugar, sino de que puedas abordar lo real lo más rápido posible.

Mi manera favorita de entrevistar a la gente es que los candidatos se entrevisten entre ellos. Reduce los candidatos a seis u ocho, e invítalos a visitar la sede principal de tu organización u otro lugar el mismo día y a la misma hora. Reúnelos en una sala de conferencias, dales una hora para conocerse como grupo; luego dales quince minutos con cada uno de los otros candidatos para que se entrevisten mutuamente con esta pregunta e instrucción como contexto: si estuviéramos contratando a dos personas para este tipo de papel y tú fueras la primera persona que contratáramos, ¿quién de los presentes debería ser la otra persona que contratamos y por qué? Si no deberíamos contratar a un candidato en particular, escribe las razones del porqué.

Es increíble lo que aprenderás. Son asombrosas las cosas que se dirán el uno al otro y que no te contarán. Cuando te sientes con los candidatos, sabrás muchas cosas sobre cada uno de ellos, y tendrás cantidades de inspiración para hacerles preguntas únicas que van más allá de las establecidas en tu proceso de contratación. Y sí, tu proceso de contratación debe incluir preguntas específicas, y a cada candidato se le deben hacer estas mismas preguntas. Puedes hacer otras, pero las preguntas centrales no cambian. También podrías tener algunas preguntas personales favoritas. Una de las mías es: ¿qué estás leyendo en este momento? Encuentro que lo que la gente lee te da una visión única de sus pasiones e intereses, y las personas que están comprometidas con el mejoramiento continuo tienden a ser lectoras. La persona que dice en broma: «No he leído un libro desde la secundaria», te está diciendo algo.

Cada proceso de contratación debería tener preguntas para cada entrevista. Es importante hacerles estas mismas preguntas a todos los candidatos. Al final de cada entrevista, me gusta dar a los candidatos una puntuación global entre 1 y 10 como un punto de referencia fácil más adelante. Echemos un vistazo a una entrevista profesional estándar del proceso de contratación descrito anteriormente.

La entrevista profesional

Fecha:

Posición:

Nombre del candidato:

Entrevistador (primario):

Entrevistador (secundario):

Nota: Antes de la entrevista, revise el currículum del candidato, la descripción del papel, y la tarjeta de puntuación para el papel o rol.

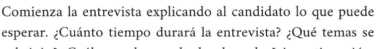

Comienza la entrevista explicando al candidato lo que puede esperar. ¿Cuánto tiempo durará la entrevista? ¿Qué temas se cubrirán? ¿Cuáles son los resultados deseados? A continuación, dale al candidato la oportunidad de hacer cualquier pregunta sobre lo que acabas de compartir.

Nota: Este no es el momento para preguntas generales que pueda tener el candidato, solo para hacer cualquier pregunta que pueda tener sobre el proceso de la entrevista.

Esto podría sonar algo así como:

«Gracias por venir hoy, Melissa. Estamos emocionados de explorar la posibilidad de que vengas a trabajar con nosotros aquí en XYZ Corp. Durante esta entrevista, que llamamos la entrevista profesional, pasaremos sesenta o noventa minutos haciéndote una serie de preguntas específicas sobre tu historial de empleo. Trabajaremos con tu currículum hacia atrás en orden cronológico. Tal vez podríamos empezar discutiendo tu papel como [nombre del papel, rol o cargo] en [nombre de la organización]»

Evita la tentación de alterar el orden cronológico hacia atrás; y si el candidato trata de hacer eso, condúcelo de nuevo para seguir el orden adecuado.

Preguntas de la entrevista:

1.¿Para qué fuiste contratado?

Preguntas presionantes:

a. ¿Qué habilidades necesitaste para tener éxito en este papel?

b. ¿Cómo describirías tus responsabilidades?

c. ¿Cómo sabías que estabas haciendo un buen trabajo?

d. ¿Qué medidas se utilizaron para determinar el éxito con que estabas desempeñando ese rol?

2. ¿De qué logros te sentiste más orgullosa en este papel?

3. Cuéntanos algunos de tus retos y fracasos en ese papel.

Preguntas presionantes:

a. ¿Cuál fue la peor cosa o situación que experimentaste?

b. Descríbenos algunos de los mayores errores que cometiste en ese papel.

c. ¿Qué harías diferente si empezaras hoy con ese papel?

d. ¿Qué es lo que no te gustaba hacer? ¿Cuáles eran las partes menos agradables del trabajo?

e. ¿Puedes nombrar dos personas cuyas carreras hayas mejorado? ¿De qué manera?

4. Hablemos de algunas personas con las que trabajaste mientras estabas en ese papel.

a. ¿Cuál era el nombre de tu líder?

b. ¿Cómo se lo describirías a un miembro de tu familia?

c. ¿Cuál dirá tu líder que es tu mayor fortaleza cuando hablemos con él/ella?

d. ¿De qué manera dirá que tienes espacio para mejorar? ¿Estás de acuerdo con él/ella?

e. ¿En qué campo o aspecto dirán los miembros de tu equipo que eras excelente?

f. ¿Cómo dirán que tienes oportunidades para crecer?

5. ¿Por qué dejaste [la organización] y ese papel? O: ¿Por qué estás buscando dejar [organización] y tu papel como [nombre del papel]?

Preguntas presionantes:

a. ¿Cómo podría tu carrera profesional acoplarse a nuestra organización?

b. Cuando la mayoría de las personas dejan una organización, normalmente están huyendo de algo y hacia otra cosa. En tu propia situación, ¿de qué crees que estás huyendo y hacia qué crees que estás corriendo?

6. ¿Tu líder sabe que te vas a ir? Si es así, ¿cómo le dijiste que te ibas y cuál fue su reacción? Si no lo has hecho, ¿cómo crees que reaccionará?

7. ¿Cómo te sentiste (o te sentirías) una vez que todos tus colegas supieran que te ibas?

Pregunta presionante:

a. ¿Cómo sentiste la última vez que saliste de la [organización]?

b. ¿Qué es lo que temes dejar en tu papel actual?

8. Cuéntanos sobre el momento de tu vida en el que trabajaste las horas más duras y largas para lograr algo.

Nota: Esta entrevista obviamente tendría que ser adaptada si estás contratando a un recién graduado o a alguien para su primer rol profesional.

Preguntas después de la entrevista de grupo:
Estas preguntas se utilizan para orientar una conversación entre todos aquellos que entrevistaron o interactuaron con un candidato durante su visita a tu organización.

1. ¿Estarías emocionado de trabajar con esta persona todos los días? Si es así, ¿por qué?

2. En una escala del 1 al 10, ¿cuánta confianza tienes en que el candidato pueda desempeñar el papel?

3. ¿Qué tiene el historial del candidato que te hace creer que podría cumplir con todos los resultados de la tarjeta de puntuación?

4. ¿Cómo crees que esta persona respondería a la retroalimentación?

5. ¿Podrías tener una conversación directa, dura y sin rodeos con este candidato sobre su rendimiento? ¿Cómo respondería esta persona a la capacidad radical que está en el corazón del éxito de nuestra organización?

6. Qué es lo que más te atrae del candidato para este papel: ¿el papel en sí mismo, la misión o los beneficios?

7. Si tuvieras que hacer una recomendación ahora mismo sobre la contratación de este candidato, y tus únicas

opciones fueran definitivamente sí y definitivamente no, ¿cuál sería?

Desarrolla Tu Propio Libro De Contratación

Los grandes entrenadores cuidan sus libros de jugadas a capa y espada. Son un tesoro, porque pueden suponer la diferencia entre ganar y perder.

Siempre que hay una recesión económica, animo a la gente a tomar notas sobre las cosas que observan y las lecciones que aprenden, y les recuerdo que incluso en una recesión, más del 10 por ciento de los negocios tienen su mejor año.

La economía se mueve en ciclos, y la mayoría de las personas no tienen un libro de jugadas para una recesión económica, aunque hayan experimentado varias. Sin embargo, si tu organización decide involucrarte en el proceso de contratación, consigue un cuaderno y toma notas. No necesitas tomar enormes cantidades de notas sobre cada candidato; más bien, el propósito de tu libro de contratación personal es mantener un registro de los temas y lecciones universales que observas. Te sugiero que tengas también una sección de banderas rojas.

¿Qué banderas rojas buscas cuando entrevistas a la gente? Me encanta hacerles esta pregunta a los líderes y profesionales de RH. No tienes que recibir muchos golpes duros para obtener sabiduría. No necesitas aprender cada lección de la manera difícil. La experiencia no es la única maestra. La gente más sabia aprende de los errores ajenos (y por esa misma razón suelen sentir amor por la historia).

Hay señales de alerta que son obvias, como cuando alguien que está considerando un papel para mantener relaciones con los donantes más importantes de una organización sin fines de lucro no tiene mucha destreza en términos sociales. Pero hay muchas banderas rojas que son mucho más sutiles, como la de no dar ejemplos específicos del trabajo que se realizó en un rol anterior.

Los siguientes son algunos ejemplos adicionales de banderas rojas para tener en cuenta mientras entrevistas a los candidatos y trabajas en tu proceso de contratación. (No todas las banderas rojas son un problema para cada rol. Si, por ejemplo, tienes un contador con pocas destrezas sociales que va a auditar las finanzas en una oficina apartada de tu sede y es excepcional en su papel, entonces la bandera roja de la falta de destreza social no es necesariamente un motivo para no contratarlo).

- Los candidatos que no saben nada sobre tu organización, y ni siquiera se han molestado en visitar tu sitio web para conocerlo.
- Los candidatos que eluden, esquivan o parecen incapaces de responder a las preguntas difíciles.
- Los candidatos incapaces de decir nada negativo sobre sí mismos, o que intentan hacer que sus aspectos negativos parezcan positivos.
- Lagunas inexplicables en el currículum o en la historia laboral de un candidato.
- La falta de permanencia en cualquier función; por ejemplo, un candidato que ha tenido siete funciones en diez años.
- Los candidatos que no respetan a ninguno de sus antiguos líderes, y que han dejado uno o más papeles por un desacuerdo con su líder.
- Los candidatos que exageran el grado de toxicidad de la cultura de su última organización y no pueden decir qué

esfuerzos hicieron para mejorarla.

- Los candidatos que parecen resistirse a ser responsabilizados por resultados específicos y que nunca antes han sido responsabilizados en este sentido.
- Los candidatos que actúan de forma poco profesional: no respetan la oportunidad, llegan tarde a la entrevista, chismorrean sobre antiguos líderes o colegas, se visten de manera inapropiada o muestran hábitos personales que son incongruentes con el comportamiento de un profesional.
- Los candidatos que solo preguntan por la compensación financiera, otros beneficios de los empleados y cómo la cultura servirá a su estilo de vida personal.
- Los candidatos que hagan demandas por adelantado antes de considerar siquiera el papel.
- Los candidatos que están dispuestos a aceptar un recorte salarial significativo. Normalmente terminan dando menos, sintiendo que les debes algo, y se vuelven resentidos.
- Cualquier candidato que te interrumpa. Está bien si lo hacen una vez, y puedes darles el beneficio de la duda, dependiendo de la razón de la interrupción. Más de una vez y será un problema, sobre todo porque es probable que sea un síntoma de un problema mucho mayor: no ser un buen oyente.
- Los candidatos que repiten como loros lo que leyeron en tu sitio web, o lo que alguien más compartió con ellos en la entrevista de selección.
- Los candidatos que no tienen preguntas.
- Los graduados universitarios que se creen especiales, se comportan de una manera a la que creen tener derecho, y están acostumbrados a que se les complazca.

- Candidatos egos céntricos. Estas personas tendrán dificultades para interactuar bien con los equipos.
- Candidatos que tratarán de impresionarte al darte información exclusiva que está claramente en violación de las prácticas comerciales estándar y de su contrato de empleo anterior. No se puede confiar en que estos candidatos mantengan la confidencialidad de tu información exclusiva.
- Si el candidato parece demasiado bueno para ser cierto, probablemente lo sea. Sigue investigando. Saca un tiempo extra o hazle otra entrevista, y llamadas de referencia adicionales para este tipo de candidatos. Es posible que hayas encontrado al candidato perfecto, y espero que así sea, pero también es posible que hayas encontrado un maestro del encanto, la manipulación y la creación de una narrativa que no se ajusta a la realidad.

Hay un arte en entrevistar a las personas que solicitan trabajar en tu organización, pero también hay una ciencia en ello. No ignores la ciencia: son los sistemas y procesos que te protegen para no cometer errores de contratación. Los errores de contratación son dolorosos para el individuo y la organización. Son costosos para una organización en muchos sentidos, incluyendo los financieros, las oportunidades perdidas y la moral de la organización o del equipo.

Si yo pudiera implementar una práctica de contratación, no dejaría que nadie tomara una decisión de contratación hasta que despidieran a alguien. Esto no es posible, pero lo haría si pudiera.

Lo que puedes hacer es hacer un despido imaginario. Dile a los contratados que se preparen para despedir a la persona que se sienta a tres escritorios de distancia. Dales una semana de preaviso para prepararse y diles que supongan que tiene dificultades para dormir como cuando vas a despedir a alguien. Es horrible tener que despedir a alguien. Este es el tipo de cosas que pesan mucho en los corazones de los líderes de buena voluntad. He tenido que hacerlo muchas veces a lo largo de mi carrera, debido a los errores de contratación que he cometido yo y otras personas. Siempre ha sido una experiencia desgarradora para mí. La primera vez que tuve que dejar ir a un empleado, yo tenía veinticuatro años... y él tenía más del doble de mi edad.

La gente que contrates tendrá un gran impacto en tu cultura. Si quieres construir una Cultura Dinámica, uno de los mejores lugares para empezar es con el reclutamiento, la contratación y la incorporación. Pocas cosas son más impactantes y más descuidadas al mismo tiempo que la contratación.

Los Defensores De La Cultura Son Fanáticos Del Talento

Hay algo inmensamente satisfactorio cuando encuentras a una persona realmente especial para tu organización, ya sea un conserje o un director de finanzas. Un conserje con una gran actitud puede tener un gran impacto en una cultura; también uno con una actitud horrible.

Una cosa que he notado sobre los Defensores de la Cultura es que también son fanáticos del talento. Dondequiera que vayan, siempre están buscando personas geniales para unirse a su organización. Si tienen una gran experiencia en el servicio en un concesionario de automóviles o en un restaurante, se preguntan: «¿Hay un lugar para esta persona en el trabajo?». La mayoría de las veces no lo hay en ese momento, pero registran a esa persona en su mente o toman una nota en su libro de tácticas para futuras referencias.

Es hora de que cada persona de tu organización se convierta en un fanático del talento. Estas pueden parecer tan solo palabras en una página, o una llamada enfática a la acción, pero es mucho más que eso. Hay mucho en juego, solo desde la perspectiva de nuestra experiencia diaria de trabajo, y es muy importante que seamos conscientes de lo mucho que esto importa y de todo lo que está en juego.

Las mejores decisiones de contratación conducen a organizaciones más exitosas y a Culturas más Dinámicas. Mientras mejor hagas el proceso de contratación, menos tiempo necesitarán los líderes para gestionar o microgestionar, y más tiempo pasarán capacitando a la gente para el siguiente nivel. Las grandes contrataciones son más autogestionadas y mejores en la autogestión que el empleado promedio. Esto libera a los líderes para que dediquen más tiempo a lo más importante: hacer crecer a su gente y su negocio. Los grandes líderes están hambrientos de tiempo para impulsar una mejora real (en lugar de una mejora cosmética) mediante la capacitación de su gente en lugar de simplemente establecer objetivos.

Las mejores decisiones de contratación conducen a menos dramas en el trabajo, y ¿no estamos todos hartos de los dramas en el trabajo?

Las mejores decisiones de contratación evitan que los mejores miembros de equipo tengan que rehacer el trabajo de los empleados de menor calidad, liberando a sus mejores empleados para que hagan un trabajo aún mejor. Dale a tu mejor gente un espacio en blanco en sus calendarios y prepárate para sorprenderte por lo que hacen con él.

Las mejores decisiones de contratación aumentan la compensación y los beneficios de los empleados en el futuro.

Hay Mucho En Juego

Hay mucho más en juego de lo que percibe la mayoría de la gente. Cada decisión de contratación llega a cada rincón de la organización e influye en cada aspecto de la cultura.

Pero seamos brutalmente honestos con los demás. Una vez al mes, el Departamento de Trabajo de Estados Unidos anuncia las cifras de desempleo. Estas cifras fluctúan cada mes y han variado radicalmente en épocas diferentes. Durante la Primera Guerra Mundial la tasa de desempleo fue del 1 por ciento, durante la Gran Depresión fue del 25 por ciento, y del 10,8 y del 10 por ciento durante las Recesiones de 1982 y 2009, respectivamente. Al momento de escribir este libro, la tasa de desempleo es del 4,1 por ciento. Sin embargo, estas cifras solo incluyen a los adultos que buscan trabajo activamente, y todos sabemos que hay muchos que no hacen esto.

La realidad es que más allá del 4,1 por ciento que están desempleados, hay probablemente al menos un 10 por ciento que no tienen empleo. No están desempleados ni son «empleables». No hablo de los discapacitados y otras exenciones legítimas de los cálculos del desempleo. Hablo de personas que simplemente no quieren trabajar porque prefieren vivir a expensas de su familia, amigos, y de la sociedad en general.

Hay otro factor, acechando justo debajo de la superficie de la sociedad mayoritaria, que todos sabemos que está ahí, pero del que casi nunca hablamos. A medida que la vida de las personas se vuelve más disfuncional, el número de personas que saldrán de la fuerza laboral aumentará dramáticamente.

El principal impulsor y quizá el mayor problema social de los próximos cincuenta años será la adicción. Es imposible calcular el costo de la adicción en los negocios y en la economía en general hoy en día, pero cualquiera que sea el número, lo cierto es que aumentará más allá de lo creíble en los próximos veinte años. Hemos eliminado y rechazado tanto aquello que mantenía unidos los cimientos de la sociedad que el número de vidas individuales, familias y comunidades que se están desmoronando y se desmoronarán bajo el peso destructivo de la adicción será asombroso. Este factor podría duplicar el número de personas que simplemente no tengan empleo en los próximos veinte años. Es decir, que no se puede confiar en que se presenten a trabajar a tiempo de forma regular y que ejecuten incluso las tareas más básicas.

Añadamos a eso el hecho de que las tasas de natalidad están alcanzando mínimos históricos, así como la gran tragedia tácita de nuestra cultura, y tenemos entonces los ingredientes para una tormenta perfecta. ¿Cuál es la gran tragedia tácita de nuestra cultura? A pesar de la retórica acerca de que nuestros niños son nuestro futuro, nuestro sistema educativo es un fracaso épico. Las escuelas secundarias y las universidades están produciendo graduados que saben más y más sobre cada vez menos cosas, y mientras tanto, estamos fallando completamente en brindarles las habilidades más básicas para la vida.

Consideremos solo un ejemplo: las finanzas personales. El número de jóvenes adultos que no entienden nada de finanzas personales es terrible. Todos los días usamos dinero. En lo referente a las habilidades para la vida, son muchísimas las personas que saben muy poco sobre cómo ganar, ahorrar, gastar y dar dinero. Y esto equivale al hecho de respirar. No sé cómo creemos que nuestros jóvenes aprenderán a respirar financieramente si no les enseñamos a hacerlo.

Todos estos factores nos están conduciendo a los problemas más significativos (y difíciles de resolver) que ha enfrentado el mundo corporativo. No se equivoquen, estamos a punto de ser testigos de la mayor escasez de talento en toda la historia. Esto llevará a una guerra sin precedentes por el talento. La frase no es nueva en el vocabulario corporativo, pero lo que hemos visto hasta ahora (incluso en la industria tecnológica) han sido meras escaramuzas comparadas con la guerra abierta que se avecina. Las corporaciones pueden comenzar sus propias escuelas secundarias y universidades para preparar adecuadamente una fuerza laboral, y también creo que la guerra corporativa o el terrorismo corporativo no debe ser descartado como una posibilidad en el futuro próximo.

Los riesgos en cuanto a la contratación son muy altos. Olvidar eso es dejar caer la pelota de la cultura en la primera jugada del partido. Hay mucho que aprender y mucho que saber sobre la contratación.

La Ley De Contratación Única E Inmutable

Esta es la única ley inmutable en lo que respecta a la contratación: si no es un sí definitivo, es un no definitivo.

No existe algo tan bueno cuando se trata de contratar. Te arrepentirás si quebrantas esta ley —en cada ocasión—, porque invita a la mediocridad en tu organización. La gente te presionará para que contrates a alguien que sabes que no encaja en el papel, en la cultura o en ambos. «Simplemente consígueme un cuerpo caliente». En realidad, oirás cosas así de estúpidas. No lo hagas.

Esta es la sección más corta del libro. La he hecho muy breve para que sea imposible que el mensaje sea pasado por alto.

Si no es un sí definitivo, es un no definitivo. Esta es la única ley inmutable en lo que se refiere a la contratación. Escríbela en la pared para que todos la vean. Úsala como un mantra cuando hables con todos y cada uno de los involucrados en el proceso de contratación. Permite que esta única idea te guíe cuando estés contratando; esto le ahorrará a mucha gente dentro y fuera de la organización una gran cantidad de dolor y sufrimiento. ¿Cómo crees que se siente un niño de diez años el día en que su madre o padre llega a casa y ha sido despedido? Estas son las cosas que debemos considerar antes de contratar imprudentemente, esperando que funcione.

Si no es un sí definitivo, es un no definitivo. Es una máxima muy acertada, no solo para la contratación, sino también para la vida.

Una Persona Paciente En Un Mundo Impaciente

Anteriormente hablamos acerca de cómo la vida de la persona promedio se está volviendo más disfuncional. Esta disfunción puede estar vinculada en gran medida al hecho de que la sociedad está haciendo todo lo posible para eliminar la paciencia y la disciplina de nuestras vidas. Mientras más deficientes e indisciplinados nos volvemos, menos capaces somos de alcanzar la excelencia en cualquier aspecto de la vida, y la contratación requiere la paciencia de Job y la disciplina de un atleta de élite.

Si quieres ser realmente bueno en la contratación, necesitarás paciencia para esperar al candidato adecuado, la voluntad de salir y encontrar al candidato indicado, y la disciplina para decir no a los candidatos que no encajan en el papel o la cultura.

No te apresures. Conviértete en la persona más paciente que conozcas. No actúes por desesperación. Contrata siempre desde una posición de fuerza, nunca desde un lugar de debilidad (incluso si estás desesperado y débil). Sé consciente de cómo te sentiste la última vez que tuviste que dejar ir a alguien.

En un período de diez años, el 80 por ciento de los administradores de dinero no alcanzan el índice S&P 500, porque como seres humanos, tenemos un sesgo con respecto a la acción. Tenemos un sesgo con respecto a hacer algo en contraposición a no hacer algo. A veces hay largos períodos en los que la mejor opción para un administrador de dinero es no hacer nada.

A veces lo más difícil de hacer es no hacer nada. La disciplina de no hacer nada, no actuar y no contratar cuando sabes que un candidato no puede cumplir con la Descripción del Rol ni con la Tarjeta de Puntuación no es fácil. Hay muy pocas organizaciones, reclutadores y líderes de contratación que tengan esa disciplina tan específica, pero que puede suponer la diferencia entre el éxito extraordinario y la mediocridad de segunda categoría. Dependiendo del tamaño, la edad, la tasa de crecimiento de contratación de tu organización, este factor podría suponer la diferencia entre construir una Cultura Dinámica donde a las personas les encante ir a trabajar para lograr grandes cosas juntos, y una cultura donde las personas son profundamente infelices.

Las personas que contratas, y la manera en que reclutas y contratas nuevos empleados envía un mensaje a todos en tu organización. Utiliza esto para tu ventaja. Contrata de una manera que envíe el mensaje: «Este lugar es diferente». Puedes contratar de una manera que diga: «Este es un lugar donde los perezosos pueden venir y esconderse, trabajar como minimalistas haciendo lo menos posible para salir adelante, y nunca ser llamado a la tarea». O puedes contratar de una manera que envíe el mensaje: «Esta es una Cultura Dinámica donde la gente está hambrienta de las mejores prácticas y de la mejora continua, un lugar donde nos esforzamos por ser los mejores en lo que hacemos siendo comprometidos, "entrenables" y conscientes».

A medida que las personas pasan por el proceso de la entrevista, deben tener rápidamente la sensación de que tu organización es diferente, y que valora el rigor y la excelencia. De hecho, deberías decirles desde el principio, una vez que pasen la entrevista de selección, que este proceso será diferente. El proceso tiene que ser lo suficientemente extenso como para descubrir si un candidato es la persona adecuada para el puesto y la cultura, y una vez que lleves la cultura a un nivel extraordinario, la gente debería querer realmente trabajar allí.

La disciplina de contratación y despido es esencial para la salud, la cultura y el éxito de la organización. Es una disciplina que requiere de una tremenda paciencia e intencionalidad, y que pagará dividendos a tu cultura todos los días si es aceptada.

¿Cómo Te Sentirías?

Probablemente hay alguien en tu equipo que necesita irse. Cuando leas esta frase, si eres un líder, probablemente ya hayas identificado a esa persona en tu mente. Tomó una fracción de segundo. Si eres un líder, déjame hacerte esta pregunta: ¿qué estás esperando y por qué estás arrastrando los pies?

Tú lo sabes, el empleado lo sabe, y tu equipo lo sabe, pero estás arrastrando los pies. Eso está dañando tu marca como líder, pues tu equipo piensa que eres un idiota porque no has reconocido la realidad, o peor aún, que eres consciente y la ignoras o toleras. Cuando toleramos la mediocridad, desalentamos la excelencia.

Hay ciertas preguntas que aportan una gran claridad a situaciones como estas en las que tendemos a actuar basados en las emociones. La principal emoción que bloquea nuestro buen juicio al despedir personal es la cobardía. En las garras de la cobardía, es muy fácil dejar de lado aquello que es mejor para la cultura, los otros empleados, los clientes y la organización. La mediocridad y la cobardía son primos.

Considera estas dos preguntas:

1. Si al entrevistar a esa persona supieras lo que sabes hoy, ¿la habrías contratado?

2. ¿Cómo te sentirías si esa persona viniera mañana a primera hora y te dijera que se va a desempeñar otro papel en otro lugar? ¿Aliviado? Así es como la mayoría de los líderes de equipo responden a la pregunta.

Todos los líderes cometen errores de contratación. Pregunta a algunos líderes y escucharás algunas historias impactantes. Es algo que sucede. La pregunta es qué hacemos una vez que nos damos cuenta.

Mi consejo: si cometes un error, hazte un favor a ti mismo, a la misión y a la persona que contrataste, y actúa rápidamente. Actúa tan pronto como sea posible. Si crees que puedes capacitar a esa persona hasta donde sea necesario, genial. Hazlo. Prepara un plan de treinta días. Explica claramente que no está cumpliendo con tus expectativas ni con los requisitos del papel, y dale treinta días para mejorar su desempeño. Si no lo hace, déjala ir. Probablemente te lo agradecerá algún día. No puedo decirte cuánta gente he dejado ir que ha vuelto a mí un año o dos después y me agradeció por hacerlo, porque los obligó a pensar realmente en aquello que podrían alcanzar la excelencia y disfrutar.

Contratamos con rapidez excesiva y despedimos con lentitud excesiva. Un gran proceso de contratación debería invertir estas realidades. Contrata lentamente y despide rápidamente. No tengas miedo de dejar ir a alguien cuando eso es lo que la situación requiere. La Misión es el Rey. Nunca pierdas eso de vista. La indecisión, cuando la acción es claramente necesaria, debilita toda la organización.

Las organizaciones con Culturas Dinámicas son buenas para contratar y despedir empleados. Para ser buenos tanto en la contratación como en el despido, todos necesitamos tomar en serio el consejo que una vez escuché a un joven miembro del equipo de recursos humanos dar al equipo de liderazgo en la organización donde trabajaba: «Tienes que sentirte cómodo estando incómodo».

Tan pronto lo dijo, recuerdo que pensé: «¡Vaya! Eso es realmente bueno». Es brillante, en realidad. Describe a la perfección el hecho de por qué no hacemos lo mejor para la misión en tantas situaciones, porque no nos gusta sentirnos incómodos.

Cuando estás entrevistando a alguien y le haces una pregunta y no responde, tal vez te sientas tentado a intervenir y hablar más. No lo hagas. Sé que ese silencio puede ser incómodo. Ponte cómodo sintiéndote incómodo.

Es increíblemente incómodo cuando te das cuenta de que has cometido un error de contratación y necesitas dejar ir a alguien. Si no te sintieras incómodo, te faltaría empatía y tu inteligencia emocional probablemente sería bastante limitada. Necesitas sentirte cómodo al sentirte incómodo.

La contratación no es para los débiles de corazón. Sé decidido o crearás mediocridad, y tarde o temprano la mediocridad conduce a la muerte de una organización. La contratación y el despido giran en torno a la misión, la claridad, la cultura y la decisión. Está en el corazón de una Cultura Dinámica. Tarde o temprano, una organización sube o baja con base en su capacidad de contratar y retener a las personas adecuadas.

Un Gran Proceso De Contratación Es Esencial Para Una Cultura Dinámica

Las personas adecuadas son la base de cualquier organización extraordinaria. Todo aquello que es extraordinario en la historia ha sido construido por gente que creía que el futuro podía ser más grande que el pasado. Encontrar y hacer crecer a personas extraordinarias es fundamental para crear una Cultura Dinámica.

En el centro de estos esfuerzos para armar equipos dinámicos que ejecuten proyectos de clase mundial está un proceso de contratación que atrae e identifica a la mejor persona para cada rol en tu organización. Si no tienes un Proceso de Contratación, necesitas uno lo antes posible. Empieza con algo sencillo. Si tienes uno, ¿qué tan bueno es? ¿Necesita revisarse, actualizarse, mejorarse? Cada año FLOYD ayuda a muchas organizaciones a desarrollar o actualizar su Proceso de Contratación. Estaríamos honrados de ayudarte de esta manera.

Este aspecto puede ser una verdadera transformación cultural. Decide ahora mismo ser realmente bueno en la búsqueda, contratación y desarrollo de talento. Donde quiera que estés en la organización, decide familiarizarte ahora mismo con el Proceso de Contratación y participar en él de acuerdo con tu papel. Nunca pierdas de vista lo que está en juego cuando se trata de la contratación: todo. Todo lo demás fluye a partir de la contratación. Si lo haces bien, muchas otras cosas extraordinarias parecerán encajar en su lugar. La cultura importa, y la contratación realmente importan cuando se trata de construir una Cultura Dinámica. Así que recuerda lo que hemos aprendido.

- La mayoría de las organizaciones son malas para contratar. Si se hacen buenas contrataciones, esto se convertirá en una enorme ventaja competitiva.

- No puedes construir una gran cultura sin ser bueno para contratar, y no puedes ser bueno para contratar sin un gran proceso de contratación.

- El Proceso de Contratación por excelencia toma tiempo para desarrollarse, y siempre está evolucionando con base en las necesidades de la organización.

- En cuanto un candidato comienza a participar en el proceso de entrevistas con tu organización, debe quedar claro que este lugar es diferente de una manera realmente agradable. Tu proceso de entrevistas debe ser tan bueno que la gente te ruegue para trabajar en tu organización.

- Cuando se trata de contratar, hay una ley inmutable: si no es un sí definitivo, es un no definitivo. Honra a tus empleados actuales, honra tu misión, y honra a tu organización al no eludir nunca esta ley.

- Los errores de contratación son muy costosos tanto para la organización como para el individuo. Son costosos para la organización en términos de rentabilidad e interrupción. Individualmente, un error de contratación termina causando mucho dolor y sufrimiento para el empleado, su familia, y la gente que trabaja y lidera a esa persona.

- La gente siempre querrá ignorar, saltarse o eludir una parte o todo el proceso de contratación. No se lo permitas. Como líder, deja claro que apoyas el proceso de contratación al cien por cien, y sé duro con aquellos que no lo hagan.

Los Defensores de la Cultura están buscando grandes talentos constantemente. Si están involucrados directamente en el proceso de contratación, estarán contratando maníacos, lo que significa que tienen un Proceso de Contratación y lo cumplen siempre. La contratación es increíblemente difícil. Como consultor, he desarrollado mi propio libro de tácticas, lleno de ideas y máximas. Compartiré dos máximas de mi libro que son aplicables a casi todos los aspectos de la vida y los negocios. La primera: nunca aceptes automáticamente la premisa de la pregunta. La segunda: cuestiona las suposiciones. Cuando se trata de contratar, la premisa y la suposición que la mayoría de las organizaciones aceptan es que las personas que necesitan y quieren contratar aplicarán para el rol. Nada podría estar más lejos de la realidad. Las personas que realmente quieres contratar probablemente ya tienen un papel muy bueno.

El secreto por excelencia para contratar a la persona adecuada para cada papel es que no hay ningún secreto. La gente y las organizaciones que son realmente buenas para contratar no tienen un superpoder; simplemente tienen un proceso y lo siguen. Permiten que el proceso funcione para ellos. Nunca piensan en el proceso como un inconveniente, y no se permiten ser esclavos de él. Ven el proceso de contratación como un sirviente muy valioso que les ayuda a encontrar a las personas adecuadas y los protege de contratar a las personas equivocadas, para que la organización pueda cumplir mejor su misión.

No puedo enfatizar lo suficiente en la importancia de tener un gran Proceso de Contratación. Es fundamental, no opcional. Si quieres construir una Cultura Dinámica, ponte realmente serio con la contratación y desarrolla un Proceso de Contratación dinámico.

A veces perdemos de vista el hecho de que uno de los aspectos más importantes de los negocios es reunir a un grupo de personas para lograr algo, nutriéndolos, dándoles las herramientas y oportunidades que necesitan para tener éxito, capacitándolos y alentándolos, y celebrando con ellos cuando logran las grandes cosas que siempre supiste que podían alcanzar. Pero todo comienza con la reunión del grupo de personas adecuadas.

El Cuarto Principio:
CONTRATA CON UNA DISCIPLINA RIGUROSA

tu marca

Tu Marca, Inc.

Recordemos nuestra discusión al principio del capítulo dos sobre productos y marcas que sorprenden y deleitan. Todo lo que hemos discutido sobre los productos, servicios, experiencias y la cultura también se aplica directamente a ti. Tu trabajo es un producto. Es un servicio. Tu presencia en el lugar de trabajo es una experiencia para otras personas. Tienes una marca. ¿Tu marca sorprende y deleita? ¿Tu trabajo sorprende y deleita?

Tus clientes internos son el líder de tu equipo, otros líderes de la empresa, tus colegas, y sobre todo cualquier persona, equipo o departamento al que le suministres un producto laboral específico. Tus clientes externos son los usuarios finales del producto o servicio que produce y vende tu organización. Dependiendo de cuál sea tu papel, es posible que nunca conozcas a tu cliente externo, pero rodéate todos los días de tus clientes internos.

También es importante recordar que tienes una marca. ¿Cuál es tu marca? Si yo sentara a tus clientes internos en un grupo de discusión y les hiciera preguntas sobre ti, tu trabajo y tu participación como miembro de equipo en la organización, ¿qué me dirían? ¿Cuáles serían los temas comunes? ¿De qué marca hablaríamos?

Algunas personas son marcadas como la primera persona en salir del trabajo todos los días. Esa es su marca. Puede que ni siquiera lo sepan, pero es lo que piensan los demás en relación con ellas. Otras personas tienen una marca por hacer que las cosas sucedan siempre. Cualquiera que haya tenido un asistente personal sabe lo importante que es esta cualidad, porque una vez que le pasas algo a tu asistente, no te gustaría tener que pensar nunca más en ello. Cuando empiezas a trabajar con alguien, le pides que regrese y te deje saber que se ha hecho algo. Pero si esa persona es realmente buena en su papel, con el tiempo confiarás en que si le trasmites el asunto, esta persona se ocupará de ello o te consultará.

De modo que sí, los productos y las organizaciones tienen marcas, pero también las personas.

Podemos sorprender y deleitar a nuestro jefe, a la gente que dirigimos, a otros miembros del equipo, a los clientes, e incluso a todo el mercado. Todo el mundo tiene un papel que desempeñar en la cultura de una organización; no es solo la carga y la responsabilidad del CEO.

Tú tienes el poder de sorprender y deleitar. La pregunta es, ¿lo estás usando? Hay miles de maneras de sorprender y deleitar, y de construir tu marca personal cada día. Ayuda a otra persona a cumplir con una fecha límite. Haz un esfuerzo extra para un cliente interno o externo. Consigue hoy el almuerzo para alguien que está un poco más ocupado que tú. Expresa tu agradecimiento a alguien que se asoció contigo en un proyecto. Claro, era su responsabilidad, pero el aprecio y el reconocimiento están entre las monedas más valiosas e infrautilizadas del planeta. Reconoce a alguien auténticamente delante de su cónyuge, hijos o padres y habrás encontrado oro. Anima a alguien que parezca tener dificultades. Saca unos minutos para preguntarle a alguien cómo le va, en lugar de cosas superficiales; interésate realmente por un compañero, colega o informe directo como un ser humano completamente independiente de los objetivos de la organización y del trabajo que hacen juntos. Ofrécete a ayudar. Ofrécete para capacitar o ser mentor de alguien durante un período de tiempo específico o en torno a una habilidad específica. Ten una buena actitud. Haz un poco más. Haz algo que deba hacerse, aunque nadie te lo haya pedido.

Curiosamente, desarrollar una gran cultura es algo muy sensato desde la perspectiva del interés propio. Al adoptar una actitud de sorpresa y deleite en todo lo que haces en el trabajo, estás avanzando en tu marca y en tu carrera. El desarrollo de una marca personal de sorpresa y deleite es lo que más te conviene, y es una forma muy inteligente de asegurarte un lugar en la organización como alguien que añade un valor increíble e indispensable.

¿Cuál es tu marca?

¡Sorprendido!

Como consultor de negocios, todo el tiempo les hago ciertas preguntas a la gente. Una de ellas es: ¿qué haces aquí? Me sorprende la cantidad de empleados que no pueden responder a esta pregunta de forma clara y concisa.

¿Recuerdas la historia de los albañiles y la catedral de Notre-Dame? Escuché una historia muy similar cuando JFK era presidente y visitó una instalación de la NASA. Durante la visita, el mandatario se encontró inesperadamente con un Defensor de la Cultura. El hombre estaba trapeando un pasillo. Ese pasillo no era parte de la visita del presidente, quien vio un baño y se excusó de la visita formal para usarlo.

Viendo al hombre que limpiaba el piso, el presidente se presentó y habló brevemente con el conserje, que irradiaba orgullo por la inesperada oportunidad. Al notar esto, el presidente le preguntó:

—¿Disfrutas de tu trabajo aquí?

—Oh, sí, señor presidente. Es un honor —respondió el conserje.

—Sospecho que la mayoría de los conserjes probablemente no piensan lo mismo —comentó el presidente.

—Bueno, señor presidente, soy mayor que usted, y me parece que cada vez más gente quiere ser atendida pero no quiere prestar ningún servicio. Sin embargo, mi padre me enseñó que todos estamos aquí para servir a los demás, y que obtenemos nuestra dignidad y honor al servir.

—¿Qué más haces aquí? —preguntó presidente Kennedy.

El conserje sonrió.

—Solo hago una cosa aquí.

—¿Limpias los pisos todo el día? —preguntó el presidente.

—No —respondió el conserje, sonriendo de nuevo—. La gente me ve trapear los pisos, vaciar los basureros, limpiar las ventanas, pero en mi mente, estoy trabajando para llevar un hombre a la luna.

El presidente usó el baño y se fue. Pero cuando se alejó unos diez pasos del conserje, se volvió hacia él y le dijo:

—¿Crees que podemos hacerlo?

—Sí, señor presidente; ya puedo ver a Neil, es decir, al señor

Armstrong, caminando por la luna en el ojo de mi mente.

El presidente Kennedy se dio vuelta, miró hacia abajo y sonrió mientras caminaba por el pasillo antes de reunirse con los dignatarios.

Cuando alguien te pregunta: «¿Qué haces aquí?», solo hay dos respuestas. Todas las personas deberían tener ambas listas, y tener la conciencia de saber cuál es la más apropiada.

1. La respuesta aspiracional

Todos deberíamos poder responder a la pregunta como el albañil y el conserje: «Estamos construyendo la mejor catedral que el mundo haya visto jamás». «Estoy trabajando para llevar un hombre a la luna».

Durante unos años tuve un mensaje de voz que decía: «Hola, soy Matthew. Estoy ocupado ayudando a alguien a cumplir su sueño ahora mismo, pero déjame un mensaje y te llamaré». Es increíble la cantidad de conversaciones que desencadenó ese mensaje de voz, conversaciones que de otra manera probablemente nunca hubieran ocurrido.

El mundo está lleno de cosas ordinarias, y no hacen falta más. La respuesta aspiracional conecta lo que hacemos cada día con la misión más grande del equipo o la organización.

2. La respuesta práctica

La segunda respuesta es más práctica. Me preocupa cuánta gente no puede describir de manera clara y concisa su papel dentro de una organización. Escuché a una de mis asistentes ejecutivas hablar con un visitante unas semanas atrás.

—Entonces, ¿qué haces aquí? —preguntó el visitante.

—Soy la asistente ejecutiva del señor Kelly —respondió ella.

—Bien, pero ¿qué significa eso en el día a día? ¿Qué es lo que haces realmente? — presionó la invitada.

—Mi papel es hacer cualquier cosa que facilite el papel y la vida del señor Kelly, para poder concentrarse en las cosas que solo él puede hacer. A veces eso significa manejar su horario, o asegurarme otras veces de que tenga algo para comer en el almuerzo.

La visitante no había terminado.

—Pero dime sinceramente, ¿cuál es la parte más difícil de tu papel?

—No decir no con la gracia suficiente—respondió mi asistente—. Paso mucho tiempo diciendo que no a la gente.

¿Qué haces aquí? Ten claridad sobre eso. ¿Por qué? Por muchas razones, la menor de ellas en caso de que alguien te pregunte. Cuando puedas responder a la pregunta, desempeñarás tu papel a un nivel mucho más alto. Si no te gusta la respuesta a la pregunta, probablemente no te guste tu papel, y deberías hacer algo al respecto porque la vida es corta. Hay muchas personas que se despertaron esta mañana que no se acostarán esta noche, y muchos que se acostarán esta noche pero no se despertarán mañana por la mañana. ¿Qué es lo que haces aquí? Si no tienes una respuesta convincente a la pregunta, eso me hace preguntarme si deberías tener un papel aquí en absoluto.

La Herramienta Más Poderosa Y Descuidada En Los Negocios

Si no puedes hacer una descripción decente del rol para un empleo, como discutimos antes, no tienes por qué contratar a alguien para ese rol. Puede que necesites a alguien para ese rol, pero no lo hará bien si no recibe una descripción concreta.

Mis colegas saben que si quieren añadir un nuevo puesto de trabajo no se acercarán a mí sin una Descripción del Rol y una Tarjeta de Puntuación. (Hablaremos de las Tarjetas de Puntuación en breve). La realidad es que una Descripción del Rol bien pensada aumenta las posibilidades de contratar al candidato adecuado en un 50 por ciento. Una gran Tarjeta de Puntuación aumenta las posibilidades de contratar al candidato correcto en otro 20 por ciento. Estas cosas realmente importan, mucho más de lo que supone la gran mayoría de las personas en el mundo corporativo. Te ruego que las tomes en serio.

Si tu organización ya tiene una manera de desarrollar Descripciones de Roles, revísala con todo lo que has aprendido teniendo en cuenta estas páginas. Puede ser buena, puede necesitar ajustes, puede necesitar que se le dé nueva vida o necesitar una revisión completa. Si necesita lo último, hazlo... te alegrarás mucho de haberlo hecho. Necesitas una plantilla de Descripción de Roles extraordinaria.

La mayoría de las organizaciones ni siquiera tienen una buena plantilla, y mucho menos una fenomenal. Eso sería considerado una completa pérdida de tiempo por la mayoría de las personas en los negocios, por lo que el desperdicio corporativo y la mediocridad están tan ampliamente extendidos.

¿Qué posibilidades tienes de dar en el blanco si no te digo cuál es el blanco? Sí, claro. Casi cero. Pero todo el tiempo se lo hacemos a la gente. Una Descripción de Rol mal considerada y mal escrita es una forma de violencia corporativa contra los empleados porque los hace fracasar. Es también un desperdicio de recursos, destruye la eficiencia, y le roba a la gente la alegría resultante de hacer un buen trabajo.

Líderes: ¿tienen una copia de la Descripción de Roles para cada persona que se reporta a ustedes? ¿Tienen una copia de la descripción de su propio rol?

Empleados: ¿tienen una copia de la descripción de su propio rol? Creo que pueden ver hacia donde nos dirigimos, y es a lo largo del camino grande y ancho que lleva al territorio extenso de la mediocridad. El territorio de la mediocridad está cada vez más lleno de perezosos y procastinadores sin dirección, que no tienen ni idea de lo que conlleva su verdadero papel.

En cada situación como esta hay alguien a quien vale la pena envidiar de una manera sana. En esta situación particular, envidio a los atletas profesionales. Siempre saben cómo les va, todo lo que tienen que hacer es mirar el marcador; tan pronto salen del campo de juego reciben un montón de estadísticas que les dicen cómo les fue; sus juegos y sesiones de práctica son filmados, y su entrenador de posición desglosa cada jugada, señalando los matices para construir habilidades que mejoren el desempeño tanto individual como del equipo. Ese tipo de claridad es un regalo increíble para darle a un empleado.

Por eso no basta con la Descripción del Rol. Deberías tener una Tarjeta de Puntuación para cada empleado antes de comenzar el proceso de entrevista. Esboza cómo medirás el éxito, y cuáles serán los indicadores clave del desempeño para este rol en particular. Así que, mientras entrevistas a los candidatos, puedes profundizar en tu experiencia anterior para ver si podrán estar a la altura de la Tarjeta de Puntuación.

El mejor indicador del desempeño futuro es el desempeño pasado. Si un candidato no ha hecho algo en el pasado que quieras que haga en este nuevo rol, ¿qué te hace pensar que será capaz de cumplirlo? Eso se llama esperanza, amigo mío, y la esperanza es algo hermoso, pero a menudo está fuera de lugar.

La esperanza no tiene lugar en el proceso de contratación. Necesitas una Descripción del Rol y una Tarjeta de Puntuación para cada hijo de tu organización. Estos se deben actualizar regularmente; deben ser documentos vivos, que respiren. La gente debería recibir una copia de los suyos en cada reunión importante. Cada líder debería tener una copia de la Descripción del Rol y la Tarjeta de Puntuación para cada persona que lidere.

Las razones para hacer esto son muchas, pero enumeremos rápidamente las más importantes. Nadie puede desempeñar su papel si no sabe cuál es. Nadie puede alcanzar la excelencia si no sabe cómo se mide esta. No se puede liderar a las personas de manera efectiva si no saben cuáles son sus resultados. Las personas merecen saber dónde están y cómo lo están haciendo.

¿Cómo sabrás tú y, más importante, la persona que desempeña el papel, si él o ella está sobresaliendo sin una Descripción del Papel y una Tarjeta de Puntuación claras?

Creo que ambos sabemos la respuesta: no lo harás.

Hace unos años, FLOYD fue invitada a una organización para trabajar con su equipo de ventas. La organización era joven pero muy ambiciosa. Estaban haciendo 3 millones de dólares en ventas con un objetivo de 100 millones de dólares en diez años. Tenían veintisiete vendedores, pero cuatro de ellos generaban más de 2 millones de dólares en ventas. Dos colegas de FLOYD y yo pasamos cuatro horas con estos cuatro vendedores, y fue impresionante. Para empezar, estaban molestos porque los habíamos alejado de su trabajo. Inmediatamente vimos claramente por qué tenían éxito: estaban rebosantes de compromiso, de deseo de éxito y de una competitividad sana.

Después de hablar con los cuatro vendedores, proporcionamos a los propietarios una lista de cinco cualidades y les pedimos que hicieran copias para los otros veintitrés vendedores. Escribimos el nombre de cada empleado en la parte superior de cada hoja, y luego analizamos las cinco cualidades con cada uno, preguntando cuál de ellas tenían. Luego clasificamos a cada persona del equipo de ventas según el número de cualidades que tuvieran de la lista de cinco. A continuación, pedimos una lista de los resultados de ventas del mes anterior de mejor a peor. A excepción de una sola persona, las listas eran idénticas.

—¿Cómo lo hiciste? —me preguntó uno de los propietarios.

—No importa —dije—. El punto es que lo hicimos, y lo que ahora sabemos llevará a tu negocio a 100 millones de dólares en ventas anuales.

—¿Cómo?

—¿Qué tienen en común sus cuatro mejores vendedores además de las cinco cualidades? —les pregunté a los dos dueños. No lo sabían, y fueron lo suficientemente inteligentes para no fingir que lo sabían o adivinarlo inútilmente.

—Todos eran atletas universitarios. Detestan perder. Saben cómo ganar. Han sido capacitados para ganar. No tenías que capacitarlos para ganar porque ya lo llevaban en la sangre.

—Entonces, ¿qué deberíamos hacer ahora?

—Sus otros cinco vendedores con desempeños más altos eran también atletas universitarios. Pueden permanecer noventa días concentrados en metas diarias, semanales y mensuales muy claras.

—¿Y el resto?

—Se fueron hoy. Es estúpido e inmoral contratar a alguien para un papel en el que no tiene ninguna posibilidad de éxito.

—¿Y luego qué?

—¿Quién hace las contrataciones por aquí?

Los dueños se miraron y respondieron:

—Nosotros.

—Bien. Durante los próximos seis meses solo contratarán atletas exuniversitarios que tengan al menos tres de las cinco cualidades de la lista.

—¿Qué más?

Un lado de su espacio de oficina era todo ventanas y el otro lado era una pared.

—Deshágense de todas estas oficinas y cubículos; abran este espacio. Quiero ver un marcador enorme en esa pared. Cada miembro del equipo de ventas necesita saber en tiempo real cómo le está yendo; es decir, conocer los resultados del día, la semana, el mes, el trimestre, el año, y toda la vida. También necesitan ver cómo les va a sus compañeros de equipo.

La organización hizo todo lo que le recomendamos. De hecho, puede que sea el único cliente que ha hecho todo lo que sugerimos. Recuerda su objetivo: 100 millones de dólares en diez años. Lo lograron. Solo que lo hicieron en tres años, nueve meses y veintisiete días.

Y su cultura: es competitiva, comprometida y divertida. Pero los líderes tenían grandes valores. Con los líderes equivocados, esto podría haber sido un completo desastre. Como líder, puedes crear una competencia saludable o una competencia muy poco saludable. Pero este no es el punto principal de la historia.

La gente merece saber dónde está parada. Merece saber cómo le va. Ese es el punto principal de la historia. La gente también merece una oportunidad de ganar, así que necesita saber cómo es ganar, y cuando gana, merece ser celebrada.

Originalmente, llamé a este capítulo «Las descripciones de los puestos de trabajo importan», pero sabía que si lo llamaba así, mucha gente no lo leería, así que tuve que cambiarlo. Como dice el título real, las Descripciones de los Roles y las Tarjetas de Puntuación son realmente las herramientas más poderosas y olvidadas en los negocios. Espero que empieces a llamarlas Descripciones de Roles, pero independientemente de cómo las llames, deja bien claro su importancia.

Tómate esto en serio. Tu cultura lo necesita. La mayoría de las empresas y de los líderes ven la creación de las Descripciones de Roles como una casilla más que debe marcarse para poder seguir adelante. La mayoría de las personas solo miran la Descripción de los Roles cuando solicitan un puesto, y nunca la vuelven a mirar, incluso si obtienen el rol. Detente. Todo esto debe llegar a su fin si quieres construir una Cultura Dinámica.

Dedica tiempo a desarrollar Descripciones de Roles y Tarjetas de Puntuación utilizables para cada persona de la organización, y revísalas y refínalas al menos una vez al año. Remítete a ellas en el proceso de revisión. Úsalas para capacitar a las personas para mejorar constantemente, y para hacer que tus expectativas sean muy claras. Las personas no son lectoras de mentes. Necesitan saber cuál es su papel y cuáles son sus expectativas.

Las Descripciones de los Roles son un sistema, que es muy poderoso y olvidado. Los sistemas impulsan el comportamiento. Como mucho de lo que hemos hablado en este libro, ya estás haciendo estas cosas; es cuestión de comprometerte con ellas de una nueva manera.

No te agobies. No tiene que ser esta semana o este mes, pero incorpora esto en tu Plan Estratégico. Responde, no reacciones. Sin embargo, hazlo bien desde el principio en cualquier papel que sea nuevo. Así es como se hace:

a. Desarrolla una plantilla para la Descripción del Rol y la Tarjeta de Puntuación.
b. Prueba la plantilla en una variedad de roles y departamentos.

c. Escribe tu propia Descripción del Rol y la Tarjeta de Puntuación.

d. Distribuye la plantilla y pide a todos los miembros de la organización que escriban un primer borrador de su propia Descripción del Rol y Tarjeta de Puntuación.

Advertencia: en este capítulo, hemos hablado mucho sobre cómo hacer que ganen las personas. La forma más fácil de hacer que incluso el miembro más talentoso del equipo falle es darle más responsabilidad que autoridad. Sin la autoridad suficiente para llevar a cabo aquello de lo que somos responsables, incluso los mejores están condenados a fracasar. Esto suele suceder cuando queremos que alguien pase a desempeñar un nuevo papel; le damos ciertas responsabilidades y le hacemos responsable de ciertos resultados, pero no le damos la autoridad para cumplir su cometido. Ten cuidado de no caer en esa trampa.

La Descripción de un Rol es una herramienta fabulosa para hacer que la gente tenga éxito. Añade una Tarjeta de Puntuación bien elaborada y tus líderes estarán maximizando el potencial de su gente y equipos mejor que nunca.

Estos son documentos vivientes, que respiran; es importante no olvidarlo. La mayoría de la gente es capaz de hacer más de lo que pedimos y esperamos que hagan, y no solo son capaces, sino que quieren hacer más. Pídeles que actualicen sus Descripciones de Roles y muchos te sorprenderán y deleitarán.

Qué podría ser más mundano que las Descripciones de Roles, ¿verdad? Incorrecto. Las Descripciones de Roles son herramientas poderosas. Tómalas en serio y te sorprenderás.

¿Cuál Es Tu Marca Personal?

Todo el mundo tiene una marca. La marca de algunas personas es «Siempre llega tarde»; la marca de otras personas es «Siempre es muy servicial» o «Siempre es la primera en irse». «Es muy trabajador». «Ella está muy comprometida». La lista continúa. Todo el mundo tiene una marca personal, ¿cuál quieres que sea la tuya?

Algunos se comprometen demasiado pero no aportan lo suficiente; como resultado, su marca se vuelve poco fiable. Algunas personas arruinan cualquier proyecto que les das. Eso se convierte en su marca. Y cada equipo tiene a esa persona que quiere la pelota en los últimos segundos, cuando más importa, cuando un tiro supone la diferencia entre ganar y perder, la persona que siempre logra un resultado cuando realmente importa. Esa es su marca personal.

La marca personal de la mayoría de la gente se desarrolla por defecto. No se propusieron crear esa marca; simplemente sucedió. ¿Qué sucede con las organizaciones que simplemente dejan que su marca suceda? Probablemente quiebren.

Las organizaciones gastan miles de millones de dólares creando y perpetuando su marca. Lo mínimo que pueden hacer es ser intencionales al respecto. ¿Qué quieres que sea tu marca? Defínela. Luego, después de un año, pídele a la gente con la que trabajas que escriba anónimamente lo que piensan que es tu marca en el lugar de trabajo. Necesitarás una piel gruesa. Las grandes marcas tienen la piel gruesa. Usa lo que aprendas de la retroalimentación para perfeccionar tu marca al año siguiente.

¿Por dónde deberías empezar? Depende de ti, pero si estás atascado, empieza con los tres grandes: comprometido, «entrenable» y consciente. Si esto se convirtiera en tu marca, ¡sería increíble!

Si eres comprometido, «entrenable» y consciente, tendrás

éxito. Es una receta para el éxito en cualquier cosa, a nivel personal y profesional. Vuélvete realmente bueno en estas tres cosas, incluso si tu organización no las acepta. Estas son las tres mejores cosas que puedes hacer tanto por tu carrera como por tu vida. Imagina un matrimonio en el que ambos cónyuges estén comprometidos, y sean «entrenables» y conscientes. Imagina unos padres comprometidos, «entrenables» y conscientes. Imagina estar comprometido, ser «entrenable» y consciente en el área de las finanzas personales o la salud y el bienestar.

El punto es que, lo hayamos pensado o no, todo el mundo tiene una marca, y tu marca empieza desde el primer día. Así que, tanto si hoy es tu primer día en una organización como si llevas diez años allí, haz que hoy sea el primer día. Cuando un nuevo presidente asume el cargo, se presta mucha atención a sus logros en los primeros cien días. Si hoy es tu primer día, ¿qué vas a lograr en tus primeros cien días? Tómate esto en serio y dentro de cien días la gente dirá: «¡Guau, realmente ha dado un paso adelante!». Lo que quieras que sea tu marca, escríbelo, léelo a diario, y haz al menos una cosa cada día para demostrar esa marca. Las grandes marcas están siempre ante nosotros. A menudo me he preguntado qué pasaría si Coca-Cola dejara de hacer publicidad durante un año. Se ahorrarían miles de millones, pero ¿la gente tomaría menos Coca-Cola después de un año? ¿Quién sabe? ¿Dos años? Es arriesgado. ¿Cinco años? Estoy seguro de que su marca y sus ventas se verían afectadas. Mantén tu marca delante de las personas todos los días.

Hay dos cosas que busco crear en todo lo que hago. La primera tiene un valor indiscutible. Nunca le enviamos una factura a la organización de la que hablamos en la sección anterior. Los propietarios me preguntaron al final del día cuánto nos debían. Les dije: «Hagamos esto: no vamos a enviarles una factura. Estamos a 7 de abril; dentro de un año, envíennos un cheque por lo que crean que valen nuestros servicios».

Al año siguiente, el 7 de abril, recibí un sobre de FedEx con un cheque por veinticinco veces más de lo que les habríamos facturado. Y no solo eso: cada año, durante los siete años siguientes (hasta que vendieron el negocio), nos enviaron un cheque cada 7 de abril. Mis colegas de FLOYD y yo habíamos creado un valor indiscutible para ellos, y tuvieron la sensatez para reconocerlo.

Lo he hecho un puñado de veces en mi carrera. Es algo heterogéneo, pero te dice mucho sobre el carácter de la gente a la que sirves. Mi equipo transformó el negocio de una mujer cuyo director de operaciones se había ido tres años antes y el negocio se estaba hundiendo. Hicimos el mismo trato con ella. Un año después me envió un cheque por menos de una décima parte de lo que le hubiéramos cobrado por nuestro tiempo. Algunas personas dan y otras toman; así es la vida.

Nos encanta crear un valor indiscutible. Está más allá de la sorpresa y el placer.

Ve a trabajar cada mañana buscando crear un valor indiscutible y puedo prometerte una carrera y una vida rica y gratificante. Crear un valor indiscutible será su propia recompensa. No importa si alguien se da cuenta, te felicita por ello, o incluso te paga por ello. Las mejores cosas de la vida son su propia recompensa. No necesitan ser reconocidas por nadie más. La generosidad es su propia recompensa. Hacer un gran trabajo es su propia recompensa. Criar hijos es su propia recompensa. Nadie más necesita saber sobre las cosas que son su propia recompensa. Podemos tenerlas en nuestros corazones y atesorarlas. Eso es lo que hace que cosas como actos aleatorios de bondad o actos inesperados de amor hagan que nuestros corazones y almas bailen de alegría.

El valor indiscutible es difícil de encontrar, pero no tan difícil de crear. ¿Cómo sabes cuándo estás creando un valor indiscutible en el trabajo? Cuando te vuelves indispensable, lo cual no es ninguna broma. ¿Tu líder se sentiría desolado si le dijeras que te vas? El Defensor de la Cultura no busca una palmadita en la espalda o un premio; cumplir este papel es su propia recompensa. Hace que cada día sea mejor, más ligero y con más propósito, e inyecta diversión y risas en tu vida. Los Defensores de la Cultura crean un valor indiscutible.

La otra cosa que amo es buscar lo único. Vivimos en un mundo típico. Si conduces por la mayoría de las calles, las casas son bastante típicas, pero ocasionalmente te sorprenderá una que sea única. Puede haber miles de cosas que la hacen única, pero esa es la casa que todos miran cuando conducen por esa calle. Es llamativa.

Entras a un bar y ¿qué encuentras? Un montón de tipos que son típicos y un montón de mujeres que son comunes. Dos minutos de conversación revelan lo comunes que son. Esta es la frustración de la persona sensible.

Proponte ser único. Hazlo parte de tu marca personal. No seas como todos los demás. Encuentra algo en lo más profundo de ti que sea verdaderamente tuyo y aférrate a ello. Pasamos mucho tiempo de nuestras vidas procurando ser y convertirnos en todo aquello que todos quieren que seamos. Empieza por no serlo, luego busca lo que sea verdaderamente único dentro de ti, y dáselo al mundo en pequeñas porciones cada día. Decide ser único en un mundo típico.

¿Sigue siendo este un libro de negocios? Sí, así es como será clasificado. Pero hay una gran cantidad de fusión entre los negocios y la vida en estas páginas. Contiene muchas lecciones para el trabajo y el hogar, espero. Y nunca perdamos de vista la realidad de que la gente no existe para los negocios; los negocios existen para la gente. El futuro de cualquier gran organización depende de encontrar y cultivar suficiente talento único para llevarlo al futuro desconocido.

Lo que sea que hagamos para trabajar, debemos hacerlo de

manera profesional. La mayoría de las personas esperan ser tratadas como profesionales, pero relativamente pocas se comportan como tales. A menudo oigo a la gente decir: «Si quieres ser tratado como un profesional, actúa como tal». No estoy de acuerdo. No actúes como uno: sé uno. Todo lo que hace un profesional tiene un toque de clase que lo distingue. Lo he visto en asistentes personales y lo he visto en directores generales, y en todos los demás roles que existen bajo el sol. He visto recolectores de fruta que eran más profesionales que líderes de marcas en organizaciones de Fortune 500.

Sé un profesional. Lo que sea que elijas hacer, incluso si es simplemente algo que decides hacer mientras estás discerniendo lo que realmente quieres hacer, abórdalo como un profesional. Aproximarte a cualquier cosa como un profesional te ayudará a desarrollar habilidades de negocios y para la vida que son portátiles: habilidades que son exclusivamente tuyas para que puedas llevar a cualquier lugar de la vida. Comprometido, «entrenable», consciente, sorpresa y deleite, valor indisputable, único, y, por último, pero no menos importante, profesional. Toma esto, o déjalo; no me importa. Pero tómate tu marca personal en serio.

La Brecha De Las Expectativas

La brecha de las expectativas se basa en la simple realidad de que los seres humanos tienen expectativas sobre todo y sobre todos. El enemigo número uno de cualquier marca —el de la marca de tu organización y de tu marca personal— es la brecha de las expectativas. Es el Triángulo de las Bermudas de la vida y los negocios. La falta de comprensión de este concepto único ha liquidado más marcas, relaciones, productos, equipos, carreras y negocios que cualquier otro.

Si anuncias una marca de crema dental con la promesa de que blanqueará los dientes y no lo hace, crearás una brecha de expectativas.

Si le dices a tu cónyuge que esta noche llegarás a casa a las seis y media y llegas tarde, crearás una brecha de expectativas, y con cada minuto después de las 6:31 que no estés en casa, la brecha se ampliará.

Si prometes a tus informes directos que les ayudarás a trazar las trayectorias profesionales este año y no sacas el tiempo para hacerlo, crearás una brecha de expectativas.

Si le dices a un cliente que terminarás un proyecto en junio, pero no lo terminas hasta septiembre, has creado una brecha de expectativas.

Si le dices a tu hija que la llevarás al zoológico el sábado y no lo haces, ya sea que tu hija tenga cinco años o veinticinco, crearás una brecha de expectativas.

¿Qué es una brecha de expectativas? Es el espacio entre lo que la gente espera que suceda y lo que realmente sucede. La gente tiene expectativas sobre todo y sobre todos. Todos en tu vida tienen expectativas de ti, y cada cliente que atiende tu organización tiene expectativas. El problema es que algo tiene que llenar la brecha. Una de cinco cosas, o alguna combinación de esas cinco cosas, siempre llena los vacíos de expectativas: decepción, resentimiento, ira, frustración y pérdida de confianza.

Ahora, no sé tú, pero yo no quiero que nadie sienta estas cinco cosas sobre mí, sobre mi equipo, o sobre cualquiera de los productos y servicios ofrecidos por los diversos negocios y organizaciones que poseo o con los que estoy involucrado. Y no conozco a ninguna persona que lo haga. Esto es un asunto del 100 por ciento. La brecha de las expectativas debe evitarse casi a cualquier costo.

El Manejo De Las Expectativas

Sin embargo, es importante señalar que evitar la brecha de las expectativas no significa que haya que darle a cada persona lo que quiera todo el tiempo y convertirte en un pusilánime a nivel personal o profesional.

Habrá muchas situaciones, tanto personales como profesionales, en las que te encuentres con personas que tengan expectativas poco razonables. Por ejemplo, si estás dirigiendo un proyecto y el cliente empieza a mencionar expectativas que van más allá del alcance del contrato, esas expectativas deben gestionarse. No puedes simplemente ignorar las expectativas poco realistas; debes manejarlas. Si el cliente insiste en ajustes que están más allá del alcance del contrato, entonces hay que renegociar el contrato.

Todos tenemos expectativas poco realistas sobre algo, probablemente sobre muchas cosas. En nuestra vida personal, estamos negociando y comprometiéndonos constantemente en torno a expectativas razonables e irreales. Estas conversaciones tienen lugar entre marido y mujer, padres e hijos, y, a medida que los padres crecen, entre hijos y padres. La clave para manejar las expectativas es la comunicación. Cuando la comunicación se rompe, todo se rompe.

Liderar Con Expectativas Claras

Hay dos razones principales por las que no se hacen las cosas en ninguna organización. N.º 1: Los líderes no crean expectativas claras, de mutuo acuerdo y expresadas por escrito. N.o 2: Incluso si el N.o 1 se hace, los líderes y los miembros del equipo no se hacen responsables de esas expectativas claramente escritas y definidas.

Si eres un líder, uno de tus papeles centrales es dejar claras tus expectativas para cada una de las personas que lideras. Ellas no pueden leer tu mente. Si no dejas claras tus expectativas, es poco probable que las cumplan, lo que te producirá frustración. Esta frustración hace que muchos líderes se comporten de forma pasivo-agresiva con las personas, o las critiquen abiertamente, cuando la realidad es que los han dirigido al fracaso al no dejar claras sus expectativas.

Por eso es que la Descripción del Rol y la Tarjeta de Puntuación son tan importantes. Es fundamental que tengas muy claro como líder lo que esperas de cada persona que diriges. Si eres un empleado y tu líder no está proporcionando claridad en torno a las expectativas que tiene de ti, ¡pregúntale!

Nada creará una brecha en las expectativas y toda la negatividad que viene con ello como la falta de comunicación o la mala comunicación. (Bueno, hay una cosa —las mentiras sin sentido—, pero esperemos que no estés en esa situación). Veámoslo desde una perspectiva profundamente personal. ¿Sabes lo que tu líder espera de ti? La mayoría de los líderes piensan que los miembros de su equipo saben lo que se espera de ellos, y la mayoría de las personas creen saber lo que su líder espera de ellos. Ambas suposiciones son erróneas. El resultado es el surgimiento de una brecha de expectativas entre los líderes y los informes directos. Estos pueden ser extremadamente perjudiciales para su relación y los resultados de su trabajo conjunto, pero hablar entre ellos sobre las expectativas mutuas, que es la verdadera comunicación, conduce a relaciones superiores, tanto personal como profesionalmente.

Cuando piensas en lo importante que es para cada miembro de equipo saber explícitamente lo que se espera de él o ella, es escandaloso el poco tiempo y energía que dedicamos para hacer esto bien. Sin embargo, comienza con este ejercicio:

Líder: Pídele a cada informe directo que tome una hoja de papel en blanco y escriba lo que creen que se espera de ellos en su papel.

Informe directo: Concéntrate primero en las grandes piezas del rompecabezas. Si tienes espacio para las piezas medianas y pequeñas, inclúyelas hacia el final. Cuando termines, guarda una copia para ti y dale otra a tu líder.

Líder: Toma una hoja de papel en blanco para cada uno de tus informes directos y anota lo que esperas de ellos en su papel antes de leer lo que escribieron. Compara lo que escribiste con lo que escribió tu informe directo e identifica las lagunas significativas.

Líder e Informe Directo: Reúnanse para discutir las diferencias entre lo que cada uno escribió.

Líder: Proporciona una copia de lo que escribiste a cada informe directo en estas reuniones.

Informe directo: Si también eres un líder, completa este ejercicio con los miembros de tu equipo.

Incluso cuando las Descripciones de los Roles y las Tarjetas de Puntuación están muy bien planteadas, es sorprendente cómo pueden surgir brechas entre lo que crees que tu líder espera de ti y lo que realmente espera de ti. Cada mes, trimestre y año debería conducir a una mayor claridad sobre lo que se espera de cada persona en la organización.

La mayoría de los líderes piensan que sus expectativas son claras, pero no lo son. Si estás dirigiendo a alguien, es tu responsabilidad asegurarte de que esa persona tenga muy claro lo que esperas de ella. Eres responsable como líder de gestionar y, en última instancia, de eliminar la brecha de expectativas en esta situación.

He visto este ejercicio transformar equipos. Saber lo que tu jefe espera de ti es tan fundamental que a menudo lo pasamos por alto. En un mundo complejo de cambios constantes y comunicación sin fin, es fácil pasar por alto lo básico.

Nos hemos dejado hipnotizar por la complejidad. Pero la simplicidad es la clave para la verdadera innovación, el éxito, la satisfacción en el trabajo, y la satisfacción con la vida. Incluso en los roles e industrias más complejas, la simplicidad es un componente esencial del éxito. La simplicidad tiene un poder que con demasiada frecuencia pasamos por alto o ignoramos.

Cuando actuamos sin un sentido claro de la misión, la estrategia y la cultura, las posibilidades de complicar lo simple aumentan significativamente. Haz que lo complejo sea simple, haz que lo simple sea incluso más simple, y ten cuidado con la gente que quiere complicar las cosas.

La relación entre un líder y aquellos a los que este dirige debe basarse en expectativas muy claras, con la menor ambigüedad y los menores caprichos posibles. Las expectativas claras dan a cada uno su mejor oportunidad de éxito.

El Verdadero Rompecorazones

Las expectativas más difíciles de cumplir son las que ni siquiera conoces. Olvídate de los productos y los clientes por un minuto: tengo una hija de cinco años. Ella tiene expectativas de mí, pero muchas de ellas nunca las sabría si no le hablara de ellas, haciéndole preguntas, incluso sondeando un poco, porque es probable que su pequeño corazón y mente ni siquiera puedan articularlas. E incluso entonces, por mucho que lo intente, habrá momentos en los que ella pensará que algo va a pasar y no pasó. No hay nada tan desgarrador como la expectativa insatisfecha de tu pequeña hija de cinco años.

Todos en tu vida tienen expectativas de ti. Novio, novia, esposo, esposa, madre, padre, hermanos, hermanas, amigos y vecinos, todos tienen expectativas de ti; todos tienen expectativas de todos. Y adivina qué, tú también tienes expectativas de todos en tu vida. Todo esto es natural y normal. Pero es imposible cumplir con expectativas que ni siquiera sabemos que existen.

Y estamos hablando de expectativas aquí; ni siquiera nos hemos aventurado en el ámbito de las esperanzas y los sueños. Cuando El gerente de sueños se publicó por primera vez, yo estaba haciendo un taller para un negocio familiar en California. El negocio tenía participantes de tres generaciones de la familia. Los abuelos habían empezado el negocio, sus hijos lo habían sacado adelante, y sus nietos estaban trabajando en él.

Eran personas hermosas. Eran verdaderamente la sal de la tierra, como se dice. Tres generaciones de carácter en exhibición: honestos, justos, trabajadores, generosos y cariñosos; el tipo de gente de la que quieres rodearte todo el tiempo.

Durante la sesión de la mañana, uno de los ejercicios era hacer una lista de los sueños individuales que tenían para ellos mismos. Había unos ochenta miembros de la familia en la sala, y después de hacer sus listas, dimos una vuelta y le pedí a cada persona que compartiera solo uno de sus sueños con todos.

Mientras hacíamos el ejercicio, de una generación a otra, se hizo obvio que estaban descubriendo cosas del otro que no habían sabido nunca. Se podía ver que lo que compartían los diferentes miembros de la familia sorprendía a los demás. Finalmente, nos abrimos camino hacia el patriarca y matriarca de la familia. El abuelo era un hombre amable y gentil, y dejó que su esposa hablara primero. Estaba claro que ambos habían vivido vidas sustanciosas y plenas, y no creo que nadie de los allí presentes estuviera preparado para lo que estaba a punto de suceder.

«Cuando yo era una niña pequeña, nunca soñé que mi vida podría haber sido tan maravillosa como lo ha sido. Nunca hemos llevado una vida fastuosa, no porque no tuviéramos mucho dinero, sino porque muy pronto decidimos tras nuestro éxito que la simplicidad era una de las riquezas que la vida pasaba por alto. Así que, mientras me siento aquí esta mañana y los escucho hablar de sus sueños y esperanzas, estoy muy feliz por las vidas que tienen ante ustedes, y sepan que papá y yo haremos todo lo que podamos para ayudaros a cumplir sus sueños. Para mí, mi alegría proviene de verlos cumplir sus sueños, pero yo también tengo un sueño».

Mientras pronunciaba estas palabras, la habitación quedó envuelta en un gran silencio; de hecho, no estoy seguro de haber visto nunca una habitación tan silenciosa y con tanta rapidez. Algunas personas se inclinaron y otras se movieron inconscientemente hacia el borde de sus asientos. Luego continuó: «Durante toda mi vida, siempre he querido ir a Nueva York y ver un espectáculo de Broadway».

Hubo un jadeo colectivo del grupo. Estaban pensando tan fuerte que se les podía oír. ¿Cómo se nos pasó esto? ¿Cómo es posible? Y por supuesto, la oscura realización de que en todos estos años nadie le había preguntado cuáles eran sus sueños. Miraron en dirección a papá, como le decían, y las lágrimas corrían por su cara. Su expresión angustiosa decía: «Le he fallado a mi amada».

Una semana después la llevaron a Nueva York, acompañada por tres de sus hijos, cinco de sus nietos y su esposo amoroso y devoto. Vio cuatro espectáculos de Broadway, comió en algunos restaurantes fabulosos y cumplió un sueño de toda la vida.

Este es el punto. La mayoría de la gente nunca ha tenido a alguien que le pregunte cuáles son sus sueños. Es uno de los puntos ciegos en las relaciones humanas.

Ahora volvamos al mundo y veamos cómo funciona este aspecto particular de las expectativas y los principios de los sueños.

Los Clientes Tienen Expectativas

Los grandes maestros hacen muchas preguntas. Los grandes vendedores hacen lo mismo.

Si estás vendiendo algo, es esencial entender las expectativas del cliente. El problema es que no son necesariamente claras sobre sus expectativas, así que es tu papel como vendedor extraerlas de tus clientes. Pero dependiendo de lo que vendas, puedes necesitar ir más allá de sus expectativas y explorar sus esperanzas y sueños para un proyecto o producto. Sus sueños para un proyecto a veces se manifiestan como algo muy específico y tangible. Por ejemplo, tal vez tu empresa está diseñando y construyendo un nuevo complejo de oficinas para un cliente. Puedes preguntarle al director general cuáles son sus sueños para el proyecto, y él podría decir: «Quiero que el edificio tenga la mayor cantidad de luz natural posible». Esa es una respuesta muy tangible. Los sueños intangibles son los más difíciles de medir, y, por lo tanto, los más difíciles de cumplir. Tomemos la misma situación. Le preguntas al CEO cuáles son sus sueños para el proyecto, y te dice: «Mi sueño es que este proyecto no se convierta en una distracción para nuestro negocio. Por lo tanto, quiero participar lo menos posible. No me malinterpretes, estoy dispuesto a involucrarme tanto como sea necesario, pero si no estoy agregando valor, no quiero estar en la reunión; quiero concentrarme en hacer que el negocio avance». Este es un sueño muy intangible, y mucho más difícil de cumplir.

Ambos directores generales ya tenían estas expectativas y sueños para el proyecto, pero si no les preguntabas, tal vez no te enteraras de ellos.

Si estás vendiendo un producto de reemplazo, hay una trampa con la que debes tener un cuidado especial. He visto esto manifestado en actualizaciones de software y sistemas casi cada vez que una organización emprende un proyecto de ese tipo. Los equipos de ventas y de proyectos entrevistan a todos, preguntándoles qué es lo que quieren que haga el nuevo sistema que el antiguo no hace. Preguntan qué le gusta y qué no le gusta a la gente del viejo sistema o del software.

El problema es que la gente tiene un sesgo sobre la sustitución/actualización. Suponen que el nuevo sistema o software podrá hacer todo lo que hacía el viejo sistema, además de cosas nuevas y mejores. Ir más allá de esta suposición es esencial en el alcance del proyecto y la fase de diseño. En sus mentes, cualquier cosa que ofrezcas tendrá sus características favoritas del viejo sistema, así como todo lo que el nuevo sistema tiene para ofrecer, pero eso casi nunca es cierto. Incluso si conoces cada una de ellas, puede que no seas capaz de ofrecer una experiencia mejorada en todos los casos cuando se trata de todas esas características que a la gente le encantaba del viejo sistema. Y si no sabes lo que la gente supone que podrá hacer el nuevo sistema, ni siquiera tendrás la oportunidad de cumplir las expectativas. Resultado: brecha de expectativas.

¿Qué llena una brecha de expectativas? La decepción, el resentimiento, la ira, la frustración y la pérdida de confianza. Pero este no es el mayor error que veo en el campo de las ventas cuando se trata de la brecha de expectativas. Una y otra vez a lo largo de mi carrera como consultor, he visto a vendedores que se han pasado de la raya para conseguir una venta. Si se trata de un producto y este no puede cumplir con lo que dijo el vendedor, la reputación del producto, la confianza del cliente, el carácter del vendedor, y la marca de la organización se verán perjudicadas.

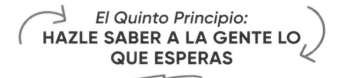

El Quinto Principio:
HAZLE SABER A LA GENTE LO QUE ESPERAS

Nunca pierdas de vista el paradigma de las expectativas: todo el mundo tiene expectativas de ti, y tú tienes expectativas de todo el mundo. Esto impacta significativamente en nuestras vidas personales y profesionales. No podemos permitirnos el lujo de ser pasivos en este aspecto. Es un error suponer que la gente nos aclarará sus expectativas. Tenemos que ser muy proactivos cuando se trata de las expectativas de otras personas, y hacer preguntas de sondeo para descubrir las expectativas que tal vez ni siquiera sepan que tienen.

Lo último que hay que tener en cuenta es que no solo la gente tiene expectativas de ti, sino que también estás creando expectativas constantemente. Al salir de casa esta mañana, quizá tu cónyuge te preguntó: «¿A qué hora volverás a casa esta noche?». Dijiste que a las seis treinta sin pensarlo mucho, pero ¿qué acabas de crear? Una expectativa.

Cuando hay una diferencia entre lo que la gente espera que suceda y lo que realmente sucede, surge una brecha de expectativas, y hay cinco cosas que llenan esa brecha: la decepción, el resentimiento, la ira, la frustración y la pérdida de confianza.

¡Haz algo!

La mayoría de la gente es contratada para hacer algo. Así que hazlo. Ten muy claro lo que es y luego haz que suceda. Conviértete en un paladín de la cultura, en un Defensor de la Cultura. Si tienes que elegir entre ser positivo y negativo, elige ser positivo. Ya hay suficiente negativismo en el mundo y en la mayoría de las organizaciones.

A todo el mundo le encanta tener en su equipo a personas que hagan que las cosas sucedan. A todos los líderes les encanta tener miembros de equipo para asignarles trabajos, y saber que no tendrán que pensar más en ello, porque lo harán muy bien.

¿Cómo sabrás si te has convertido en un Defensor de la Cultura? Cuando la gente no pueda imaginar a su equipo, departamento u organización sin ti, es porque te has convertido en un Defensor de la Cultura. Pero deja eso de lado por ahora. Cualquier cosa que nos aleje del momento presente está llena de peligro. Los Defensores de la Cultura se centran en el ahora. Sus mentes están allí donde están sus pies. Se preguntan: ¿qué puedo hacer hoy para que nuestra cultura sea más dinámica?

Piénsalo en estos términos. ¿Cuántas personas componen tu organización? ¿Doce, doscientas, diez mil? Bien, si multiplicamos su compromiso con el trabajo y la cultura por el número de personas en tu organización, ¿cómo sería la cultura?

Cuidado con las excusas. Las excusas conducen a la inacción y a la mediocridad. Los Defensores de la Cultura son hombres y mujeres de acción. Están hambrientos y ansiosos por hacer que las cosas sucedan. Así que, haz algo hoy para mejorar tu cultura. Empieza por ti: cultiva una mejor actitud, haz el mejor trabajo que hayas hecho, coopera con tus colegas y aborda tu trabajo con un sentido de la urgencia para que si hay una necesidad insatisfecha, puedas intervenir y hacerla realidad. Este sentido de la urgencia creará un tremendo impulso para ti y tu equipo.

No dejes que lo que no puedes hacer interfiera con lo que sí puedes hacer. Haz algo y empieza hoy mismo.

El Quinto Principio:
HAZLE SABER A LA GENTE LO QUE ESPERAS
(y ten muy claro lo que se espera de ti)

el pináculo de la cultura

¡Escucha a Tu Coach, Matthew!

La mayoría de los recuerdos predominantes de mi infancia tienen que ver con el deporte. Tengo siete hermanos: Mark, Simon, Andrew, Brett, Nathan, Bernard y Hamish. Mientras crecíamos en Australia, todo lo que hacíamos era practicar deportes: cualquier deporte. Fútbol, cricket, tenis, fútbol, natación, correr, baloncesto, voleibol, golf, tenis de mesa, ciclismo... Lo que fuera, probablemente lo intentamos. ¿Éramos competitivos? Sí, ultracompetitivos. Todavía recuerdo que me tiraron a la piscina durante un partido de cricket en el patio trasero de nuestra casa cuando a mis hermanos no les gustó el error que cometí. Practicar deportes era una forma de vida. A mi padre le encantaban los deportes, y uno de sus pasatiempos favoritos era ver jugar a sus hijos. Creo que le daba un tremendo sentido de orgullo y lo llenaba de gran alegría verlos competir.

Empecé a practicar deportes competitivos cuando tenía cinco años, y mis primeros recuerdos están llenos de consejos de mi padre. Cada vez que yo iba a entrenar y él iba a verme jugar un partido, mi padre me decía lo mismo: «¡Matthew, escucha a tu entrenador!». Siempre. Nunca lo olvidó. Si viajaba, me llamaba antes del partido para desearme suerte y recordarme que escuchara a mi entrenador.

Cuando yo tenía unos dieciséis años, me llevó a un partido de fútbol y fue a estacionar el auto. Cuando me alejé, bajó la ventanilla y dijo: «Matthew, no te olvides...» Lo interrumpí y le dije: «Ya lo sé, papá: ¡escucha a mi entrenador, escucha a mi entrenador, escucha a mi entrenador!».

Unas semanas después, papá y yo estábamos hablando y le pregunté:

—Papá, ¿por qué siempre dices: "Escucha a tu entrenador"?

No esperó ni un instante. Me miró directamente a los ojos y dijo:

—Porque nadie alcanza la excelencia en nada sin entrenamiento.

—¿Qué quieres decir? —pregunté.

—Puedes ser bueno en algo solo si trabajas duro en ello. Si tienes algún talento y trabajas duro en ello, puedes ser sumamente bueno en ello. Pero la excelencia, el máximo desempeño, ser el mejor en algo, son cosas que no suceden sin entrenamiento.

Mi padre fue un estudiante de la excelencia. Amaba la excelencia dondequiera que la encontrara. Nos la señalaba en los negocios, en los deportes, en las artes, en la política, en lo espiritual y en lo académico. Era un estudiante de la excelencia, y nos enseñó a ser estudiantes de la excelencia también. En el centro de toda excelencia estaba su creencia de que el entrenamiento jugaba un papel indispensable en la vida de cada campeón.

El coaching o capacitación es la clave para crear una Cultura Dinámica, y el monte Everest de los líderes.

El Sexto Principio:
HAZ CRECER A TU GENTE CREANDO UNA CULTURA DEL COACHING

El Papel Número Uno De Cada Líder

El papel de los líderes ha cambiado radicalmente en los últimos veinte años, junto con casi todo lo demás. Una y otra vez han sido presionados con el mantra «Haz más con menos». A veces es una buena idea y puede ser muy fructífera durante una o dos temporadas, pero después de una década se vuelve muy agotadora. En ese punto, simplemente no puedes hacer más con menos. De la misma manera, el recorte de costos es bueno hasta cierto punto. Pero he visto demasiadas personas obsesionadas con las cifras en posiciones de liderazgo que no tienen otra herramienta en sus cinturones más allá de reducir los costos. También los he visto arruinar grandes organizaciones y la vida de decenas de miles de personas. En algún momento, el único mensaje que se escucha es: «Ustedes son perezosos y están desperdiciando el dinero de la organización». Tanto la filosofía del «recorte de gastos» como la del «más con menos» han alterado radicalmente lo que significa ser un líder hoy en día en términos prácticos.

La parte más importante del papel de un líder de equipo es el coaching. Pero este aspecto, la tarea más valiosa y gratificante que realizan los líderes, ha sido casi completamente exprimido de su rol en los últimos veinte años. Algunos argumentarán que el papel de un líder es decidir qué trabajo debe realizarse, desarrollar sistemas y procesos, establecer objetivos, movilizar los recursos de la organización para lograr esos objetivos, gestionar a las personas para que todo esto ocurra y medir los resultados. No estoy en desacuerdo con que la mayoría de estos son aspectos importantes del papel de un líder. Pero la mejor manera de lograr todo esto es dentro del contexto del coaching. El papel número uno de un líder es hacerle coaching a su gente.

El problema es que los cambios en la vida de la organización han hecho que simplemente no tengan tiempo para ello. Al pedírseles constantemente que hagan más con menos y que reduzcan los costos, ellos mismos han asumido más cosas urgentes sin importancia, y han dejado de lado la parte más importante de su rol, el coaching. Esta es una de las grandes tragedias en la vida de las organizaciones modernas.

Hubo un tiempo en que hacíamos más con menos. Ahora estamos haciendo menos con menos. ¿Dónde están los líderes visionarios que comprenden que podemos hacer muchísimo más con solo un poco más de recursos?

La mayoría de la gente necesita un coach mucho más que un gerente. No me malinterpretes, la gente necesita ser dirigida. La idea de la autogestión es delirante e ineficaz. La gente necesita ayuda para priorizar su trabajo en el contexto de los objetivos generales de la organización, y deben rendir cuentas. Sin una rendición de cuentas, la mayoría de las personas se convierten en la peor versión de sí mismas. Incluso con un fuerte argumento a favor de la gestión (aunque como sabes, prefiero llamarlo liderazgo), sigue siendo cierto que la mejor manera de gestionar (liderar) a las personas es hacerles coaching.

Los mejores líderes pasan la mayor parte de su tiempo capacitando a la gente.

Entonces, ¿por qué no hay más líderes que dediquen más tiempo a capacitar a su gente? Por dos razones. La primera, están demasiado ocupados haciendo cosas que no añaden valor. La segunda, no se les ha enseñado un sistema efectivo del coaching. El coaching es la herramienta número uno que falta en la mayoría de las herramientas de los líderes. Los veo venir a nuestra capacitación, «¡No te limites a administrar: capacita!», y en la primera hora está claro que nunca se les ha dado permiso para capacitar o nunca se les ha enseñado cómo capacitar. Esto significa inevitablemente que sus antiguos líderes no los capacitaron ni los asesoraron.

Resolveremos ese problema en este capítulo. Tendrás lo que necesitas para empezar hoy. ¿Mejorarás con el tiempo? Por supuesto que sí. ¿Te beneficiarías de nuestra capacitación «¡No te limites a administrar: capacita!»? Claro, pero no pospongas lo que puedes empezar a hacer ahora mismo. No dejes que aquello que no puedes hacer interfiera con lo que puedes hacer.

Algunos lectores pueden estar tentados a pensar: «¡Bueno, no soy un gerente!» o «No soy un líder». Eso puede ser cierto en el trabajo. Tal vez no tengas un papel de liderazgo... todavía. Pero todos guiamos a las personas en diferentes aspectos de nuestras vidas, y una mentalidad de la capacitación puede ser revolucionario. ¿Orientas a tus hijos? Por supuesto. Constantemente tratas de ayudarlos a entender lo que importa más y lo que importa menos. No solo díselos; entrénalos. ¿No tienes hijos? Está bien. ¿Tienes sobrinos? ¿Hay personas que van a trabajar a tu casa? ¿Cuándo fue la última vez que comiste en un restaurante, saliste con amigos, organizaste una cena? Todos estamos manejando personas y experiencias continuamente. Y si no eres un líder en el trabajo, tienes uno. Pídele a tu líder que te entrene. Las ideas que comparto en este capítulo y a lo largo de este libro no son solo para los líderes. Son para cada persona en cada organización, y se aplican tanto al trabajo como a la vida. La parte más importante del papel de un líder es hacer crecer a las personas. Si quieres lo mejor para tu gente y de tu gente, debes saber que necesitan coaching. Nadie logra la excelencia en nada sin coaching. Sin coaching, la mediocridad es inevitable. Es hora de crear una cultura del coaching en tu organización, departamento, equipo o grupo. Nada tendrá más impacto en tu cultura que el coaching. Es la bala de plata de las Culturas Dinámicas. Solo que no es rápido y fácil. Una cultura de excelencia es una cultura del coaching.

Si eres un líder, deja de pensar en ti como un gerente y empieza a hacerlo como un coach. Si eres lo suficientemente audaz, pon un cartel en tu puerta que diga «coach».

Estos son algunos consejos rápidos de capacitación que puedes empezar a implementar hoy:

1. Haz que cada interacción con tus informes directos cuente. Enséñales algo que hayas aprendido en tu carrera, cuéntales una historia sobre cómo fallaste en algo y lo que aprendiste, o muéstrales una forma específica de mejorar en su rol.

2. Los estudiantes no les dan a sus profesores tareas para hacer. No dejes que tu gente te lleve trabajo a medio hacer para que lo completes. Entrénalos en aquello que necesiten mejorar y haz que lo intenten una y otra vez, hasta hacerlo bien. No es tu papel hacer su trabajo.

3. Sé «entrenable». Invita a tu gente a informarte sobre las maneras en que puedes crecer. Si tienes hijos, ya sabes

muy bien cómo funciona esto. No esperan a ser invitados y no son reprimidos por la corrección política. Simplemente te lo dicen directamente.

4. Conviértete en un estudiante de la gente. Aumenta tu conciencia de las interacciones sociales fructíferas e improductivas. ¿Cuál es la clave para convertirse en un gran escritor? La gente me hace esta pregunta todo el tiempo. La respuesta: desarrollar un conocimiento íntimo de la gente. ¿Qué los inspira y los atrae? ¿Qué les quita el viento de sus velas y los desmotiva? En el arte y los negocios, así como en la vida, nada reemplaza el conocimiento del ser humano.

La parte más importante de todo esto es empezar a verte a ti mismo como un coach. Tómate en serio las oportunidades de capacitación. Nunca desperdicies una oportunidad, y recuerda que el coaching no siempre es una corrección; a menudo las palabras más poderosas que escuchamos de nuestros coaches son palabras de aliento. Este estímulo impulsa el compromiso y el entusiasmo.

Dirigir a las personas no es fácil, ni tampoco lo es capacitarlas. Pero capacitar a las personas es mucho más agradable y gratificante que simplemente dirigirlas. Hay algo enormemente satisfactorio en ayudar a la gente a crecer. Hay una gran satisfacción al ver que los hombres y mujeres que diriges logran cosas que nunca creyeron posibles porque los entrenaste y los animaste.

Entrenar a las personas significa conocerlas. La gente es diferente. Cada uno de nosotros es único, y, sin embargo, hay cosas que todos tenemos en común. Un coach se fortalece por el bien de la persona y del equipo.

Vivimos en una sociedad que le concede un valor extraordinario a la autoexpresión. Estoy a favor de la autoexpresión, pero hay algo más importante: crear personalidades que valgan la pena expresar. Un buen coach te ayuda a desarrollar la mejor versión de ti, el «yo» que todos en tu vida necesitan que seas.

Como Líder del Coaching y Defensor de la Cultura, quieres entender primero el núcleo de la gente y luego trabajar hacia la periferia. Hay varios modelos de personalidad excelentes que nos ayudan a lograr este entendimiento del núcleo de la gente. El que he usado por veinte años es el inventario de personalidad de Myers-Briggs, aunque hay otros disponibles. Elige uno y úsalo con mucha frecuencia. Cuando te encuentres con un informe directo, ten siempre un resumen de su tipo de personalidad ante ti. Asegúrate de que ellos reciban también una copia.

Animo a los miembros del equipo a organizar almuerzos de personalidad. Dos personas, cada una con un resumen del tipo de personalidad de la otra, almuerzan y discuten cómo ven la personalidad de la otra manifestarse en el lugar de trabajo para bien o para mal. Estos almuerzos son una joya cultural.

Más allá de los modelos de perfil de personalidad, hay un sinfín de formas de aprender más sobre las personas. Paradigma tras paradigma, arrojan luz sobre aquello que es importante para las personas, lo que las mueve, lo que estabiliza los equipos y lo que los desestabiliza.

Un par de veces al año paso una tarde de despreocupación y atemporalidad con mi buen amigo Mark Kaminski. La intemporalidad despreocupada es un término que acuñé en mi libro Los siete niveles de la intimidad para describir nuestra necesidad de estar juntos sin una agenda en todas nuestras relaciones. Mark tiene una gran mente y mucha experiencia. Uno de los paradigmas que compartió conmigo hace unos años y que he encontrado tanto poderoso como práctico describe cuatro tipos de personas en el lugar de trabajo.

1. Este miembro del equipo comparte nuestros valores y hace un gran trabajo.
2. Este miembro del equipo comparte nuestros valores, pero no hace un gran trabajo.
3. Este miembro del equipo no comparte nuestros valores, pero hace un gran trabajo.
4. Este miembro del equipo no comparte nuestros valores y no hace un gran trabajo.

El N.o 1 y el N.o 4 son fáciles de tratar. Capacita al N.o 1 al siguiente nivel y pídele que te ayude a capacitar a algunos de los miembros más jóvenes del equipo. Capacita al N.o 4 para que se vaya, porque hacer otra cosa es poner la misión en peligro, y la Misión es el Rey.

Son los números 2 y 3 los que presentan desafíos. El N.o 2 puede estar en el rol equivocado, o si está en un negocio en crecimiento, el rol puede haber superado sus talentos y habilidades. En este caso, la decisión difícil es degradarlo a vicepresidente de ventas (por ejemplo) y traer a un presidente de ventas experimentado. Puede prosperar en el papel de vicepresidente. La decisión más difícil es cuando realmente no ves un lugar en la organización porque él no tiene la capacidad de ofrecer los resultados de clase mundial que necesitas para tener éxito como equipo. En este escenario, tienes que dejarlo ir. Esto es desgarrador para la mayoría de los líderes porque esta persona puede ser el «chico del cartel» de la cultura, pero aún así tenemos que recordar que se trata de un trabajo, y que somos responsables de una misión. La Misión es el Rey, y mantener a esta persona perjudicaría el futuro de la organización y de todos los miembros del equipo.

El ejemplo estereotípico del N.o 3 es el mariscal de campo que tiene encuentros interminables con la ley y no puede llevarse bien con sus compañeros de equipo o con la dirección. Recuerda, el N. o 3 no comparte nuestros valores, pero hace un gran trabajo. Cuando los compañeros de equipo no comparten y celebran los valores de la organización, suele ser por algún elemento de egoísmo o de ensimismamiento. El mariscal de campo es un campeón, pero es un cáncer para la cultura. Desafortunadamente, sabemos muy bien cómo termina esta historia. El equipo se queda con el mariscal de campo porque es un campeón, y la cultura recibe un gran golpe. Otros jugadores y entrenadores talentosos se van porque se niegan a trabajar con él. Tal vez, solo tal vez, él ayuda al equipo a ganar el Super Bowl, pero normalmente no lo hace, y la razón es porque lo que realmente importa es la cultura.

Si crees que lo que sucede en el deporte profesional no se aplica a tu organización, piénsalo de nuevo. La mayoría de los equipos de ventas de veinte miembros o más tienen un vendedor tóxico. Una persona nueva que se une al equipo no puede entender por qué una organización con una cultura general tan fabulosa tolera a semejante imbécil. «Él supera sus cifras cada trimestre», informa un colega al nuevo miembro del equipo de ventas.

En este escenario, el problema es que nadie ha mirado toda la ecuación. Haz las cuentas y comprenderás que mostrarle la puerta al vendedor no solo es lo mejor para tu cultura, sino también para tu organización. Déjame explicarte.

Si estás vendiendo tu producto a un cliente en particular, ¿le permites al cliente elegir con qué vendedor quiere trabajar? No.

Le asignas un vendedor. Entonces, has asignado al señor Idiota Tóxico a un territorio o grupo de clientes. Ahora, si todos dentro de la organización no lo soportan, ¿cómo crees que se sienten sus clientes con él? Sin embargo, no tienen otra opción. Si quieren tu producto, la única persona a la que se lo pueden comprar es al señor Idiota Tóxico.

La ecuación completa considera todos los hechos. En un escenario, envías a un ser humano medio decente que encarna tu Cultura Dinámica a llamar a los mismos clientes, y vendes el doble de producto a esos clientes. En otro, envías al señor Tóxico Imbécil, y aunque los clientes podrían comprar tu producto a regañadientes porque hay demanda, también pueden promover el producto de tu competidor a sus clientes porque desprecian trabajar con el señor Idiota Tóxico. En otro escenario, tus competidores proponen un producto tan bueno como el tuyo y envían a un vendedor encantador y deseoso de llamar a tus clientes. ¿Qué porcentaje de tus ventas actuales podrías perder?

Al final, descubrirás que con el tiempo los buenos vendedores comenzarán a irse a otros departamentos o incluso a otras organizaciones. Sus entrevistas de salida revelan que simplemente se cansaron de tener que trabajar junto a este imbécil completamente interesado en su propio beneficio, ensimismado y autocomplaciente.

El punto es que, mientras el señor Idiota Tóxico está superando sus cifras, te está costando mucho más de lo que te está ayudando. Puede que no sepas exactamente cuánto, pero también te está costando. Así que excava profundo, encuentra tu coraje, y muéstrale la puerta al señor Idiota Tóxico. ¿Será fácil? No. Estarás dando vueltas en la cama a las dos y tres de la mañana. Solo tienes que recordar que la Misión es el Rey.

El papel de un líder es hacer crecer a la gente, y la capacitación es la mejor manera de hacer esto. Revisemos un momento la filosofía de FLOYD: «Tu organización solo puede convertirse en la mejor versión de sí misma en la medida en que las personas que la dirigen se conviertan en las mejores versiones de sí mismas». Nada ayudará a tu gente a tener mejores versiones de sí mismos más rápido que una capacitación consistente.

Los líderes extraordinarios tienen capacitadores extraordinarios. No hablo de líderes buenos o incluso por encima del promedio, sino de los verdaderamente extraordinarios. Los líderes extraordinarios valoran y exigen capacitación.

Si eres un líder y nunca has tenido un gran Líder de Coaching como jefe, te recomiendo encarecidamente que consideres entrar a una relación de coaching.

Si no eres un líder y no tienes un gran Líder de Coaching o un mentor en tu vida, deberías entrar a una relación de coaching también. Antes de tener mi primer cargo como coach ejecutivo, de negocios y de vida, pensé que el coaching era una moda pasajera, una exageración. Pero cambió mi vida, tanto personal como profesional, y cambiará la tuya.

La mayoría de la gente no tiene a nadie en su vida a quien pueda decirle algo sin miedo a ser juzgado. Todos necesitamos a alguien. La mayoría de la gente no tiene a nadie en su vida que les ayude a pensar sistemáticamente en sus mayores desafíos. Todos necesitamos a esa persona. La mayoría de la gente no tiene a nadie que los haga responsables de sus esperanzas y sueños. Todos necesitamos eso. La mayoría de la gente no tiene a nadie que sea experto en desafiarlos de manera que saque lo mejor de ellos. Todos necesitamos eso.

El coaching me ha hecho mejor persona, mejor líder, mejor pensador y mejor escritor, y ha mejorado mi calidad de vida en demasiadas formas para enumerarlas. Siempre tendré un coach, para el resto de mi vida.

Todo el mundo necesita un coach. Nadie va a las Olimpiadas sin uno. Por lo tanto, en lo que a mí respecta, cualquiera que quiera ser excelente en algo debería tener un coach. Y si no hay nada más, todos deberíamos querer vivir vidas excelentes llenas de pasión y de propósito. Dime en qué quieres ser excelente y te diré quién debería ser tu coach.

La Palabra Con La «Ere» De La Empresa

He tenido una vida extraordinaria, llena de gente increíble y oportunidades fabulosas. Así que no envidio a muchas personas. Envidio a los atletas profesionales. No por ninguna de las razones habituales, sino porque siempre saben cómo les va. Todo lo que tienen que hacer es mirar hacia arriba y ahí está el marcador, lleno de resultados y estadísticas. Una vez que cada jugador sale del campo, hay una docena de programas de televisión que analizan su desempeño no solo hoy, sino que lo comparan con el de la semana pasada, la temporada pasada y las estadísticas de su carrera. Los atletas profesionales siempre saben cuál es su posición. La gente necesita eso. Lo merece.

Una cosa de la que estoy absolutamente convencido: la gente merece saber cuál es su posición.

En el mundo corporativo, usamos diferentes herramientas para comunicar esto a los empleados, pero nuestra principal herramienta es la revisión anual. Ahora, permíteme decir esto claramente de modo que sea absolutamente imposible para ti no entender lo que estoy diciendo. La revisión anual es un dinosaurio. Es una absoluta pérdida de tiempo. Es un chiste.

No funciona. Los líderes son solo un 60 por ciento honestos, dependiendo de su humor ese día en particular o de la presión en su horario. Las revisiones anuales simplemente no funcionan porque son demasiado infrecuentes para funcionar en el campo de la capacitación. Elimina la revisión anual.

¿Cuánto tiempo duraría un entrenador de fútbol en tu universidad favorita si revisara el desempeño de los jugadores solo una vez al año? Algunos dirán que un líder se reúne constantemente con su gente. Cierto, pero ¿de qué hablan? Hablan del trabajo.

Ahora, perdóname, pero tendré que usar una palabra con la «r». Es esencial para el proceso de revisión y fundamental para ser un Líder del Coaching: la retroalimentación. Una relación de coaching prospera cuando los líderes se sienten cómodos ofreciendo retroalimentación y los miembros del equipo se sienten cómodos recibiéndola. Dar y recibir retroalimentación es incómodo. Por alguna razón, los seres humanos no aman ninguna de estas cosas. En algún nivel, todos somos un poco reacios a los conflictos. Hay un pacificador en todos nosotros. A la mayoría de la gente no les trastocar las cosas.

Noticia de última hora: no serás muy bueno para la retroalimentación si lo haces solo una vez al año. Y adivina qué: la gente que diriges no va a ser buena para recibir retroalimentación si lo hacen solo una vez al año. Pero el verdadero problema es que no van a ser realmente buenos en sus papeles si les das una respuesta solo una vez al año.

La creación de una cultura del coaching comienza al acortar el ciclo de retroalimentación. Dar y recibir retroalimentación debe convertirse en una parte natural y normal de la interacción entre los líderes y los miembros de su equipo. Debe ser esperado y bienvenido, y no una sorpresa. Mejoramos al dar y recibir retroalimentación haciendo estas cosas con frecuencia, así como la mayoría de las otras cosas.

Estas son las buenas noticias. El concepto de revisión proporciona el formato y la plataforma perfecta para la capacitación y la retroalimentación. Por lo tanto, podemos usarlo, solo que necesitamos hacerlo más de una vez al año.

Las revisiones del desempeño son un gran primer paso. Son una forma efectiva de facilitar una relación de coaching y hacer saber a tu gente que las cosas están cambiando. Lo primero que oirás es: «Pero nuestras revisiones del desempeño son normalmente en...». Puede que incluso quieras adelantarte a eso y decirle a tu equipo que estás convencido de que las revisiones anuales son un dinosaurio y que a partir de ahora todo el mundo tendrá una revisión trimestral. Hazles saber que este es el primer paso. Diles que quieres crear una cultura del coaching vibrante, y que de ahora en adelante pueden esperar una retroalimentación regular.

Este es el proceso de revisión que recomendamos:

- Un nuevo empleado tiene una revisión después de treinta días.

- Desde entonces hasta el fin del mundo, un empleado tendrá una revisión cada noventa días.

- La revisión consiste en seis preguntas, que se utilizan principalmente para enmarcar una conversación de coaching:

  1. ¿Qué ha funcionado bien los últimos tres meses?

  2. ¿Qué necesitas mejorar para ser el mejor?

  3. ¿Cómo crees que tu desempeño general refleja estas tres cualidades: comprometido, «entrenable» y consciente?

4. ¿Cuáles son tus metas claves para los próximos noventa días?

5. ¿Qué has hecho para mejorar la cultura en los últimos noventa días?

6. ¿Hay algo más que te gustaría compartir o discutir?

- La persona que está siendo examinada responde por escrito a estas cinco preguntas, y se las da a su líder una semana antes de su revisión programada.

- El líder también completa las preguntas para anotar sus observaciones sobre el empleado en los últimos noventa días. Es preferible hacer esto antes de leer los comentarios del empleado.

- El Líder del Coaching y el empleado se reúnen por no más de una hora para tener una conversación abierta y honesta sobre lo que funciona y lo que no.

- Cada persona firma entonces las notas de la revisión. Cada persona recibe una copia, y otra se guarda en el archivo del empleado.

Uno de los principales propósitos del proceso de revisión es dejar que las personas sepan claramente dónde están. La gente se merece eso. No evites las conversaciones difíciles. La gente merece saber las formas en que están teniendo éxito, y donde se están quedando cortos o incluso fallando rotundamente. No decirles es como mínimo injusto, pero más que eso, es cobarde. Si no se lo dices, estás invitándolos a jugar un juego en el que tú decides quién gana o pierde mientras te niegas a darles las reglas. El problema es que el juego es su carrera profesional, así que no es un juego en absoluto. Se trata de algo serio, porque detrás de la palabra carrera hay gente real y cosas reales como alimentar y educar a los hijos, pagar la hipoteca, las vacaciones anuales de la familia y ahorrar para la jubilación.

Justo antes de terminar cada revisión, haz una pausa por un momento y pregúntate: ¿qué no he dicho porque soy demasiado cobarde? Hazlo parte de tu proceso. Puedes decirle a tu informe directo: «Mientras estamos aquí, pasemos un momento en silencio para pensar si hay algo que no hemos dicho y que deba decirse». Lo más probable es que no estén diciendo algo que deberían compartir con ustedes también.

Cuando te conviertas en un Líder de Coaching, la revisión trimestral del desempeño del empleado será la experiencia central del coaching formal. Pero al tener estas sesiones de revisión, también cambias la naturaleza de cada conversación informal que tienes cada día con tu gente. Las sesiones de revisión formal y las conversaciones informales crean un ambiente de capacitación continua. Cualquier ambiente verdaderamente profesional es uno de aprendizaje y capacitación continua. Los mejores de los mejores siempre tienen capacitadores, y los campeones aman la capacitación.

El coaching lleva a la excelencia. Si queremos que nuestra gente sea excelente, el coaching es el siguiente paso natural. No podemos esperar razonablemente que nuestra gente crezca si no les hacemos coaching.

Este proceso de revisión se convierte en un sistema de coaching incorporado deliciosamente simple y efectivo. Por lo tanto, para cualquiera que quiera convertirse en un Líder de Coaching, es un gran punto de partida. Este único cambio en la forma de dirigir tu equipo u organización sería un enorme primer paso hacia la creación de una cultura del coaching.

También vale la pena señalar una vez más que para los mejores líderes, el componente del coaching de su rol es la parte más gratificante de su trabajo. Como resultado, al suprimir el coaching del rol de la mayoría de los gerentes (líderes), no solo les hemos robado la satisfacción muy natural que proviene de ayudar a la gente a crecer, sino que también hemos atraído a las personas equivocadas hacia el liderazgo: personas que no tienen interés en ayudar a otras a crecer. En muchos casos ni siquiera disfrutan de las personas. ¿Cómo puedes ser un gran líder si no te gustan las personas?

En el centro de todo líder auténtico está el deseo de ayudar a cada persona a convertirse en la mejor versión de sí misma, de modo que la organización pueda convertirse en su mejor versión. Tienes que preocuparte por la gente y la organización para cumplir la misión.

El coaching es el futuro de los líderes. Es la manera más efectiva de lograr todos nuestros objetivos empresariales. Estos son diez consejos de coaching para tener en cuenta al embarcarte en este viaje increíblemente gratificante:

1. SÉ HONESTO. No te contengas. Sé honesto con la gente. Diles lo bueno, lo malo y lo feo, y luego recuérdales lo bueno otra vez. La gente necesita y merece saber exactamente cuál es su posición. La honestidad es la cualidad más admirada en un líder. Sé sincero, amable y directo, y cíñete a los hechos.

2. PRIORIZA EL COACHING. Haz de tus sesiones de coaching una prioridad. No las dejes pasar, y no permitas que el participante las pase por alto. El coaching es tu prioridad número uno como líder.

3. CONÉCTATE. Comienza estableciendo una conexión.

Permítele saber a tu gente quién eres realmente como individuo. Comparte aquello que sea importante para ti. No todo a la vez, sino poco a poco, con el paso del tiempo. Y, sobre todo, señala que tienes el mejor interés de la persona en tu corazón, que quieres ayudarla a crecer y a tener éxito. Hazlo de forma natural. Habla de lo que hiciste o harás el fin de semana, de tus comidas favoritas, de los equipos que sigues, de lo que estás leyendo.

4. **PREPÁRATE.** Asegúrate de saber antes de la reunión exactamente en qué quieres que trabaje tu gente, o cómo quieres que crezcan y mejoren. Esto es importante, independientemente de la duración de la reunión; puede ser de cinco minutos o una hora. Si no les das algo en lo que trabajar, les estás diciendo que estás totalmente satisfecho con todo lo que hacen y que no hay forma de que mejoren.

5. **EXPLICA EL QUÉ Y EL PORQUÉ.** El coaching te permite enseñar el porqué, y no solo el qué. Los líderes a menudo tienen que pedirle a la gente que haga cosas, pero no tienen tiempo para explicar por qué esa tarea o proyecto es importante. El coaching te permite explicar el porqué. Esto ayuda a formar futuros líderes estratégicos, porque la estrategia suele estar incluida en el porqué. Además, transmite un valioso conocimiento institucional. Ve más allá de las tareas e instrucciones, y realmente ayuda a la gente a entender por qué hacemos las cosas, y por qué las hacemos de una manera segura. Entender por qué permite a la gente hacer de la misión el rey más que nunca, y las inspira a comprometerse con esa misión más que nunca antes.

6. **PREGUNTA.** Los mejores coaches usan las preguntas para enseñar de una manera poderosa. Se vuelven muy buenos para hacer preguntas. No les cuentes todo. Permíteles pro-

poner e iniciar la solución. Haz preguntas que los lleven a donde necesitan ir, y luego déjalos que lo averigüen por sí mismos. Una gran pregunta para empezar cada sesión es: ¿qué esperan obtener hoy de esta sesión? o, ¿Qué sería lo más útil de trabajar hoy para nosotros?

7. **ESCUCHA.** No hagas toda la charla. Los grandes coaches realmente son buenos oyentes.

8. **INVITA A LA RETROALIMENTACIÓN.** Invita a tu participante a que te dé su opinión. No la tomes como algo personal. El ego es el enemigo de la capacidad de coaching. Si la retroalimentación es buena, vívela. Agradéceles por la retroalimentación más de una vez. Es extremadamente incómodo para la gente darle retroalimentación a su jefe.

9. **ANIMA.** Soy bueno en lo que hago. He vendido más de treinta y cinco millones de libros, pero hay días en los que me lleno de dudas cuando me siento a escribir. Nunca superamos la necesidad de ser animados. Así que asegúrate de aprovechar cada oportunidad que tengas para animar a los miembros de tu equipo.

10. **ESTO ES UN REGALO.** El coaching es un regalo increíble. Hazle saber a los que les hagas coaching que esto les servirá no solo en el trabajo, sino en todos los aspectos de sus vidas, y no solo ahora, en esta organización, sino por el resto de sus vidas dondequiera que vayan. No te avergüences de decir que estás invirtiendo intencionalmente en ellos con la esperanza de que ellos inviertan en otros para ayudarles a crecer.

Las Culturas Dinámicas son culturas del coaching, y las culturas del coaching tienen niveles épicos de compromiso. Nada aumentará más radicalmente el compromiso de los empleados que el coaching. ¿Qué es una cultura del coaching? Es una cultura en la que el coaching es una parte natural y normal de cada día. Es una organización en la que el coaching es alentado, deseado, contagioso y celebrado. Una cultura del coaching es una cultura de la excelencia.

Cuando estás capacitando activamente a tu gente, la mediocridad no tiene dónde esconderse. Cuando dejas de confiar en los rumores para liderar tu equipo, un empleado desconectado no puede esconderse detrás del resto del trabajo del equipo. El coaching te hace consciente de cosas que nunca sabrías de otra manera. Simplemente no hay mejor manera de entender realmente a tu gente y de lo que son capaces de contribuir.

El coaching es también la única forma verdaderamente efectiva de ofrecer desarrollo y trayectoria profesional. La relación de coaching permite tanto al coach como a quien recibe el coaching explorar las fortalezas y debilidades, y evaluar cualquier brecha de habilidades que le impida a alguien lograr sus metas profesionales. El coaching es el último desarrollo profesional.

La revisión trimestral por sí sola es revolucionaria cuando se trata del desarrollo profesional. Pero al formar Líderes de Coaching, llevas el desarrollo profesional a la estratosfera.

Haz crecer a tu gente dirigiéndolos bien y entrenándolos. El coaching demuestra que te interesan los empleados no solo como tales, sino también como seres humanos, como personas que viven y respiran, que tienen vidas y familias más allá de los límites de las oficinas corporativas. El coaching es una inversión honesta en tu gente, y dará frutos sorprendentes en todas las áreas, desde el compromiso hasta la innovación.

¿Cómo es el sistema de desarrollo profesional de tu organización? No es como diga en el folleto o en el manual del empleado, sino en la realidad. Fíjate que no dije programa de desarrollo profesional. No necesitas un programa; necesitas un sistema.

FLOYD ha estado ayudando a organizaciones de todos los tamaños a desarrollar Sistemas de Desarrollo Profesional (SDP) desde hace más tiempo del que puedo recordar. Hay un puñado de componentes clave para un SDP, pero nada es más importante que la capacitación. Forma Líderes de Coaching o contrata coaches externos para tu gente, o haz ambas cosas. Nada es más poderoso que el coaching cuando se trata de desarrollar a tu gente.

La excusa más común para no invertir en la gente es también la peor excusa. Una y otra vez escucho a los líderes y dueños de negocios decir: «Bueno, el 40 por ciento de ellos no se quedarán, entonces, ¿qué sentido tiene invertir en ellos de una manera tan significativa?».

Esto es una locura. Que se queden o se vayan es irrelevante, principalmente porque el desarrollo de las personas es una forma en que un negocio contribuye a la sociedad. Capacitar a las personas de esta manera hace que surjan mejores padres y amantes; entrenadores para el equipo de fútbol de nuestros hijos, mejores miembros de junta y voluntarios para las organizaciones benéficas locales; y la lista continúa. Las repercusiones positivas de capacitar a tu gente son interminables.

Esta percepción de que muchos de tus empleados se irán es también una locura puramente desde el punto de vista de los negocios. En primer lugar, el coaching por sí solo reducirá el número de personas realmente talentosas que dejen tu organización, y aumentará el número de personas mediocres que se vayan. La mediocridad detesta la responsabilidad. En segundo lugar, el coaching hace que el compromiso individual y del equipo se dispare. Tercero, incluso si alguien extraordinario se va para seguir la carrera de sus sueños en otro lugar, será un fabuloso embajador de tu organización para siempre. Esto es beneficioso para tu marca en todos los sentidos, y atraerá a otros grandes talentos a tu puerta. Y finalmente, el producto laboral que generen mientras estén contigo será muy superior que si no hubieras invertido en ellos.

Si realmente quieres contribuir a la sociedad como organización, deja de hacer esas contribuciones caritativas a causas que probablemente ni siquiera te apasionan y que te sientes obligado a hacer por tu imagen corporativa, y más bien invierte en tu gente. Saca del 1 al 3 por ciento de la nómina y comprométete a desarrollar a tu gente con este porcentaje del presupuesto.

Invierte en tu gente. Haz crecer a tu gente. Nada es mejor para los negocios y la sociedad que desarrollar a la gente, y la mejor manera de desarrollarlos es con el coaching. Cada participante del coaching se convierte en un coach para otros en su vida. Y todo el mundo necesita un coach.

Crea una cultura del coaching. No hay nada que puedas hacer que tenga más impacto en tu organización.

Una cultura del coaching tiene un circuito rápido de retroalimentación. Esto beneficiará a una organización en su esfuerzo por sacar lo mejor de su gente, pero también se desborda en una docena de áreas diferentes. Una retroalimentación más rápida en el campo del desarrollo de productos puede ser invaluable. En una cultura donde la gente se siente cómoda dando y recibiendo retroalimentación, se elimina mucha ineficiencia y desperdicio.

Otra cosa: si decides implantar el esquema «comprometido, "entrenable" y consciente» en tu equipo u organización, reaviva estas cualidades. Elogia a los participantes cuando muestren estos comportamientos, y desafíalos cuando se queden cortos. Integra las tres cualidades en conversaciones formales e informales todos los días, para que el lenguaje impregne la cultura.

Puedes empezar a crear una cultura del coaching hoy mismo. No necesitas obtener permiso. ¿Quién puede discutir contigo acerca de la inversión en tu gente? Inténtalo. Actúa según tu voluntad. Mira lo que pasa. Todo el mundo tiene una docena de oportunidades, personales y profesionales, para capacitar a otras personas. Empieza a aceptar con audacia esas oportunidades.

No importa dónde esté la gente en sus carreras o vidas. Lo que importa es adónde los lleves, y es tu papel llevarlos allí. Es tu responsabilidad hacer crecer a tu gente.

Estás listo. Empieza a capacitar a tu gente. Será una de las experiencias más gratificantes de tu vida.

La Moneda De Los Grandes Líderes

Aprenderás mucho sobre tu gente al capacitarla. Obtendrás una apreciación completamente nueva de sus fortalezas y debilidades, lo que te permitirá desplegarlas con una eficacia cada vez mayor. Pero eso es solo la punta del iceberg.

Lo primero que descubrirás es lo fácil que es capacitar a tu gente. Este punto de datos te dice mucho sobre una persona. Las personas que son «entrenables» tienden a estar hambrientas de mejores prácticas y comprometidas con el aprendizaje continuo. Estos tipos de personas siempre correrán en círculos alrededor de su competencia. A los campeones les encanta la capacitación. Nunca olvides esto. Las personas que se resisten a la capacitación es poco probable que se conviertan en campeones. Los mejores quieren mejorar. Anhelan la capacitación.

El coaching también te hará fenomenal para contratar nuevos miembros de equipo. Es horrible tener que dejar ir a alguien. Perjudica al empleado y a su familia, afecta la moral del equipo, y no te deja dormir. Deberíamos hacer todo lo posible para no cometer errores de contratación. Al capacitar a tu gente y al ver cómo aprenden, crecen, dan y reciben retroalimentación, y tantas otras cosas, estarás refinando constantemente aquello que hace a un gran miembro de tu equipo.

Con el tiempo, descubrirás que las personas realmente caen dentro de las cuatro categorías que discutimos anteriormente. Dos de estos grupos son muy fáciles de tratar, mientras que los otros dos pueden presentar desafíos considerables a una organización y a su liderazgo. Recuerda que se clasifican según los valores y el trabajo.

- **Categoría 1**: Esta miembro del equipo comparte nuestros valores y hace un gran trabajo. FÁCIL. Acción: Alentarla y darle poder.

- **Categoría 2**: Este miembro del equipo comparte nuestros valores pero no está haciendo un buen trabajo. DESAFÍO. Acción: mira de manera honesta y objetiva el papel que desempeña esta persona y pregúntate si está en el papel correcto para sus fortalezas y talentos. Si determina que no está en el papel correcto, y si hay otro papel que parece ser más adecuado, considera moverlo a ese papel. En cada paso, el empleado merece saber exactamente dónde está parado. Si no hay otro rol disponible o se le da una oportunidad en otro rol y falla, invítalo a irse.

- **Categoría 3**: Este miembro del equipo no comparte nuestros valores, pero está realizando su trabajo a un nivel extraordinario. MUY DIFÍCIL. ¿Qué hacer? Ya lo sabes, pero tendrás que luchar con ello cada vez.

- **Categoría 4**: Este miembro del equipo no comparte nuestros valores y no contribuye con un buen trabajo. FÁCIL. Acción: Invítalo a salir.

Considera el caso del vendedor del que hablamos, el señor Idiota Tóxico. La mayoría de las organizaciones miran los números y concluyen que tienen que mantenerlo porque no pueden permitirse perder los ingresos por ventas. Esta es una lógica horrible. Así que toleran este cáncer en su cultura, y mientras más lo toleran, peor se vuelve.

El problema es que basaron todo su plan de acción en una suposición falsa. Asumieron que iban a perder las ventas. Pero incluso si reemplazaban a ese vendedor por alguien realmente promedio, el nuevo vendedor al menos obtendría algunas ventas. Asumamos que el señor Idiota Tóxico tenía un don notable, pero encuentras a alguien con una experiencia sólida y un buen historial. Este nuevo vendedor conserva el 80 por ciento de las cuentas y la cuota de mercado del señor Idiota Tóxico. ¿Qué harías ahora? ¿Vale la pena el 20 por ciento con el fin de devolver la salud a la cultura de la organización?

Sin embargo, aún no hemos considerado todos los factores. Todavía no tenemos el panorama completo. No hemos hecho las matemáticas que realmente cuentan.

Como discutimos, la mayoría de las organizaciones no envían vendedores a audicionar para un cliente y luego dejan que el cliente elija con qué vendedor desea trabajar. Las organizaciones dictan a los clientes qué vendedor deben solicitar en la mayoría de los casos. En el caso del señor Idiota Tóxico, considerando que nadie puede soportar internamente estar en la misma habitación con él, ¿cómo crees que tus clientes se pueden sentir con respecto a él? La mayoría de las organizaciones no lo saben. El cliente no tiene elección, así que le siguen comprando al Idiota Tóxico porque su producto es bueno hasta que aparece algo y alguien mejor.

Supongamos ahora que tu competidor envía a un vendedor razonablemente talentoso que es también un ser humano relativamente decente como para llamar a los mismos clientes. ¿Cuántos negocios perderás? Y a continuación, supongamos que la misma organización lanza un producto relativamente decente, como tienen el pequeño y desagradable hábito de hacer los competidores. Y supongamos que ahora envían ese producto relativamente decente con ese vendedor medio decente para llamar a los clientes que está atendiendo el Idiota Tóxico. ¿Cuántos negocios perderá entonces?

¿Acabo de contar la misma historia de diferentes maneras durante dos capítulos seguidos? ¡Sí! ¿Estoy perdiendo la cabeza? ¡No! Es así de importante. Permitir el cáncer en tu cultura es algo que nunca vale la pena.

¿Alguna vez te has preguntado cómo empieza el cáncer? Probablemente estoy más interesado en esto que la mayoría de las personas porque me diagnosticaron tres tipos de cáncer antes de los cuarenta años. Déjame decirte algo... que llamará tu atención. De todos modos, tu cuerpo tiene cien millones de células (macro). El cáncer comienza induciendo cambios en una célula (micro). Esta única célula crece demasiado rápido, se multiplica, y ahora tienes un pequeño grupo de células cancerosas. Sigue siendo un problema micro, especialmente si se descubre a tiempo.

El cáncer mata a la gente y mata las culturas. Todos hemos visto que mata a la gente, y si reflexionamos, probablemente todos hemos visto que mata culturas de equipos y culturas de organizaciones enteras. El cáncer no es una broma. Si tu médico te dijera mañana que tienes cáncer y te explicara los diferentes tratamientos disponibles, no dirías casualmente: «Gracias, doctor. Déjame pensarlo, y nos ocuparemos de ello cuando las cosas vayan un poco más despacio en el trabajo». Solo hay una forma de tratar el cáncer: agresivamente. Tienes que localizarlo, determinar cuánto se ha extendido y eliminarlo. El cáncer de la cultura necesita tratarse exactamente de la misma manera. Si ese cáncer estuviera en tu cuerpo, lo atacarías con vigor. Lo extirparías, lo desterrarías. No lo tolerarías. No pensarías en cuánto tiempo podrías vivir con él antes de erradicarlo. Actuarías con rapidez y decisión. Deberíamos actuar exactamente de la misma manera cuando se trata del cáncer de la cultura. Este cáncer será siempre una amenaza para la vida de tu organización. Hay momentos en los que necesitas dejar ir a la gente. Una vez que comprendas esto, actúa basado en ello. Aplazar este tipo de decisiones es algo que no le sirve a nadie. No te engañes a ti mismo, normalmente lo sabes con rapidez. No finjas. Y recuerda, cada decisión de despido es una decisión de contratación: si contrataras a esta persona hoy en lugar de despedirla, sabiendo todo lo que sabes hoy, ¿la contratarías? O si un miembro del equipo fuera a tu oficina mañana por la mañana y te dijera que le han ofrecido un puesto en otra organización y que ha decidido aceptarlo, ¿cómo te sentirías? ¿Aliviado? ¿O sentirías pánico, sabiendo que no puedes permitirte perder a esa persona porque es indispensable para el éxito de tu equipo y de tu organización?

El éxito favorece a los audaces. Una vez que tengas la información que necesitas para tomar una decisión, actúa con determinación.

Si una organización es débil en el tratamiento del cáncer de la cultura o en las personas que no encajan bien en el equipo, es una señal de que algo está mal. La cualidad de liderazgo número uno que falta actualmente en el mundo corporativo es el coraje gerencial. Se ha convertido en algo inquietantemente raro entre los líderes.

El coraje gerencial es un proceso de tres pasos de responsabilidad que los líderes de coaching utilizan para lograr resultados extraordinarios. Estos son los pasos:

Primer paso: espera

Un líder debe esperar cosas buenas de su gente, pero no es razonable esperar cosas de tu gente si no has dejado claras tus expectativas. Como hemos discutido brevemente en relación con la brecha de expectativas, la mayoría de las personas no tienen ni idea de lo que su líder espera de ellas. El primer paso en el proceso es hacer que tus expectativas de una persona, equipo o proyecto sean muy claras.

Segundo paso: inspecciona

Un líder debe inspeccionar regularmente a su gente y sus proyectos. Inevitablemente, cuando lo haga, descubrirá algunas cosas que necesitan mejorar o que simplemente están mal. Siempre que sea posible, estas inspecciones deben ser regulares y programadas, en lugar de sorpresivas, lo cual tiende a poner a la gente ansiosa y paranoica.

Tercer paso: capacita

Habiendo dejado claras tus expectativas, realizado una inspección regular y descubierto algunas oportunidades de mejora, un líder ahora capacita a la persona o al equipo para cerrar esa brecha entre lo que espera y lo que descubrió durante la última inspección.

¿Por qué la mayoría de los líderes no practican el coraje gerencial? La verdad es que se necesita mucho tiempo, esfuerzo y energía para tener muy claro aquello que esperamos. Ya sea que esas expectativas sean para un miembro del equipo en particular o para un proyecto entero, es un trabajo real para tener claro lo que esperamos. Por eso, sorprendentemente, muchos líderes no pueden reunir una descripción del papel que refleje el papel, aunque sea vagamente. Los líderes están ocupados haciendo todas las cosas equivocadas. Están exhaustos porque la parte más apasionante de su papel ha sido reubicada a cambio de un trabajo que consume toda su la energía.

Esta es la misma razón por la que los líderes tienden a no tener inspecciones regulares ni programadas. Claro, tienen la inspección ocasional accidental, pero esto se manifiesta en que escuchan algo de alguien que está completamente fuera de contexto y pierden la cabeza por ello, o tropiezan con algún producto laboral al salir de la oficina una noche con el que no están satisfechos. Se necesita esfuerzo, intencionalidad, disciplina y energía para inspeccionar regularmente a tu gente y a tus proyectos. El proceso de revisión de noventa días satisfará lo referente a las personas, y tal vez necesites un tiempo similar para los grandes proyectos: una revisión de noventa o incluso de treinta días.

Y finalmente, si no tienes el hábito, se necesita mucha energía para capacitar a tu equipo y cerrar la brecha entre donde están y donde esperas que estén. Pero encuentra un Líder de Equipo que obtenga energía y alegría al capacitar a su gente y habrás encontrado al líder del futuro.

El primer paso se aborda con una Descripción de Roles y una Tarjeta de Puntuación que son prácticas y reales, que evolucionan a través del proceso de revisión de noventa días. Los pasos dos y tres se tratan formalmente a través del proceso de revisión trimestral, e informalmente a través de conversaciones orgánicas diarias entre un Líder de Coaching y los miembros de su equipo.

El valor de la gestión es esencial para una cultura de coaching, y el coaching es esencial para una Cultura Dinámica. Todo esto se articula y es esencial para el éxito a largo plazo.

El secreto para establecer este tipo de cultura y desarrollar el coraje gerencial es algo que he insinuado en algunas ocasiones a lo largo del libro. Es una de las lecciones más importantes que he aprendido en mi carrera. Estaba familiarizado con la idea, pero nunca había encajado conmigo. Fue un líder de RR.HH. quien finalmente me lo metió en mi cabeza.

Estaba en la sala de juntas con el equipo de liderazgo de una organización sin fines de lucro muy exitosa que estaba experimentando un crecimiento masivo, y había que tomar una decisión difícil. Uno de ellos era George Josten, un profesional de RR.HH. de veintinueve años. No uso la palabra profesional a la ligera. George es un profesional consumado y estaba allí para responder a cualquier pregunta relacionada con RR.HH. que el equipo de liderazgo pudiera tener mientras trabajaban en el problema en cuestión.

La conversación se extendió por toda la sala, pasando de los puntos más importantes que había que considerar a una clara incomodidad con la decisión que todos sabían que había que tomar, y actuar de manera oportuna.

Me volví hacia George, un observador silencioso, que reúne todos los datos y las perspectivas de los demás antes de ofrecer sus pensamientos, y le pregunté:

—¿Qué piensas?

—Parece que algunos de ustedes están tratando de sentirse cómodos con esto. Lo que yo diría es que probablemente nunca se sientan cómodos con esto, pero no olviden que él los ha puesto en esta situación. Lo contrataste para hacer algo muy específico, que dijo que podía hacer, y no lo ha hecho. Ahora necesitas dejarlo ir, y tratar de sentirte cómodo con eso. Se supone que no debes estar cómodo con algunas de estas cosas. Tu incomodidad apunta a una inteligencia emocional que probablemente hace que seas perfecto para servir a esta organización. El objetivo aquí es tomar la decisión correcta. El objetivo es no sentirse cómodos. Ustedes son un equipo de liderazgo relativamente nuevo, y estas cosas van a surgir de vez en cuando. Ellos lo hacen incluso en las mejores organizaciones. Tienes que sentirte cómodo estando incómodo.

¡Caramba! Quedé estupefacto. Veintinueve años. «Tienes que sentirte cómodo estando incómodo». Brillante. Poderoso y práctico. Les dijo que está bien sentirse incómodo y que tú deberías estarlo. Pero al mismo tiempo, tienes que estar de acuerdo con estar incómodo y hacer lo que hay que hacer.

Fue uno de mis mejores momentos con un equipo. Hablo de ello todo el tiempo. Si quieres ser un buen líder, coach, padre, cónyuge, amigo, etc., mientras más rápido te sientas cómodo estando incómodo, tanto mejor.

El coraje gerencial puede ser el arte de sentirse cómodo estando incómodo. De lo que estoy seguro es de esto: si queremos construir una Cultura Dinámica, todos necesitamos sentirnos cómodos estando incómodos. Un Defensor de la Cultura celebra la misión como rey incluso cuando se siente incómodo.

Pero para lograr todo esto, se necesita tener una gran cantidad de la moneda de los grandes líderes. De nuevo, no importa si eres un líder o un miembro del equipo de tu organización. Todo el mundo necesita esta moneda.

Permíteme establecer esto compartiendo algo sobre mí. Soy sumamente introvertido, así que una multitud de personas en un ambiente social es una forma de tortura para mí. La charla es otra forma de tortura. Así que he desarrollado un número de preguntas para situaciones como estas con el fin de hacerlas más agradables y evitar parecer completamente torpe.

Una de mis preguntas favoritas es: ¿qué estás leyendo en este momento? Hay muchos libros que me gustaría leer, y cada vez es más difícil saber en qué libros invertir mi tiempo. Así que me encanta cuando la gente comparte conmigo lo que está leyendo y los puntos más destacados. Una conversación de cinco minutos podría ahorrarme cinco horas de lectura. Me encantan los libros, pero hay demasiados para leer en la vida, así que escuchar lo que otras personas están leyendo es muy útil. Me gustaba preguntarles a las personas cuál era su libro favorito, pero luego de tener éxito como escritor, esto se convirtió en un obstáculo porque algunas personas pensaban que yo quería que dijeran uno de mis libros, y el libro favorito de otros era en realidad uno de los míos. Así que, tristemente, he tenido que retirar esa pregunta.

Otra de mis preguntas favoritas para hacer a la gente, tanto de forma tan directa como cuando los entrevisto para un papel en una de mis organizaciones, es: ¿quién es el mejor jefe que has tenido? Haz que la gente hable del mejor jefe, líder, coach o maestro que hayan tenido, y siempre estarás inspirado. La increíble gratitud que las personas tienen por estos hombres y mujeres que han tocado sus vidas tan profundamente nunca deja de impactarme.

He notado algo más. Parece que hay dos temas universales que fluyen a través de estas historias cuando las personas hablan del maestro, coach, líder o jefe más influyente de sus vidas.

El primero es «duro pero justo». Los grandes influenciadores de nuestras vidas tienden a ser duros pero justos. Nos empujan. Nos animan y nos capacitan para explorar partes de nosotros mismos que ni siquiera sabíamos que existían. Nos llevan al límite, tanto así que puede haber momentos en los que no estamos seguros de si nos aman o nos odian. Pero es la justicia la que hace que la dureza funcione: «Siempre supe que mi jefe tenía mi mejor interés en su corazón». Esto es lo que les permite presionarnos tanto. Sabemos que solo quieren que nos convirtamos en la mejor versión de nosotros mismos.

La alquimia de la tutoría combina estas dos cualidades para crear la cualidad esencial de los grandes líderes: el respeto. El respeto es la moneda con la que comercian los grandes líderes, y está más allá de la confianza. La confianza es solo un permiso para jugar. No puedes liderar sin confianza. Ni siquiera puedes tener relaciones funcionales sin ella. Pero el respeto lleva tu liderazgo a un nuevo nivel, así como tus relaciones, tanto personales como profesionales.

Si la gente te respeta, se esforzarán más y más rápido cuando lo necesites. Sin respeto, es imposible crear y liderar un equipo dinámico.

Por eso, no importa si eres un líder o un miembro del equipo cuando se trata de mucho de lo que estamos discutiendo aquí. Tomemos el respeto como un ejemplo específico. Primero, no es algo que puedas empezar a desarrollar cuando te conviertas en líder. Tienes que desarrollarlo mucho antes de convertirte en un líder. En segundo lugar, el respeto es un elemento esencial en todas las relaciones dinámicas. ¿Qué sucede cuando los amantes pierden el respeto mutuo? En el centro de los grandes matrimonios está el respeto mutuo. La labor de padre es muy difícil, pero imagina intentar ser padre si has hecho algo lo suficientemente ofensivo como para perder el respeto de tu hijo. El respeto está en el centro de todas las grandes relaciones. ¿Alguna vez has tenido que trabajar para un jefe al que no respetas? Es una tortura.

Lo que pasa con el respeto es que cuando lo necesitas, es demasiado tarde para empezar a desarrollarlo. La semilla necesita ser plantada mucho antes. Un árbol con raíces fuertes puede sortear cualquier tormenta, pero cuando esta llega, es demasiado tarde para que las raíces se arraiguen. Cuando pasa la tormenta, o tienes las raíces o no las tienes.

El respeto es una de las raíces más fuertes del liderazgo, y de todo gran Líder de Coaching. Sin él la gente no te seguirá, y no sudarán por ti, y mucho menos sangrarán por ti. Nada te ayudará a construir el respeto como la práctica regular y respetuosa del coraje directivo como una poderosa herramienta de la capacitación.

Las grandes culturas también se construyen sobre la base del respeto. El respeto colectivo para los líderes, los clientes, los clientes, los equipos y el trabajo en sí, todo se une para formar una cultura digna de respeto, o no. ¿Tu cultura es digna de respeto? Si no te gusta la respuesta a esa pregunta, sé un Defensor de la Cultura y haz algo al respecto. Empieza hoy mismo.

Ignacio de Loyola dijo: «Reza como si todo dependiera de Dios, pero trabaja como si todo dependiera de ti». Los Defensores de la Cultura que no son líderes esperan que sus líderes se conviertan en Defensores de la Cultura, pero no esperan que se conviertan en eso. Los Defensores de la Cultura se proponen crear una Cultura Dinámica con la determinación de alguien que cree que eso depende totalmente de ellos.

Todo es una función del liderazgo tanto formal como informal. Las organizaciones que se comprometen a criar Líderes de Coaching que se sientan cómodos al sentirse incómodos, comprometidos a ayudar a su gente a convertirse en la mejor versión de sí mismos, ejerciendo el coraje gerencial, y siendo ampliamente respetados, siempre desarrollarán Culturas Dinámicas.

La trampa del coaching

La gran tentación cuando se trata del coaching es cruzar una línea que una vez cruzada es muy difícil de restablecer. Esta línea existe entre el empoderamiento y la atribución de derechos. El papel de un coach es animar y empoderar a quienes está capacitando. En FLOYD tenemos Coaches Ejecutivos, Coaches de Negocios, Coaches de Ventas, Coaches de Vida, y por supuesto tenemos muchos Gerentes de Sueños. Hay una cosa que les digo una y otra vez: «Eviten la trampa». A veces tengo que decirle a uno de ellos: «Caíste en la trampa, ¿verdad». Ellos lo saben y sé cuándo esto sucede. Y ese coach responderá tímidamente: «¡Sí!».

Puede suceder con mucha facilidad. Tú eres el Líder de Coaching de un miembro de equipo razonablemente talentoso, y él se aprovecha del componente del coaching de tu relación para pedirte un favor que de otra manera no hubiera podido solicitar. Puede ser algo tan simple como solicitar un tiempo libre adicional, o información sobre un anuncio importante por adelantado. Normalmente empieza con algo pequeño; si la petición fuera demasiado grande, la rechazarías inmediatamente. El problema es que la pequeña solicitud te hace descender por una pendiente muy resbaladiza que tarde o temprano te hará cruzar esa línea, y justo al otro lado está la trampa.

Lo que debes tener en cuenta es que muy rara vez los coaches crean una actitud de atribución de derechos en alguien a quien están capacitando. La atribución de derechos normalmente ya está ahí; el coach simplemente permite que cobre vida en la relación coach-participante. Así que una de las mejores maneras de evitar la trampa es ser consciente de los signos de la atribución de derechos para detectarlos a tiempo.

La definición de la atribución de derechos en este contexto es «la creencia de que uno merece inherentemente un tratamiento especial o privilegios». Todos tenemos rastros de esta cualidad, y todos la hemos visto en sus extremos más desagradables, ya sea en la vida real o en la televisión. Al igual que cualquier vicio, es pequeño al comienzo y crece, pero las siguientes son algunas señales de que puedes tener a alguien que se ha atribuido derechos en tu equipo.

1. Las personas que se atribuyen derechos actúan según sus propias reglas. Se sienten cómodos con los dobles estándares y no esperan que las reglas que se aplican a todos los demás (por ejemplo, presentarse a trabajar a tiempo o trabajar desde abajo) se apliquen a ellos.

2. No respetan el bien común. Por ejemplo, tiran descuidadamente la basura al suelo o ponen sus pies y zapatos sucios en una silla en la que obviamente alguien se sentará poco tiempo después.

3. Las personas que se atribuyen derechos a menudo ven a sus compañeros de equipo como competidores de una manera malsana, binaria y de suma cero.

4. Las personas que se atribuyen derechos son tomadores. El mundo está lleno de dadores y tomadores, y a los tomadores les resulta muy difícil dar. Por ejemplo, diferentes miembros del equipo se ofrecen como voluntarios cada semana para llevar galletas o rosquillas cada viernes, pero las personas que se atribuyen derechos nunca se ofrecen como voluntarios. Son gorrones.

5. Las personas que se atribuyen derechos sienten una presión enorme cuando les pides incluso el más pequeño favor, pero esperan que conviertas en una prioridad

cualquier favor que te pidan, y que lo consideres tan solo como una pequeña petición.

6. Las personas que se atribuyen derechos no son conscientes. No se dan cuenta de cómo su comportamiento impacta a los demás. Por ejemplo, cancelan repetidamente las citas o hacen planes con amigos y luego cancelan a última hora. Nunca se les ocurre que sus amigos podrían haber cambiado sus propios planes para acomodarse a ellos. La simple verdad es que no les importa.

7. Las personas que se atribuyen derechos son manipuladoras. Harán casi cualquier cosa para conseguir lo que quieren. (Además de quienes se atribuyen derechos, hay otra categoría de personas llamadas narcisistas, que realmente harán cualquier cosa para conseguir lo que quieren, aunque el narcisista tiene un puñado de cualidades antisociales y autodestructivas que superan las propias de quienes se atribuyen derechos). Sin embargo, la persona que se atribuye derechos mentirá de una manera que menosprecia a un colega para lograr lo que quiere.

8. Las personas que se atribuyen derechos se creen mejores o más importantes que las demás. Este rasgo puede haber sido inculcado por un padre o abuelo que les decían constantemente que eran especiales, o simplemente porque asistieron a una escuela de élite.

9. Las personas que se atribuyen derechos solo se preocupan por sí mismas. Esperan que sus necesidades —y a menudo sus deseos— tengan prioridad sobre las necesidades de los demás. Y a menudo se esfuerzan arduamente para asegurarse de que así sea.

10. Las personas que se atribuyen derechos encuentran muy difícil comprometerse. Por ejemplo, sienten que quieren

comida italiana, cuando todos los demás quieren comida china, y sin embargo insisten en la comida italiana. Del mismo modo, es horrible negociar con ellos porque simplemente creen que todo el mundo debería darles lo que quieren.

11. Las personas que se atribuyen derechos te castigarán si no les das lo que quieren. El castigo puede asumir muchas formas: abuso verbal, ignorarte o no hablarte, chismorrear sobre ti, sabotear un proyecto en el que estás trabajando, o bloquear una iniciativa que tú favoreces. Las personas que se atribuyen derechos nunca dejarán de castigarte si no haces lo que quieren o no les das lo que piden.

12. Las personas que se atribuyen derechos reclaman para sí el mérito por el trabajo de otras personas. Por ejemplo, cuando trabajan en un equipo a menudo se consideran automáticamente como el líder, sin importar si eso se basa en alguna noción de la realidad. Y cuando el proyecto del equipo está terminado, se llevan una cantidad desproporcionada del crédito. También culpan al resto del equipo, negándose a asumir la responsabilidad personalmente cuando un proyecto sale mal.

13. Las personas que se atribuyen derechos esperan que los demás se interesen en lo que es importante para ellos antes que en lo que le importa a otra persona. Como resultado, suelen ser amigos, amantes, padres y colegas muy difíciles.

¿Hay más personas que se atribuyen derechos en la fuerza laboral de hoy que hace veinte, cincuenta o cien años? Sí, sí, y sí. La gente espera más del trabajo hoy que nunca antes. Más que un sueldo y beneficios, las generaciones más jóvenes quieren que su trabajo sea divertido o significativo o que se engrandezca a sí mismo. También están impacientes —el resultado natural de crecer en una cultura en la que la gratificación instantánea no es lo suficientemente rápida—, por lo que no debería sorprendernos descubrir que quieren las cosas ahora y que a menudo no están dispuestos a pagar sus cuotas. Algunas de sus expectativas pueden ser razonables, y otras no. ¿Cómo saber cuáles son cuáles? La Misión es el Rey. Las expectativas que te ayudan a cumplir tu misión con mayor eficacia son aquellas en las que debes concentrarte.

Gestionar a las personas que se atribuyen derechos será un tema en sí mismo durante los próximos veinte años.

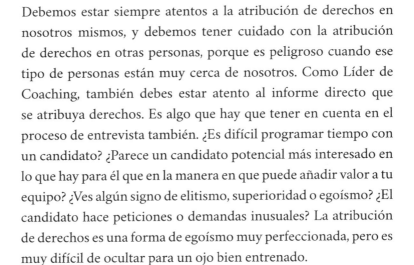

Debemos estar siempre atentos a la atribución de derechos en nosotros mismos, y debemos tener cuidado con la atribución de derechos en otras personas, porque es peligroso cuando ese tipo de personas están muy cerca de nosotros. Como Líder de Coaching, también debes estar atento al informe directo que se atribuya derechos. Es algo que hay que tener en cuenta en el proceso de entrevista también. ¿Es difícil programar tiempo con un candidato? ¿Parece un candidato potencial más interesado en lo que hay para él que en la manera en que puede añadir valor a tu equipo? ¿Ves algún signo de elitismo, superioridad o egoísmo? ¿El candidato hace peticiones o demandas inusuales? La atribución de derechos es una forma de egoísmo muy perfeccionada, pero es muy difícil de ocultar para un ojo bien entrenado.

¿Qué haces si tienes un miembro que se atribuye derechos en tu equipo? Te diré lo que te he estado diciendo todo el tiempo: haz crecer a tu gente. Cada persona que capacitas, cada persona que diriges, tiene un aspecto único en el que necesita crecer ahora mismo. Tal vez necesiten crecer en muchos aspectos, pero este es el aspecto en el que ambos deben centrarse ahora mismo. El Líder de Coaching es capaz de identificar y aislar esa necesidad. Esto no significa que ignore cada aspecto de la vida y la trayectoria profesional de la persona, pero al ayudarle a avanzar en ese aspecto, se asegurará de que haga todo tipo de progresos en cada aspecto de su vida.

En el caso de la persona que se atribuye derechos, te advertiré desde el principio que son casi incurables. Digo «casi» porque espero que puedan cambiar, pero nunca he visto que eso suceda. Lo que sé con seguridad es que la atribución de derechos es una forma muy peligrosa de cáncer en la cultura. El comportamiento de cualquier miembro del equipo infectado con el cáncer de la atribución de derechos debe abordarse con valentía. Dales la oportunidad de cambiar, pero si no lo hacen, invítalos a irse. Protege a tu rey protegiendo tu cultura.

Como Líder de Coaching, si terminas cara a cara con un informe directo que se atribuye derechos, esta enseñanza esencial sobre la misión está en el corazón de la Inteligencia Emocional. La persona que se atribuye derechos tiene un coeficiente intelectual muy alto y muy bajo. Su alto coeficiente intelectual se manifiesta en su capacidad para manipular a las personas y las situaciones. Este es el lado oscuro de su don. Tienen un bajo nivel de Inteligencia Emocional porque carecen de conciencia, lo que se manifiesta particularmente en su incapacidad para ver las cosas desde la perspectiva de la otra persona. Pero más importante y concretamente, la persona que se atribuye derechos carece de la capacidad de ver las cosas desde la perspectiva de otra persona. No pueden o no quieren imaginar lo que se siente al estar al otro lado de su comportamiento. En pocas palabras, les falta empatía. Como Líder de Coaching, deberías tratar constantemente de que el miembro del equipo que se atribuye derechos se ponga en los zapatos de los demás.

Cualquier coach que tenga una persona que se atribuya derechos debe enfocarse en ayudarle a desarrollar el lado positivo de su Inteligencia Emocional, es decir, la Inteligencia Emocional que nos hace conscientes de cómo las cosas que hacemos y decimos afectan a otras personas, y que nos permite cambiar nuestro comportamiento para crear relaciones más sanas.

Esta conciencia se despierta mejor con preguntas. Las comunicaciones directas solo despertarán los mecanismos de defensa ya establecidos en la persona que se atribuya derechos y que les impiden escuchar cualquier cosa que digas. Cualquiera de los trece puntos anteriores genera una docena de preguntas de este tipo. Por ejemplo, en relación con el número cuatro, podrías preguntar: ¿Qué tres personas son más generosas que tú? ¿Por qué crees que son más generosas? ¿Es importante para ti ser más generoso? ¿Por qué sí? ¿Por qué no? ¿Crees que otras personas son generalmente más generosas que tú?

Haz cada pregunta y espera. Deja que piensen y respondan. Si responden demasiado rápido, probablemente estén reaccionando en lugar de responder. En esta situación, tal vez quieras pedir alguna prueba preguntando algo como: ¿qué te hace sentir así? Al igual que en el proceso de la entrevista, resiste la tentación de poner fin al silencio diciendo algo. Deja que la pregunta permanezca en el aire para que sea considerada. No hace falta decir que algo así solo puede abordarse después de que se ha establecido una relación de confianza y respeto considerables.

Estas cosas de las que hablamos pueden parecer muy alejadas de las reivindicaciones de la vida personal y profesional, pero no es así. Si sacas el corazón y el alma del cuerpo, este morirá, y lo mismo ocurre con una organización. Una organización puede vivir mucho más tiempo que una persona sin corazón y sin alma, pero el hedor de la muerte inminente es perceptible para todos los que tenga contacto con la cultura de esa organización.

La vida es complicada. La gente es complicada. Los negocios son complicados. Las organizaciones de todo tipo, grandes y pequeñas, son complicadas. Pero de alguna manera, de toda esa complicación somos capaces de hacer algo hermoso. Es entonces cuando nos damos cuenta de que la vida es hermosa, la gente es hermosa, y los negocios pueden y deben ser hermosos. Y hay pocas cosas más hermosas que ayudar a la gente a convertirse en la mejor versión de sí mismos.

Así que evita la trampa del coaching. Concéntrate en darle poder a tu gente, y mantente alejado de la línea que conduce a la tierra de la atribución de derechos. Es una tierra disfuncional de muerte y destrucción.

Debo decir que la principal razón por la que los coaches cruzan esa línea es porque quieren cosas buenas para la persona a la que están capacitando más de lo que esa persona lo quiere para sí misma. «Simplemente le ayudaré un poco», se dicen a sí mismos, pero antes de darse cuenta, están atrapados en la trampa de la atribución de derechos propia del coaching.

Como cualquier coach, el Líder de Coaching se encontrará con personas que dicen que realmente quieren algo, pero sus acciones anuncian audazmente lo contrario. Confía en sus acciones. Las personas que no están dispuestas a trabajar por las cosas que dicen ser importantes para ellas pueden ser peligrosas en un equipo. Es tu papel capacitarlos para que alineen sus acciones con su deseo de éxito.

La responsabilidad número uno de cualquier coach es hacer responsable al participante. Nuestra sociedad es alérgica a la rendición de cuentas. Quizá todos nos hemos atribuido derechos de alguna manera y nos hemos vuelto un poco adictos a la gratificación instantánea. Nuestra reacción natural es eludir la rendición de cuentas, pero lo cierto es que la necesitamos. Necesitamos que nos hagan responsables. Si eres un líder, tu gente debe rendir cuentas. Esto saca lo mejor de ellas. ¿Puedes pensar en alguna situación en la que alguien haya tenido que rendir cuentas a nadie y haya terminado bien? No, yo tampoco. Durante miles de años, los escritores de sabiduría de todas las tradiciones han observado: Absolutum dominium corrumpit absolute. El poder absoluto corrompe absolutamente. ¿Qué es el poder absoluto? Muchas cosas, supongo, pero entre ellas está el sentido de la rendición de cuentas.

La gente necesita rendir cuentas, tanto personal como profesionalmente. ¿Se resistirán a ello? Sí. ¿Todos tenemos un poco de resistencia a las cosas que sabemos que son mejores para nosotros? Sí, la verdad es que sí. ¿Amamos a la gente que nos anima, o nos inspira, o nos arrastra a través de ese muro invisible de resistencia? Absolutamente.

Por eso la rendición de cuentas es un componente esencial de la dirección, gestión y capacitación de las personas, y por lo tanto está en el centro de lo que hace un Líder de Coaching. Al hacer que las personas rindan cuentas estás ayudándoles a construir un futuro más grande y mejor, personal y profesionalmente. Les estás haciendo un favor, revelando en ellos una habilidad de vida que se transfiere a cada aspecto de su vida. Algún día te lo agradecerán.

Los peores coaches son aquellos que son demasiado amables. Ser amable es peligroso. Y ser demasiado amable es diabólico en una situación como esta. No es tu papel ser su amigo. Las personas no necesitan otro amigo, socio o compañero; ya tienen amigos, ya tienen compañeros, necesitan un coach. Todo el mundo lo necesita.

Se necesita un gran valor para hacer responsable a la gente con valentía. Se necesita valor para capacitar, porque implica hacer que la gente sea responsable de lo que acordaron hacer. Pero ¿no vale la pena hacer todo eso? Todo en la vida requiere coraje, ya sea jugar fútbol o entrenar fútbol, ser flexible e invitar a una mujer a una cita, romper con alguien que sabes que no es para ti, o reavivar un amor que se ha enfriado. Ya sea tu primer día en la universidad o tu primer día de vuelta a la universidad después de veinte años, empezar un nuevo negocio, luchar contra una enfermedad potencialmente mortal, casarte, luchar para superar una adicción, o acudir humildemente ante alguien a quien has herido y pedirle perdón, la vida requiere coraje.

Pero mucha gente está atrapada por el miedo. El miedo paraliza el espíritu humano. El coraje no es la ausencia de miedo, sino la habilidad adquirida de ir más allá del miedo. Cada día debemos abrirnos camino a través de las junglas de la duda, cruzar el valle del miedo y escalar la montaña de las limitaciones autoimpuestas. Solo entonces podremos vivir en las alturas.

El coraje es esencial para la experiencia humana. Es el precio que cobra la vida por el éxito. El coraje es la madre y el padre de cada gran momento y movimiento de la historia. Nos anima, nos da vida, y hace posible lo que siempre ha parecido imposible.

El Pináculo De La Cultura

Todo el mundo quiere trabajar para una organización que tenga una gran cultura. Si alguien no quiere eso, no querrás que esa persona trabaje para ti. Así que, ¡la cultura importa! ¿Cuánto?

Solo tú puedes decidirlo ahora. He hecho lo que está a mi alcance para hacer de la cultura una prioridad en tu organización. Ahora depende de ti. ¿Qué tan seriamente te vas a tomar la cultura en los próximos doce meses, tres años, diez años?

A lo largo de nuestro tiempo juntos hemos cubierto muchos conceptos. Espero que estos conceptos se conviertan en referentes cuando ustedes se propongan transformar su cultura, y que al invertir su dinero en este libro —y más importante aún, al invertir su tiempo en leerlo— hayan experimentado un valor indiscutible.

Hay muchas cosas que pueden hacer para mejorar su cultura, independientemente de su papel, y deberían hacer estas cosas. Pero cada una de ellas debería llevarlos un paso más cerca de crear una cultura del coaching.

El Sexto Principio:
HAZ CRECER A TU GENTE CREANDO UNA CULTURA DEL COACHING

La cultura del coaching tiene aspectos formales e informales. Enseñar a tus gerentes (líderes) a convertirse en Líderes de Coaching es un aspecto formal. El proceso de revisión trimestral es también un aspecto formal que será un gran salto adelante en la creación de una cultura del coaching. Pero hay oportunidades informales diarias para ser un Líder de Coaching.

Lo hermoso de establecer una cultura del coaching es que estás desatando el increíble poder del espíritu humano de maneras inimaginables. Las personas que capacitas se convertirán en capacitadoras de otras personas dentro y fuera de la organización, y con el tiempo construirás una cultura del coaching.

Además, como se prometió, estos principios se aplican a nuestra vida personal y profesional. Por ejemplo, alguien que ha sido bien capacitado usará esas mismas habilidades de capacitación como un padre y de una docena de maneras que nunca sabremos. Incluso en esta era de tecnología avanzada, el presente y el futuro todavía le pertenecen al potencial humano.

Un asistente administrativo llevará el concepto del coaching al club de fútbol que ayuda a dirigir. Un gerente de negocios o director de finanzas llevará el concepto del coaching a la organización sin fines de lucro donde se sienta en la junta. Un vendedor llevará el concepto del coaching a los líderes de su iglesia. Un miembro del equipo de mantenimiento llevará el concepto del coaching a la organización benéfica en la que trabaja como voluntario.

El poder de estos conceptos es que una vez que los compartes con la gente, le das poder a esas mismas personas para que los tomen y los compartan con todos los que se crucen en su camino. Cuando nos sentimos amados y cuidados en lugar de amenazados, nuestra respuesta natural como seres humanos es la generosidad. Cuando la gente nos enseña generosamente ideas que cambian la vida, nuestra respuesta natural es salir y enseñar esos mismos conceptos a todos en nuestro círculo de influencia.

Hay muchas cosas que me conmueven profundamente como autor. La primera es cuando alguien me pide que firme su libro y me entrega un montón de páginas desgastadas que ha leído con mucha frecuencia, con notas en los márgenes e ideas subrayadas o resaltadas. Es una experiencia de humildad. Luego está el líder o dueño del negocio que me dice que compró un ejemplar para todos los miembros de su equipo. O visito una organización y veo que las ideas han sido extraídas de las páginas de mi libro y puestas en práctica. Estas experiencias me dan escalofríos como autor y me recuerdan la responsabilidad alucinante que tengo de elaborar cuidadosamente las palabras e ideas que coloco en estas páginas.

Espero haberte dado otro libro digno de estas cosas.

No importa si eres el director ejecutivo de una compañía de Fortune 500, el dueño de un pequeño negocio, el pastor de una iglesia, el líder de una organización sin fines de lucro, un entrenador de fútbol profesional, o si simplemente trabajas en el mostrador de un negocio u organización, haz algo hoy para poner una idea de este libro en acción en tu vida y en tu organización. No caigas en la trampa de pensar que necesitas un plan elaborado antes de poder empezar. No lo necesitas. Esa es una táctica de retraso. Empieza hoy.

Con el tiempo, sería genial desarrollar un plan cultural. A nosotros en FLOYD nos encantaría ayudarte a hacerlo. Pero antes de esto, familiariza a todos tus gerentes (líderes) con el curso ¡No gestiones simplemente: capacita! Ofrecemos este curso tanto en público como en privado para las organizaciones, así que puedes llevarnos y familiarizar a varios de tus líderes con el curso o enviarlos para que asistan a una de nuestras capacitaciones que están abiertas al público. Si vas a gastar dinero en mejorar tu cultura, este es el mejor lugar para empezar después de que todos lean el libro.

Al principio, hablamos de las excusas a las que se aferra la gente y que les impiden crear Culturas Dinámicas. La principal de estas excusas es: «Es imposible crear una Cultura Dinámica en nuestro tipo de negocio» y «No podemos permitirnos construir una Cultura Dinámica». Espero haber desmantelado y desautorizado ambos mitos. Puedes crear una Cultura Dinámica, y puedes permitírtelo. En realidad, no puedes permitirte no crear una Cultura Dinámica.

La mayor parte de lo que te he enseñado, como prometí, puede implementarse sin costo alguno simplemente reorganizando la forma en que ya estás haciendo las cosas. Hacerlo crearás nueva eficiencia, rango de cobertura y de capacidad que pueden desplegarse para mejorar tu cultura.

También te animo a que empieces a invertir financieramente en tu cultura, porque esto envía un claro mensaje a la gente en el sentido en que es una prioridad organizacional y de liderazgo.

Dime qué libros vas a leer este año y te diré cómo cambiarán tu vida. Dime el libro que leerán este año todos en tu organización y te diré cómo cambiará tu organización. ¿Por qué? Porque nos convertimos en los libros que leemos. Muéstrame tu chequera personal, tus estados de cuenta de la tarjeta de crédito, y tu agenda personal y profesional, y te diré lo que es más importante para ti. ¿Por qué? Porque destinamos nuestro tiempo y nuestro dinero a las cosas que más nos importan.

Si anuncias a tu organización que crear una Cultura Dinámica es una prioridad organizacional pero no gastas ni un centavo en ello, ¿cómo esperas que lo crean? No tiene por qué ser un montón de dinero. Comienza en pequeño y construye progresivamente hacia una meta. Pero ten una meta. Decide que dentro de tres años gastarás el 1 por ciento de los ingresos o el 3 por ciento de la nómina, o cualquier porcentaje que tenga sentido para tu negocio.

¿Qué significa «empezar de a poco»? Compra algunos libros y pásalos a tu alrededor. Envía algunos de sus gerentes a la capacitación «No administres simplemente, capacita». No hay un solo negocio u organización en el planeta que no pueda hacer estas dos cosas, así que empieza por ahí y veamos a dónde te lleva.

Recuerda la promesa que te hice al principio de este libro: Al final de este libro, espero haberte convencido de que la cultura debe ser una prioridad para ti y para tu organización... Mi intención es demostrar exactamente cómo construir una Cultura Dinámica que sorprenda y deleite a tus empleados y clientes...

La promesa del libro también se expuso en menor medida en el subtítulo: ¡Una guía práctica para construir una Cultura Dinámica para que a la gente le encante ir a trabajar y lograr grandes cosas juntos!

¿Ha cumplido el libro con estas promesas? Solo tú puedes decidirlo. Todo lo que sé es que escribir sabiendo que el hecho de que mucha gente en muchos lugares lea tus palabras y las tome en serio es tanto un honor como una tremenda responsabilidad. No es algo que yo tome a la ligera, y espero haber estado a la altura de esa responsabilidad.

Los grandes libros son los hitos de la vida de la gente. Nos recuerdan quiénes somos y de dónde venimos. Señalan dónde estamos en nuestro viaje ahora mismo, y abren nuestros corazones, mentes y almas a nuevas posibilidades. Esas posibilidades son el futuro... tu futuro.

Oro por haber escrito un gran libro aquí, que te dé un hito para mirar atrás con cariño desde los lugares a los que vas en tu vida y en tu carrera. Pero al menos, espero haberte ayudado a verte a ti mismo y a tu negocio de una nueva manera que te inspirará a ti y a la gente con la que trabajas cada día. Gracias por leer. Ha sido un increíble privilegio escribir para ti.

Para terminar, simplemente diré, dale a la gente un ambiente saludable para trabajar y te celebrarán a ti y a tu organización en formas que ni siquiera has comenzado a imaginar. La mayoría de las organizaciones solo arañan la superficie de lo que son realmente capaces, porque no les brindan a las personas inteligentes, con talento y capaces un entorno saludable para trabajar. Dales una cultura saludable y te sorprenderá de lo que lograrán juntos.

¿Estás un poco nervioso? Bien. ¿Tienes un poco de miedo? Eso también es bueno. Nuestros nervios y nuestro miedo están ahí para recordarnos que estamos entrando en un territorio inexplorado. ¿Hay monstruos y villanos en ese territorio? Tal vez, pero probablemente no. Los monstruos y villanos que nos impiden vivir la vida al máximo generalmente están en nuestras mentes.

Muchos líderes temen hacer cambios culturales y tienen miedo de hacer responsable a la gente. Pero todos saben cuándo una cultura está enferma, y todos saben cuándo una cultura es saludable y dinámica. La mayoría de las veces aquello que tememos es solo una ilusión.

Hay una escena fabulosa al final de El mago de Oz. Dorothy le echa agua al Espantapájaros porque está en llamas, y sin darse cuenta le arroja un poco de agua a la Bruja Malvada. Resulta que el agua es el talón de Aquiles de la bruja, y ella comienza a gritar «¡Me estoy derritiendo!» mientras se evapora.

Cuando Dorothy y sus amigos, el León, el Hombre de Hojalata y el Espantapájaros, se dan cuenta de lo que ha sucedido, su alegría se convierte rápidamente en temor cuando ven que los monos voladores y salvajes de la bruja malvada han clavado su mirada en Dorothy. Naturalmente tienen miedo de que los monos voladores se vuelvan contra Dorothy, la ataquen, la golpeen con sus lanzas, o quizá los maten a todos.

Pero los monos voladores no hacen eso. De hecho, hacen exactamente lo contrario de lo que Dorothy, el León, el Hombre de Hojalata y el Espantapájaros esperan que hagan. «¡Salve Dorothy!», comienzan a proclamar. Celebran a Dorothy por liberarlos de su tirana dictatorial y de la cultura enferma que ella creó.

Me pregunto cuánto tiempo ha esperado la gente de tu organización a que alguien vaya y les diga: «Vamos a hacer de la cultura una prioridad».

La música de una Cultura Dinámica se compone de seis notas:

1. Haz de la cultura una prioridad
2. La Misión es el Rey
3. Sobrecomunica el plan
4. Contrata con disciplina rigurosa
5. Deja que la gente sepa lo que esperas de ellos
6. Haz crecer a tu gente creando una cultura del coaching

Puedes hacer esto, y puedes empezar de alguna manera pequeña hoy. No necesitas el permiso de nadie para mejorar tu cultura. Te dejo con una cita de Goethe a la que he recurrido muchas veces, por muchas razones; espero que te inspire a actuar: «Sé valiente y fuerzas poderosas vendrán en tu ayuda».

Todo el mundo quiere una Cultura Dinámica, donde a la gente le encante ir a trabajar y lograr grandes cosas juntos. La cultura es la ventaja competitiva por excelencia.

¡HAZ ALGO ASOMBROSO!

una compañía de matthew kelly

FLOYD

hacemos crecer a la gente.

NO ADMINISTRES SIMPLEMENTE . . . ¡CAPACITA!

LA EXPERIENCIA DEL COACHING DE SOLUCIÓN
DE LA CULTURA

LOS PARTICIPANTES DESCUBRIRÁN...

- Por qué la cultura es la última competitiva por excelencia
- La diferencia entre un gerente y un Líder del Coaching
- Cómo convertirse en un Líder del Coaching
- Cómo capacitar y dirigir individuos con personalidades difíciles

& más de 21 maneras de implementar prácticamente las ideas expuestas en La Solución de la Cultura todos los días en el trabajo!

FLOYD ofrece una capacitación privada solo para tu organización, o como una capacitación pública abierta a cualquier persona interesada en aprender cómo convertirse en un Líder del Coaching.

1.866.499.2049 | FloydConsulting.com | info@FloydConsulting.com

---

CAPACITACIÓN • COACHING • ORATORIA • CONSULTORÍA

¿ estas lista para construir una

cultura dinámica?

Nos encantaría visitar tu organización para preparar una evaluación de la cultura.

Llámanos hoy para
programar una visita:

Teléfono:
1.866.499.2049

Correo electrónico:
info@FloydConsulting.com

CAPACITACIÓN · COACHING · ORATORIA · CONSULTORÍA

Convertirse en un

cultura abogada

Inscríbete hoy para recibir los consejos
semanales de FLOYD'S sobre cómo
puedes ser la diferencia que marca la
diferencia en tu cultura.

www.cultureadvocate.info

Matthew Kelly

ha dedicado su vida a ayudar a la gente y a las organizaciones a convertirse en la mejor versión de sí mismas. Nacido en Sydney, Australia, comenzó a hablar y escribir en su adolescencia tardía mientras asistía a la escuela de negocios. Desde entonces, millones de personas han asistido a sus presentaciones en más de cincuenta países.

Hoy en día, Kelly es un orador, autor y consultor de negocios de renombre internacional. Sus libros han sido publicados en más de veinticinco idiomas, han aparecido en las listas de *bestsellers del New York Times, Wall Street Journal y USA Today*, y han vendido más de treinta y cinco millones de ejemplares.

Es el fundador y propietario de Floyd Consulting, una empresa de consultoría corporativa que se especializa en la transformación de culturas y el compromiso de los empleados. Floyd presta servicios a empresas de todos los tamaños con sus servicios de *coaching*, capacitación, consultoría y conferencias magistrales.

Sus intereses personales incluyen el golf, la música en vivo, la literatura, la espiritualidad, las inversiones, los viajes y pasar tiempo con su familia y amigos.

www.floydconsulting.com

LA **MÚSICA** DE LAS CULTURAS DINÁMICA

se compone de *seis notas.*

Aprende a tocar bien estas seis notas
y tu cultura se convertirá en algo ante lo cual

MARAVILLARSE.

PRINCIPIO

1

Haz de la Cultura
PRIORIDAD

Si activas los otros cinco principios,
el primero *prosperará.*

La manera más efectiva de servir a los
mejores intereses de todos es hacer de la
misión el rey. *Nada* supera a la misión.

PRINCIPIO

2

LA MISIÓN ES EL REY

PRINCIPIO

SOBRECOMUNICA
el Plan.

3

En lo que respecta a la sobrecomunicación, tend
el *mayor de los éxitos* si cada vez que compartes
un mensaje con un individuo, con tu equipo o
con toda la organización, conectas lo que estás
tratando de decir con el principio común e
invariable de tu organización.